VACANCES TROUBLÉES

par Mike Brett

Le motel était un luxueux bâtiment en forme d'U fait d'acajou, d'aluminium et de verre, haut de deux étages, le second étant entouré d'un balcon ininterrompu qui surplombait une immense piscine. Charles et Lisa Hannaford arrivèrent de l'aéroport en taxi à une heure de l'après-midi. Profitant du chaud soleil de janvier, les vacanciers prenaient de l'exercice autour de la piscine ou se reposaient sur des matelas de plage. Ils étaient tous en tenue de bain. Des rires et des propos joyeux arrivaient aux oreilles des Hannaford.

Déjà le charme de la Floride opérait et Charles commençait à sentir s'éloigner ses soucis professionnels. La piscine semblait l'inviter. Il eut soudain envie de se mettre en slip de bain, de plonger dans l'eau, puis de passer le restant de la journée à paresser au soleil.

Ils avaient une semaine devant eux. Charles pensa qu'il pourrait peut-être faire une partie de golf le lendemain, à moins que sa femme accepte de l'accompagner en bateau pour pêcher en haute mer.

Lisa le prit par le bras :

— C'est très beau ici, tu ne trouves pas, Charles ? dit-elle en souriant.

— Oui, c'est magnifique.

La beauté de Lisa l'émerveillait toujours autant. Elle avait maintenant trente-deux ans et ils comptaient huit années de mariage. Sa première femme était morte dix ans auparavant et il avait élevé seul ses deux garçons jusqu'à son remariage avec Lisa. De vingt ans plus âgé qu'elle, il appréciait d'autant plus sa fraîcheur et son enthousiasme, éprouvant toujours un plaisir aussi vif à la regarder.

Une fois dans leur chambre ils se mirent en maillots de bain, puis Charles embrassa sa femme.

— Tu as eu raison une fois de plus, lui dit-il. Je suis content d'être ici.

C'était elle qui avait eu l'idée de ces vacances. Propriétaire d'une importante agence immobilière, Charles travaillait dur. Mais les grosses affaires devenaient rares et les petites tendaient à le devenir aussi. Il rentrait chez lui fatigué, irritable. La concurrence avait augmenté autour de lui ces dernières années, et chaque jour était une bataille renouvelée.

Son amour pour Lisa n'en avait pourtant pas été affecté. L'émerveillement était là, comme aux premiers jours. Le soir, seuls dans leur chambre, il la regardait brosser ses longs cheveux bruns et il savait qu'elle était la richesse de sa vie.

Mais il commençait à payer tribut au surmenage. Trop de soirs, il n'avait pu quitter son bureau avant minuit. Il fumait, buvait avec excès et sa silhouette s'était déjà bien alourdie.

Au début, leur mariage avait été une vraie gageure. Quelques-uns de ses meilleurs amis avaient essayé de le dissuader d'épouser Lisa. Bien sûr, ils avaient tous montré beaucoup de tact. « N'épousez donc pas une femme comme ça, Charlie », lui avaient-ils conseillé. Aucun n'avait pourtant osé préciser franchement l'opinion qu'ils avaient d'elle.

Alors qu'il passait en voiture sur un pont, un soir de pluie, il l'avait vue enjamber le parapet pour se jeter dans le fleuve. Elle était alors âgée de vingt-quatre ans et déjà si dégoûtée d'elle-même qu'elle voulait en finir avec la vie.

Mais Charles Hannaford avait deviné qu'il y avait quelque chose de bon en elle. Il s'était donné beaucoup de peine pour la convaincre qu'elle était digne de vivre, elle aussi, et lui avait demandé de l'épouser. Il avait enfin réussi à la persuader qu'il se sentait très seul et qu'elle serait la joie de son foyer.

Une maison agréable, un cercle restreint d'amis (tous ne l'avaient pas acceptée) et la réconfortante certitude d'être aimée de Charles Hannaford, lui avaient rendu le goût de vivre. Ils avaient eu huit années de bonheur et il la trouvait encore plus jolie que lorsqu'il l'avait épousée.

En le voyant ainsi se surmener depuis des mois, Lisa s'était inquiétée et avait insisté pour qu'il prît des vacances. A vrai dire, ce surmenage n'avait rien de surprenant. Il avait cinquante-deux ans. Le spectre de la faillite se dressait devant lui. Délaisser une affaire qui sombrait, juste pour le plaisir de prendre des vacances, lui avait semblé insensé. Mais à présent il était heureux d'avoir accepté de partir. Il se sentait gagné par l'optimisme de Lisa.

Les ennuis commencèrent lorsqu'ils quittèrent leur chambre pour descendre à la piscine. De l'étroit balcon qui longeait le second étage du motel, un géant blond à la stature colossale s'exclama : « Lisa, mon chou ! » puis plongea dans le bassin. Charles remarqua tout de suite la physionomie altérée de sa femme.

— Quelque chose ne va pas ? questionna-t-il. Tu es blanche comme un linge.

— Non. Ce n'est rien. Mais j'ai connu ce garçon lorsque j'ai vécu en Floride, voici une dizaine d'années. Nous pouvons partir si tu veux. Je pense qu'il vaut mieux ne pas rester.

— Non. Nous resterons. Nous ne fuirons pas, Lisa, dit-il avec douceur.

L'homme sortit du bassin, dégoulinant d'eau. Ses muscles saillaient, c'était un véritable hercule, l'image même de la force physique. Avec ses longs cheveux blonds et son corps cuivré, il faisait penser à un Viking.

S'approchant de Lisa avec autant de désinvolture que s'ils ne s'étaient jamais quittés, il posa la main sur son bras.

— Lisa, mon chou ! Où étiez-vous passée ? Je vous ai reconnue au premier coup d'œil.

Il s'adressait à elle, mais ses yeux évaluaient Hannaford.

— Je vous présente mon mari, dit-elle vivement. (Charles fut frappé de la sentir si nerveuse.) Mon mari, Charles Hannaford, appuya-t-elle. Je ne crois pas me souvenir de votre nom, ajouta-t-elle d'une voix faible.

Charles ressentit tout de suite une forte antipathie. La gêne de sa femme lui faisait mal. C'était la première fois qu'un incident de ce genre se produisait depuis leur mariage. Le passé de Lisa surgissait tout d'un coup. Il n'y avait plus moyen de l'ignorer. Le blond géant debout devant elle la couvrait de son ombre, tel un oiseau de proie.

Jambes écartées, poings sur les hanches, il affichait une tranquille assurance :

— C'est tout naturel que vous ayez oublié mon

nom, Lisa. Je suis Bill Rennie. Ça fait tellement longtemps et vous connaissiez tant de gens à l'époque... Vous avez une cigarette ? demanda-t-il d'un ton désinvolte.

Charles lui en tendit une et lui offrit du feu.

Rennie détaillait Lisa sans se gêner. Il eut un sourire connaisseur.

— Ça fait longtemps, mais c'est agréable de vous revoir. Vous êtes splendide, absolument splendide. (Il balaya son corps du regard en ricanant.) Vous avez pris du poids depuis la dernière fois. Je me souviens que vous étiez mince comme une gosse.

Il tendit la main à Charles.

— Vous avez de la chance, beaucoup de chance.

Charles sentit le ton moqueur de Rennie.

— Merci, je m'en rends compte.

Bill se tourna vers Lisa :

— Vous avez dû être joliment surprise de me voir tomber du ciel. Les clients sont fous quand ils me voient faire ça. Ils ne s'attendent pas à ce que quelqu'un plonge de là-haut. (Il lui fit un clin d'œil.) Vous vous souvenez ? J'ai toujours été le casse-cou de la bande.

— Oui. Je me souviens de vous.

Du plat de la main il se frappa le ventre.

— Toujours en grande forme.

Il montra le balcon du doigt.

— C'est moi qui l'ai fait faire. J'habite là-haut, chambre quinze. Le matin, je me lève et je m'envole comme un oiseau. Jamais pris l'escalier pour descendre à la piscine. Je laisse ça aux touristes. Combien de temps allez-vous rester ?

— Une semaine, dit Charles.

Lisa rectifia vivement :

— Oh ! sans doute une journée seulement.

— Non, fit Bill. Vous allez rester plus longtemps.

C'est formidable, ici. Il vous faudra déjà une semaine pour vous habituer.

Il regarda encore Lisa.

— Monsieur Hannaford, vous avez récolté le gros lot !

— Oui. C'est bien ce que je pense, approuva aimablement Charles.

Bill secoua sa cigarette :

— Pourquoi ne viendriez-vous pas tous les deux chez moi ce soir ? Je donne une petite réception. Des gens d'ici et des touristes. Nous danserons. Venez comme vous voulez, en short, en maillot de bain, en robe courte ou en robe du soir, aucune importance du moment que vous êtes à l'aise. Moi, je reste en slip de bain.

— Je... je ne sais pas, balbutia Lisa. Je ne pense pas que nous pourrons venir. Nous venons de faire un long voyage...

— Oh ! allons, ce sera comme au bon vieux temps, Lisa. Nous avons plein de choses à nous raconter et vous passerez aussi une bonne soirée, monsieur, ajouta-t-il en se tournant vers Charles.

— J'en suis certain. Merci, nous viendrons avec plaisir.

Le ton respectueux qu'avait pris Rennie pour s'adresser à lui avait soudain rendu Charles conscient de son âge.

— Épatant. Nous commencerons vers minuit. On ne dort pas beaucoup ici, vous verrez.

Charles regarda Rennie s'éloigner, la façon dont il roulait les épaules, le corps bronzé, les longs cheveux blonds.

— N'y allons pas, supplia Lisa.

— Rien ne nous y oblige, répliqua-t-il avec gentillesse. Mais je pense qu'il serait mieux d'y aller.

Elle rougit violemment :

— Tu l'as vu ? Tu as vu la façon dont il me regardait ?

Il hocha la tête :

— Il a eu tort. Il regardait quelque chose qui n'est plus.

— C'est ainsi qu'il se rappelle le passé. (Elle lui toucha le coude.) Ne restons pas ici, Charles. Il y a tellement d'endroits où nous serons plus tranquilles.

— Dans un endroit ou un autre, la seule chose qui compte, c'est toi.

— Alors, partons. Sincèrement, je préfère m'en aller. Rester ici serait injuste pour toi.

Elle détourna la tête tout en poursuivant d'une voix calme.

— Je n'étais pas une fille bien quand je t'ai connu. Tu l'as entendu parler et tu as vu la façon dont il me détaillait. J'ai l'impression d'être redevenue sale.

— Nous restons, dit Charles encore troublé par les insinuations de l'autre.

— Que veux-tu essayer de prouver ? demanda-t-elle avec une rage soudaine.

— Rien. Rien du tout. C'est justement. Nous n'avons rien à prouver.

— Merci, murmura-t-elle, et il éprouva de la compassion pour elle en la voyant s'efforcer de sourire. Il ne se découragera pas, tu sais.

Charles se redressa en homme sûr de lui :

— Il ne sait pas à qui il a affaire. Moi, je le sais.

— Je t'aime, Charles ! lui dit-elle simplement. Elle s'éloigna aussitôt en courant et il vit son corps fendre l'air puis disparaître dans le bassin. C'était une excellente nageuse. Lui, il avait bien du mal à se maintenir en surface.

Il entra dans l'eau un moment plus tard, y resta quelques minutes puis ressortit pour s'étendre au soleil. Il écouta les bruits de conversation, les explosions de rire autour de la piscine, les chamailleries des enfants, les exclamations des joueurs de cartes.

Les yeux fermés pour se protéger des rayons ardents du soleil il resta un long moment sans bouger. Un enfant qui courait l'aspergea d'eau au passage et le fit s'asseoir. De l'autre côté du bassin il aperçut Lisa et Rennie côte à côte, balançant leurs jambes dans l'eau. L'homme riait et, même à cette distance, Charles voyait l'expression peinée de Lisa.

Tu as le goût du risque, se dit Charles, *un vrai héros ! A cinquante-deux ans, tu n'as pas peur de jeter ta femme sur le chemin d'un type qui est capable de te la prendre.*

Il vit Lisa sourire à Bill.

Tu te crois fort, Hannaford ? En l'épousant tu as déjà accompli une prouesse. Que veux-tu de plus ? Mais s'en aller maintenant serait avouer qu'il n'avait pas confiance en elle. Cela détruirait l'édifice qu'ils avaient édifié entre eux.

Dans la soirée ils allèrent dîner au restaurant dont les baies donnaient sur la piscine ; Lisa se montra calme et pensive. Il n'y avait plus personne dans l'eau et un employé dégraissait les côtés du bassin à l'aide d'une grosse brosse.

Ils firent ensuite une courte promenade et regagnèrent leur chambre. Ils étaient tous les deux très fatigués et elle suggéra qu'ils dorment un peu. Ils se couchèrent. Charles entendit Lisa aller et venir dans la chambre puis perçut le doux murmure de la douche. Un peu plus tard Lisa revint dans la pièce et s'assit pour se brosser les cheveux.

Charles s'endormit. Il se réveilla dans le noir, engourdi par le ronronnement du conditionneur d'air. Il était seul. Lisa était partie. Il sentit les battements de son cœur s'accélérer et resta immobile, paralysé par une folle angoisse.

Puis il entendit la clef dans la serrure. Sans savoir pourquoi, il ferma les yeux et fit semblant de dormir. Lisa entra dans la chambre sur la pointe des pieds. Il sentit le matelas se creuser tandis qu'elle s'allongeait à côté de lui, et entendit sa respiration saccadée. Il eut soudain envie de vomir.

Au bout d'un moment elle se leva et commença de s'habiller. Charles avait dû s'assoupir de nouveau car il sentit qu'elle le secouait pour le réveiller. Il était minuit moins le quart.

Lisa avait revêtu un long fourreau de satin blanc et s'était fait une ravissante coiffure. Son cou était blanc et ferme, ses lèvres rouges et pulpeuses.

— Debout ! dit-elle en souriant. Nous allons à une réception. Tu vas probablement vouloir mettre ta veste de sport.

La soirée battait déjà son plein lorsqu'ils arrivèrent. Bill Rennie, le type même du jeune premier d'Hollywood, s'avança pour les accueillir. Charles put voir une fugitive lueur de moquerie dans son regard. Les invités étaient bien venus comme il l'avait dit. Il y avait peut-être quinze personnes dans la pièce et leurs tenues allaient des robes de cocktail aux costumes de bain. La plupart des femmes étaient ravissantes, remarqua Charles. Mais aucune ne l'était autant que la sienne. Il en ressentit une inexplicable tristesse.

Les invités dansaient sur la musique que jouait un vieux phono installé dans un coin. Rennie était entouré de femmes heureuses et souriantes. Enfin il dansa avec Lisa, la serrant très fort contre lui. Il n'arrêtait pas de chuchoter à son oreille.

Vers trois heures du matin une bonne partie des invités étaient ivres. Une brune hystérique éclata en sanglots. Elle aimait son patron ; hélas il aimait sa femme.

Charles regardait Lisa danser avec Rennie et la vit acquiescer à quelque chose qu'il lui disait. Elle le quitta rapidement et vint rejoindre son mari. Ses yeux bleus semblaient immenses dans son visage devenu étrangement pâle.

— Je retourne un instant dans notre chambre. J'ai oublié quelque chose et je voudrais me refaire une beauté.

— D'accord.

Charles se versa un autre verre, mais il savait que tout le whisky qu'il pourrait boire n'enlèverait pas l'amertume de sa bouche.

Au centre de la pièce, Bill Rennie fit soudain semblant d'être ivre. Jusque-là, il avait été d'une parfaite sobriété. Il tituba un peu et annonça d'une voix empâtée : « Adieu, monde cruel. » Puis il enjamba le rebord de la fenêtre ouverte et s'apprêta à sauter.

Ceux qui ne l'avaient jamais vu plonger de sa chambre dans la piscine poussèrent des cris de panique, tandis que les autres éclataient en rires bruyants.

Charles surprit le regard moqueur de Bill. Il comprit tout. Lisa était sortie la première, maintenant Bill partait la rejoindre. Il allait sauter dans la piscine et les invités hurleraient en s'attendant à le voir s'écraser en bas.

Bill avait rendez-vous quelque part avec Lisa. Conscient de sa défaite, Charles ne s'était jamais senti si vieux, si fatigué.

Rennie plongea du balcon dans la piscine selon sa spectaculaire habitude. Quelques invités se précipitèrent à la fenêtre. Une femme cria, par jeu. Autour d'elle, les autres restaient calmes.

Soudain en bas, près de la piscine, une autre

femme poussa un hurlement. Le cri perça la nuit et des lumières s'allumèrent un peu partout.

Des hommes se mirent à courir. On retira Bill Rennie de la piscine et on l'étendit par terre en attendant l'arrivée de l'ambulance.

Il était vivant. Les deux bras cassés, une méchante coupure en travers du visage, il était défiguré à jamais.

L'un de ceux qui l'avaient retiré de la piscine déclara :

— Il a de la chance. Il reste à peu près un mètre d'eau dans le grand bassin. C'est ce qui lui a sauvé la vie.

La police arriva, les sirènes hurlant dans la nuit. On fit une enquête et on découvrit ainsi qu'un mauvais plaisant avait ouvert les deux bondes du bassin, ce qui avait presque entièrement vidé la piscine.

— Cela a dû se faire au début de la soirée, déclara le directeur du motel. Il faut plusieurs heures pour faire ainsi baisser le niveau de l'eau.

Charles Hannaford regagna sa chambre à pas lents. Plusieurs heures pour faire ainsi baisser le niveau de l'eau ; à peu près au moment où il s'était endormi tout de suite après le dîner.

Il entra sans bruit dans la chambre. La lampe de chevet restée allumée lui permit de contempler sa ravissante jeune femme endormie. Était-ce une illusion ou souriait-elle vraiment dans son sommeil ?

Charles se pencha pour l'embrasser et fut saisi d'un vertigineux sentiment de triomphe. On se bat pour conserver ce que l'on aime.

Vacation.
Traduction de Michel Girard.

LA SOIF DES DIEUX

par WILLIAM BUNCE

« L'espoir fait vivre », murmura Edie Sangroff en regardant depuis la fenêtre de la cuisine son mari qui, une fois de plus, retournait l'argile lourde et chargée d'humus du potager de la petite maison villageoise dans laquelle ils avaient choisi de prendre leur retraite quelques années plus tôt.

Dehors, sous la lumière généreuse et tiède d'un soleil printanier, Morton plantait sa bêche dans le sol avec un louable acharnement. Des gouttes de sueur roulaient sur ses sourcils poivre et sel, le long de ses joues rouges et brillantes. Chaque fois qu'il soulevait une motte de terre, il avait l'impression qu'une décharge électrique jaillissait de sa moelle épinière, lui faisant vibrer jambes et bras.

Dix ans plus tôt, le Dr. Traub, le médecin qui le suivait depuis toujours, lui avait suggéré le jardinage comme moyen de faire baisser sa tension.

— C'est une merveilleuse façon de se détendre, lui avait affirmé le praticien en souriant. Et puis c'est un bon moyen de faire des économies en mangeant des produits toujours frais. Vous verrez, il n'y a pas de meilleur légume que celui que l'on a produit soi-même !

Morton avait suivi le conseil, avec l'enthousiasme qu'il mettait dans tout ce qu'il entreprenait. Aujourd'hui, le bon docteur reposait paisiblement à l'ombre d'un saule dans un charmant petit cimetière de campagne, tandis que son ex-patient s'échinait comme un forçat. A chaque printemps, il se lançait à corps perdu dans les innombrables corvées qui sont le lot de tous les jardiniers, mais depuis quelque temps, il commençait à se demander pourquoi il se donnait tout ce mal.

Une question dont il connaissait la réponse. C'était pour la même raison qu'en 1938 il avait fracassé à coups de poings la porte du vestiaire après avoir mené son équipe à la défaite dans le championnat de football du Minnesota. Et pour la même raison également que, le 6 juin 1944, il avait quitté sa compagnie pour être le premier Américain à fouler la plage d'Omaha en Normandie. Il avait toujours eu la compétition dans le sang. Pendant quarante ans, un écriteau avait été accroché au-dessus de son bureau et cet écriteau était maintenant apposé dans son salon, au-dessus de la cheminée. Un écriteau sur lequel il n'y avait qu'une seule phrase, au style lapidaire : « C'est dans la tempête qu'on reconnaît le marin. »

Bien sûr, il avait ses détracteurs. Certains pensaient même de lui que c'était un mauvais perdant. Une critique qu'il repoussait avec un total mépris. Pour preuve de son manque de fair-play, les gens qui ne l'aimaient pas citaient le fameux incident qui avait eu lieu, l'année précédente, au cours du tournoi de tennis des vétérans. On en parlait encore à chaque réunion des membres du club et Skip Solarski, un pédicure de Brooklyn à la retraite, ne s'était jamais remis totalement de la futile querelle qui l'avait opposé à Morton. On murmurait même que, depuis lors, il était continuellement sous tranquillisants. A la suite de l'incident, le comité directeur du club s'était réuni et avait décidé à l'unanimité que Morton Sangroff n'aurait plus le droit de paraître sur un court, tant qu'il n'aurait pas présenté des excuses écrites. Des excuses, bien entendu, que Morton n'envisageait même pas de présenter.

Il lui restait les tomates. Chaque été, la feuille de chou locale, « Le Joyeux Doryphore », décernait un prix au jardinier qui avait fait pousser la plus grosse tomate dans les limites du territoire de la commune. Pendant trois années consécutives, il avait remporté la palme sans trop de difficulté. Puis, Archie Ledbetter avait emménagé dans la maison voisine de la sienne et Morton n'avait plus été qu'un brillant second, un Poulidor de la tomate. Ses « Marmandes » et ses « Pyros hybrides F1 » continuaient de mûrir conformément à ses prévisions, plus grosses, plus sucrées et plus délicieuses que jamais, mais elles n'étaient rien en comparaison de celles de Ledbetter, lesquelles atteignaient la taille de petits cantaloups et étaient d'un rouge sombre qui, chaque fois, faisait s'extasier les membres du jury.

La première année où Archie remporta le grand prix, Morton se demanda s'il n'y avait pas eu tricherie. Dès son arrivée, son voisin avait érigé une palissade de deux mètres de haut autour de son potager afin de le protéger des regards indiscrets et, pour faire bonne mesure, avait posté un Doberman irascible à côté du portillon. Depuis la fenêtre de sa chambre, cependant, Morton avait une vue plongeante sur le jardin secret de Ledbetter. Par souci d'honnêteté et afin que les chances de chacun fussent préservées, il entreprit donc, après sa défaite, de surveiller les faits et gestes de son voisin, bien décidé à rapporter aux membres du jury la moindre irrégularité qu'il viendrait à découvrir.

Ce faisant, il constata une première anomalie. Ledbetter ne plantait rien d'autre que des tomates. Ni aubergines, ni concombres, ni carottes, ni poireaux, ni rien de ce dont un jardinier vraiment digne de ce nom garnit son potager. Seulement deux ou trois rangs de plants de tomates, des plants visiblement achetés en containers au supermarché le plus proche et non le produit d'un semis amoureusement choyé.

Ensuite, Morton remarqua une deuxième anomalie. Son voisin ne s'intéressait que très épisodiquement à sa plantation. Jamais ou presque Morton ne le voyait en train d'arracher les inévitables mauvaises herbes ou de détruire tous ces vers et insectes répugnants qui attaquent sans répit les jeunes plants encore fragiles alors que lui-même, soir après soir, combattait courageusement les indésirables, au mépris de l'humidité qui lui brisait les reins et des moustiques qui vrombissaient au-dessus de lui, prêts à plonger en piqué sur le moindre centimètre carré de peau insuffisamment protégé.

Après quelques semaines d'un tel traitement (ou plutôt d'absence de tout traitement) et à la grande stupéfaction de Morton, les plants de Ledbetter se mirent à prospérer. Les tiges devinrent grosses comme le bras et se couvrirent d'une multitude de feuilles dont le vert profond témoignait de la robustesse et de la santé de la plante. Au moment du concours, Ledbetter aurait pu cueillir n'importe laquelle de ses tomates au hasard et remporter le premier prix haut la main.

Cette année, Morton s'était juré qu'il en irait autrement. Il n'était pas plus désireux de laisser son rival lui ravir encore la vedette qu'il ne l'avait été le 6 juin 1944 de laisser les Allemands le rejeter à la mer. C'était seulement une autre sorte de guerre, et, en s'appuyant sur le manche de sa bêche, haletant d'avoir retourné toute une longueur de son potager sans se redresser, il décida que, avant toute déclaration d'hostilités, il lui fallait se renseigner sur l'ennemi.

En conséquence, le soir même, il se présenta à la porte d'Archie Ledbetter, une bouteille de son meilleur vin de mûres sous le bras. Il appuya pendant cinq bonnes minutes sur la sonnette avant d'admettre que, décidément, elle ne fonctionnait pas. Carence qui renforça encore la piètre opinion qu'il avait de son voisin. Un paresseux qui laissait tout aller à vau-l'eau. Une multitude de détails témoignaient de son impardonnable négligence. Depuis la gouttière qui grinçait à chaque coup de vent, jusqu'aux volets qui n'avaient pas reçu un coup de pinceau depuis son arrivée, et aux jardinières dont les géraniums s'étaient depuis longtemps desséchés faute de soins et d'arrosage réguliers. Des détails qui classaient le personnage dans la catégorie de ces gens n'ayant aucun respect pour leur voisinage et prenant un malin plaisir à défier les honnêtes citoyens qui se donnent tant de mal pour embellir et rendre attrayantes les rues comme les abords de leur cité.

Morton transféra la bouteille de sa main droite dans sa main gauche et frappa du poing sur la porte. Quelque part dans les profondeurs de la maison, il y eut un bruit sourd, suivi d'un grognement d'anthropoïde et, finalement, quelqu'un s'approcha de la porte en traînant lourdement les pieds. Morton tira sur les plis de son polo et s'efforça de prendre une allure aimable, dégagée. Le battant s'entrouvrit de quelques centimètres et, au-dessus de la chaîne de sûreté, des yeux glauques le dévisagèrent sans la moindre aménité.

— Hello, voisin, lança Morton d'une voix si forte qu'il en fut le premier surpris. Je confectionne moi-même mon vin de mûres et j'ai pensé que vous auriez peut-être plaisir à le goûter...

Ledbetter fronça les sourcils.

— Vous êtes Mort Sangroff ? questionna-t-il d'une voix soupçonneuse, sans retirer la chaîne.

— En chair et en os.

— Dans le noir, vous semblez différent — plus maigre.

Morton commençait à perdre patience. Personne d'autre dans le village ne se barricadait ainsi. Depuis cinq ans qu'il habitait là, il n'y avait pas eu un seul cambriolage à moins de dix kilomètres à la ronde. De qui ou de quoi pouvait-il donc bien avoir peur ?

— Écoutez, vous en voulez ou vous n'en voulez pas ? demanda-t-il en agitant la bouteille devant ses yeux. C'est du bon. Pas de cet alcool frelaté qu'on achète dans les supermarchés.

Cette fois, Ledbetter consentit à enlever la chaîne et ouvrir sa porte.

Il était en pyjama. Un pyjama à rayures dont la veste avait perdu la plupart de ses boutons, laissant déborder un ventre énorme et velu qui retombait d'une manière presque obscène sur l'élastique du pantalon. Il avait l'air de ne pas s'être rasé depuis plusieurs jours et son corps dégageait une odeur comparable à celle d'un cheval après une course d'endurance particulièrement éprouvante.

— C'est fort ce truc-là, au moins ? questionna-t-il en tendant ses gros doigts boudinés en direction de la bouteille.

— Plutôt, répondit Morton en mettant un pied dans le hall. Une bonne vingtaine de degrés. Nous pourrions peut-être en boire un verre ensemble pour que vous puissiez me donner votre avis...

Ledbetter se passa la main sur le menton, puis sourit.

— Cela tombe bien, murmura-t-il, j'étais justement sur le point d'aller dévaliser le marchand de liqueurs. Depuis hier, je suis à court de gin. Prenez donc la peine d'entrer dans mon salon, cher voisin, ajouta-t-il avec un geste de courtoisie un peu trop théâtral pour ne pas être ironique.

Il le précéda dans la cuisine, fouillant les placards à la recherche de verres propres. Il ne réussit à trouver que deux ex-pots de moutarde poussiéreux, mais considéra qu'avec un vague coup de torchon, ils pourraient aller.

— Pour un alcool fait maison, pas besoin de se mettre en frais, déclara-t-il avec un rire gras.

Morton remplit les verres, en prenant bien soin de ne le faire qu'à demi pour le sien.

— J'en ai bu déjà deux avant de venir, expliqua-t-il.

Ledbetter haussa les épaules.

— Comme tu voudras, l'ami, acquiesça-t-il. Je peux te tutoyer, n'est-ce pas ? Entre voisins...

— Bien sûr.

Ledbetter porta son verre à ses lèvres, mais, brusquement, hésita.

— Tu n'as pas l'intention de m'empoisonner, au moins ?

Morton ouvrit des yeux ronds.

— T'empoisonner ? Et pourquoi donc ?

Un éclat de rire secoua Ledbetter et fit vibrer pendant une bonne minute son gros ventre flasque. Puis il s'essuya les yeux et réussit non sans mal à retrouver son sérieux.

— Parce que chaque année je te bats au Grand Prix du "Joyeux Doryphore", répondit-il en étouffant un nouvel accès d'hilarité. Je me moque des tomates comme de ma première chemise, mais ce qui m'amuse c'est la tête que tu fais lorsque le président du jury me serre la main et me félicite au nom de tous les jardiniers de la ville. Cela vaut toutes les récompenses.

Surmontant son envie d'étrangler l'ignoble personnage, Morton se força à sourire.

— Si tu as peur que je t'empoisonne, tu n'es pas obligé de boire...

Pendant quelques instants, Ledbetter le considéra silencieusement, puis se passa la langue sur les lèvres et, avec un ricanement sardonique, il prit son verre qu'il vida d'un trait.

— Pas mauvais, apprécia-t-il en s'essuyant la bouche avec le revers de sa manche. Sers m'en donc un autre pour fêter notre nouvelle amitié.

Il le vida avec la même rapidité et le reposa sur la table. Morton leva également le sien et ils continuèrent de boire ainsi en bavardant de choses et d'autres. Quand la première bouteille fut vide, Morton alla en chercher une deuxième, puis une troisième et une autre encore, jusqu'à ne plus compter ses allées et venues jusqu'à sa cave. Peu à peu, il commençait à perdre pied ; les meubles dans la cuisine de Ledbetter s'animaient et tanguaient comme s'il avait été transporté d'un seul coup dans le monde fantastique de Walt Disney.

A un moment, sans qu'il sache comment, la conversation revint sur les tomates.

— Je dois reconnaître que je n'arrive pas à en obtenir d'aussi belles que les tiennes, admit-il. D'ailleurs, personne, en dehors de toi, n'a jamais réussi à produire des spécimens pareils... Dans cette région, du moins.

En dépit de son état d'ébriété avancé, Ledbetter saisit immédiatement l'insinuation et tapa violemment du poing sur la table.

— Je les fais pousser dans mon potager, derrière

la maison et je me moque bien de tous les ragots qui peuvent circuler ! s'exclama-t-il. Si les membres du jury désirent s'en assurer, je leur ouvrirai ma porte, mais à eux seuls. Je parie que tu aimerais savoir comment je m'y prends... ajouta-t-il en se penchant vers Morton et baissant la voix. Je me trompe ?

Morton refréna momentanément sa curiosité.

— Chacun a sa recette, répondit-il avec prudence. Mme Gebhardt mélange à la terre des feuilles de thé, Gabe Hoffsteder utilise, lui, un compost enrichi avec du fumier de poule...

Ledbetter haussa les épaules.

— Des amateurs ! Ils ne connaissent rien à la culture de la tomate !

Il posa la main sur le bras de Morton et baissa encore un peu plus la voix.

— Si je te montre comment je fais, tu me jures que tu ne le répéteras à personne ?

C'était exactement où Morton voulait en venir. Il lui avait suffi d'attendre que l'alcool fasse son effet. Cependant, il aurait mieux savouré sa victoire, si d'étranges choses n'avaient pas été en train de se passer dans son estomac.

— Je te le jure ! déclara-t-il sur un ton aussi solennel que possible.

Ledbetter sortit de la cuisine d'un pas mal assuré et revint un instant plus tard avec un journal de New York qu'il jeta devant Morton.

— Qu'est-ce que tu vois sur la première page ?

Non sans quelque peine, Morton réussit à fixer son regard sur la photo qu'il lui montrait.

— Une jeune femme blonde, répondit-il. Avec des cheveux frisés et un maquillage outré.

— Et le titre en caractères gras au-dessus ? insista Ledbetter. Qu'est-ce qu'il dit ?

Morton déchiffra péniblement :

« UNE PROSTITUÉE NEW-YORKAISE RETROUVÉE ÉGORGÉE DANS UN TERRAIN VAGUE »

— Et alors ? questionna-t-il en regardant Ledbetter d'un air déconcerté. Qu'est-ce que cela a à voir avec tes tomates ?

Son voisin le considéra par en-dessous pendant une seconde ou deux et versa jusqu'à la dernière goutte le fond de la bouteille dans son verre.

— Oh, simplement ceci : après avoir quitté la marine, j'ai travaillé en Amérique du Sud comme contremaître pour des entreprises de travaux publics. C'est comme cela qu'un hiver, je me suis retrouvé en train de construire un pont dans un petit bled au Pérou, Ayaquipo — quelques douzaines de masures au pied d'un volcan provisoirement éteint. Le soir, comme je m'ennuyais, je me suis lié d'amitié avec un vieux prêtre qui, un jour, m'a raconté que sa famille et les gens du village descendaient en droite ligne des Incas et continuaient d'honorer leurs anciens dieux. Au début de chaque printemps, m'a-t-il dit, ils avaient coutume de sacrifier une jeune femme pour obtenir leurs faveurs. En retour, ceux-ci protégeaient leurs récoltes et les faisaient prospérer. Au début, bien sûr, je me suis dit que ce vieux radotait. Jusqu'au printemps, quand il m'a demandé de participer à la cérémonie. Tout le village était là, entraîné par le prêtre et la fille. Ils ont gravi le volcan en chantant des cantiques. Tout en haut, la fille s'est agenouillée et là...

Il se passa la main sur la gorge en souriant d'un air entendu.

— Il est bon, ce petit vin de mûres. Je crois bien que je n'en ai jamais bu de meilleur !

Morton repoussa sa chaise en arrière et le regarda d'un air hébété. Puis brusquement, il comprit où Ledbetter voulait en venir et pâlit.

— Tu... tu veux dire... bredouilla-t-il. Ce n'est pas

vrai ! Tu ne vas pas me raconter que tu as kidnappé cette fille à New York et que tu l'as égorgée dans ton jardin ?

Toute l'histoire ressemblait à une plaisanterie macabre et de mauvais goût, mais Ledbetter ne souriait pas le moins du monde.

— Kidnappée ! Comme tu y vas ! s'exclama-t-il avec un éclat de rire cynique. A New York, tu en trouves à tous les coins de rues. Elles fourmillent presque autant que les rats sur un tas d'ordures. J'ai donné quelques dollars à l'une d'entre elles et elle n'a été que trop heureuse de venir passer un week-end à la campagne. Après, bien sûr, j'ai récupéré ma mise.

— Nous... nous sommes dans le New Jersey, fit observer Morton. Pas en Amérique du Sud, dans ce bled, Acapulco ou je ne sais quoi !

— Ayaquipo, corrigea Ledbetter avec un sourire réjoui. Je vais te dire ce que ce vieux prêtre m'a expliqué. D'après lui, les dieux sont partout autour de nous, comme le soleil et le vent. Pour qu'ils soient contents, il suffit de leur donner ce qu'ils veulent.

— Je ne crois pas un mot de ces balivernes !

Ledbetter se leva en titubant.

— Dans ce cas, suis-moi. Je vais te montrer que ce n'est pas une plaisanterie.

L'air de la nuit était chaud et moite. Il n'y avait pas de lune et le jardin était plongé dans une obscurité presque totale. Une forme sombre bondit vers eux et, instinctivement, Morton fit un pas en arrière.

— Couché, Satan ! ordonna Ledbetter. Aussitôt, la forme se figea, puis se fondit à nouveau dans l'obscurité.

Plus ou moins rassuré, Morton suivit son voisin au milieu d'une jungle d'orties et de mauvaises herbes, au milieu de laquelle un vague sentier avait été tracé par les allées et venues de Ledbetter. Lorsqu'ils furent arrivés à la palissade du potager, Ledbetter ouvrit le portillon et lui fit signe d'entrer.

— Vas-y, dit-il. Baisse-toi et prends une poignée de terre.

Morton fit deux ou trois pas, se pencha et prit un peu de terre entre ses doigts. Elle était collante, exhalant une odeur fade et écœurante. Une odeur qui lui rappela tous les champs de bataille sur lesquels il s'était battu en France et en Allemagne.

Sans un mot, ils retournèrent à la maison et se laissèrent tomber lourdement sur leurs chaises. Morton était comme hébété. Machinalement, il regarda sa main. Un peu de terre était restée collée sur ses doigts. Une terre d'un rouge très sombre, presque noir.

Du sang... Brusquement, une violente nausée le saisit et il eut tout juste le temps de ressortir, poursuivi par un éclat de rire diabolique.

— Dans la vie, c'est comme cela, Voisin, entendit-il Ledbetter lui crier entre deux hoquets. Quand on a envie de quelque chose, faut en payer le prix !

Après cette nuit-là, Morton ne fut plus le même. Il se remit à boire, ce qu'il n'avait plus fait depuis qu'Edie était entrée dans son existence. Comme un mauvais rêve, le défi que lui avait lancé Ledbetter le suivait partout et il ne parvenait à l'oublier que lorsqu'il était dans le monde trouble et indécis que faisaient naître en lui les vapeurs de l'alcool. En dépit des apparences, Morton était un être faible et influençable. Un être qui avait besoin d'être reconnu et qui ne pouvait se passer de l'admiration des autres.

Comme beaucoup de gens qui ont l'impression d'avoir été frappé injustement par le destin, il chercha à se venger sur ses proches. Ainsi, en l'espace de quelques semaines, il réussit à se fâcher avec la plupart de ses amis. La moindre contrariété suffisait pour qu'il se mette en colère et, lorsqu'il était sous l'emprise de la boisson, un mot de travers ou mal compris entraînait immédiatement une violence verbale et parfois même physique.

Une nuit, sa femme eut la frayeur de sa vie, lorsqu'elle le surprit en train de briser à coups de marteau la vitrine dans laquelle étaient exposées toutes les coupes et trophées qu'il avait gagnés au cours de son existence.

— Qu'est-ce qui se passe ? Tu es fou ? cria-t-elle.

Morton se retourna d'un bloc et, sur le moment, elle se demanda si c'était bien lui. Il avait le visage hagard, avec des yeux comme ceux des drogués qui, la nuit, hantent les rues des grandes villes et sont prêts à tout pour une dose d'héroïne ou de crack.

Morton s'avança vers sa femme, le marteau toujours levé au-dessus de sa tête et, l'espace d'un instant, elle se demanda s'il n'allait pas la frapper. Mais, brusquement, le bras retomba et Morton se détendit, comme un pantin dont on a coupé les ficelles.

— Pardonne-moi, murmura-t-il. Cette histoire de tomates est en train d'avoir raison de mes nerfs. A la seule idée que cette ignoble limace de Ledbetter va encore me faire toucher des épaules par terre, je vois rouge.

Edie l'entoura de ses bras et appuya sa tête contre sa poitrine.

— Ce n'est pas grave, mon chéri, murmura-t-elle. Je comprends ta frustration. Je vais balayer tous ces éclats de verre avant que quelqu'un ne se coupe, ajouta-t-elle, après avoir jeté un coup d'œil en direction de la vitrine.

— Pas tout de suite, l'arrêta Morton d'une voix étrangement neutre. Allons faire un tour dans le jardin, d'abord. Il y a quelque chose que je voudrais te montrer.

— Bien sûr, mon chéri, acquiesça-t-elle, trop heureuse qu'il eût envie de sortir et de se changer les idées.

Dehors, c'était la pleine lune. Main dans la main, ils se dirigèrent vers le potager et Edie leva vers son mari un regard plein d'amour et de confiance.

— Tu sais, murmura-t-elle, autrefois nous allions souvent nous promener comme cela, en amoureux. Nous pourrions peut-être recommencer, de temps à autre...

Au lieu de répondre, Morton lui indiqua un point au pied de l'un de ses plus gros plants de tomates.

— Regarde ce trou, juste à la base de la tige. Je me demande ce que c'est... Un ver ou un parasite, peut-être ?

Complaisamment, Edie s'agenouilla pour examiner la tige qu'il lui montrait. Elle ne vit même pas l'éclair du couteau à découper quand il lui trancha la gorge et elle n'entendit pas non plus le hurlement de Satan, à quelques mètres à peine, de l'autre côté de la palissade.

***

Depuis le début de l'après-midi, Archie Ledbetter mangeait des chips et buvait de la bière, assis confortablement dans son rocking-chair, s'amusant de la tête des badauds agglutinés devant la grille des Sangroff. Dans la matinée, la première sirène de police l'avait tiré de sa torpeur habituelle et depuis lors le ballet des gyrophares n'avait pas cessé.

La camionnette de livraison de Miller, le grainetier-pépiniériste-droguiste du village s'arrêta devant sa porte et le livreur entra chez lui, un gros bidon à la main. Archie, qui le connaissait bien, lui fit signe d'approcher et de poser le bidon à côté de lui.

— Salut, Jimmy, l'accueillit-il aimablement. Alors, toujours sur les routes ?

Jimmy hocha la tête et, après avoir posé son fardeau, se retourna pour regarder le va-et-vient des voitures de police.

— Qui aurait pensé qu'une chose pareille puisse arriver ici ! déclara-t-il en secouant la tête. Dans un village aussi paisible, où il ne se passe jamais rien.

Ledbetter haussa les épaules.

— Les hommes sont partout les mêmes, grommela-t-il. Imprévisibles.

Il ouvrit le bidon, et huma le contenu et le referma avec un sourire satisfait.

— A propos, questionna Jimmy, où avez-vous eu cette idée d'utiliser du sang de lapin ?

Ledbetter lui fit un clin d'œil.

— C'est un truc que m'a appris un vieux paysan au Pérou. Cela nourrit la plante tout en éloignant les vers et les insectes.

Jimmy se retourna vers l'attroupement qui, l'heure du dîner approchant, commençait à se disperser et soupira.

— Je ne comprends pas qu'un type puisse avoir envie de tuer une aussi charmante vieille dame que Mme Sangroff, murmura-t-il. Cela me dépasse.

— Je vais te dire une chose, mon garçon, répondit Archie en se levant lourdement et prenant son bidon. Je ne connaissais pas beaucoup Mort Sangroff, mais je suis certain d'une chose : il n'avait absolument aucun sens de l'humour. C'est sans doute cela qui l'a perdu.

The price of tomatoes.
Traduction de L. de Pierrefeu.

L'ILE DE LA VÉRITÉ

par HUGH B. CAVE

Le village était en émoi, sourdement. Les jeunes soulignaient leur désapprobation muette en secouant la tête. Leurs aînés, eux, marmonnaient que c'était unc offense faite aux dieux tutélaires.

Il y avait à peine deux mois que la jeune fille, Tiona, s'était apprêtée dans la joie à se rendre sur l'Ile de la Vérité avec son jeune amoureux pour l'épreuve prénuptiale. Et voici qu'elle devait y aller avec un homme de vingt ans plus âgé qu'elle, et pas même originaire des îles. Uniquement parce qu'il pourrait lui acheter toutes les belles choses qu'une jolie fille peut convoiter.

Déplorable, vraiment !

Jeunes hommes et jeunes femmes de cet archipel du Pacifique Sud allaient toujours passer une nuit ensemble sur l'Ile de la Vérité avant de s'engager à se vouer un amour mutuel pour le restant de leurs jours. C'était la coutume. Cela avait toujours été la coutume. Sur l'Ile de la Vérité, avec ses falaises et ses grottes, les esprits ancestraux prêtaient leur concours à la prise de décision. Personne ne l'habitait, cette île, sauf les esprits.

Tiona s'était préparée, toute fière, à s'y rendre avec Walui, un beau garçon de son âge qui gagnait fort honorablement sa vie en plongeant pour le compte de M. Yee. Mais il s'était noyé avant que ce pèlerinage ait pu avoir lieu, et c'était avec M. Yee lui-même qu'elle y allait à présent.

Lui, bien sûr, était riche, vraiment très riche, après deux ans passés dans l'archipel à amasser des perles que de jeunes plongeurs modestement rétribués pêchaient pour lui.

Tiona et M. Yee s'embarquèrent pour l'île alors que le soleil, à l'ouest, était encore au-dessus de l'horizon, et que les villageois se tenaient sur la plage, les regardant partir en silence. Aucune parole ne fut lancée et même aucune main ne fut agitée, tandis que leur canot quittait le rivage, et que M. Yee, tassé comme un crapaud, se penchait sur le moteur du hors-bord.

Une seule personne, en fait, bougea un tant soit peu: Lepa, le frère du garçon qui serait devenu le mari de Tiona sans ce malheureux accident, s'avança lentement jusqu'au bord de l'eau, et là, croisant ses bras musculeux sur sa poitrine, demeura figé comme une statue, la mine sombre et farouche.

Dans le canot, la fille, en se retournant, le vit dressé là, seul, à l'écart, mais ne réagit pas. M. Yee, ayant réglé le moteur, jeta également un coup d'œil au rivage.

— Pourquoi nous observe-t-il ainsi, celui-là ?

— Je ne sais pas.

Haussant les épaules, M. Yee reporta son regard vers leur destination, ce petit amas de terre, comme une tache, dans le lointain. Qu'il observe donc tout son soûl, ce garçon ! Et libre à eux tous d'assister moroses et muets à leur départ. Lui, Vincent Yee, serait bientôt sur l'Ile de la Vérité et il y trouverait ce dont il avait un fiévreux besoin.

Pendant que le canot glissait, véloce, sur une mer calme et verte, M. Yee, contemplant sa compagne, faisait effort pour réprimer son impatience. Parmi toutes les femmes qu'il avait vues — et il en avait certes vu beaucoup, d'un œil salace, connaisseur, gourmand — elle possédait incontestablement le plus ravissant minois, la plus séduisante silhouette, et la peau la plus délicieusement dorée. A la pensée de passer la nuit seul avec elle, il se sentait incendié de désir ; ses reins prenaient feu. Et plus tard, quand il l'aurait pris pour femme, toutes ses nuits seraient pleines de capiteux plaisirs.

Pour l'épouser, il n'y aurait, bien entendu, aucun problème. Quand un couple, homme et femme, allait à l'Ile de la Vérité, il y avait toujours mariage au retour. La nuit sur l'île était une pure formalité. De plus, à voir les choses du côté pratique, quel autre homme, dans tout l'archipel, pourrait lui offrir une belle maison, de coûteuses robes et de mirobolantes babioles, qui la feraient envier de ses contemporaines ? Même au lit, avec son expérience des femmes et de leurs secrètes exigences, il saurait mieux la satisfaire en fin de compte que tout autre homme plus jeune qu'elle eût éventuellement pu choisir.

— Tu es émue, tu palpites un peu, ma jolie ?

Il s'efforçait de ne pas laisser sa précise pensée transparaître dans son sourire ; il ne fallait pas l'effaroucher.

— Oh, oui, monsieur Yee.

— Tu ne crois pas que tu pourrais être un peu moins cérémonieuse à présent ? J'ai un prénom, tu sais.

— Vincent ?

— Voilà qui est vraiment beaucoup mieux. Tu t'y

habitueras vite. (Et à moi aussi, ajouta-t-il in petto. Même si je ne suis pas aussi jeune et beau que le garçon dont je prends la place.)

En approchant de l'île et de l'étroite bande de sable où ils devaient accoster, M. Yee se mit soudain à penser à l'accident. Il ne désirait certes pas y penser. Maintenant que la chose était accomplie, il souhaitait plutôt qu'elle demeure à jamais bannie de son esprit. Mais cela s'était passé devant une petite île très semblable à celle-ci et tout, spontanément, lui revenait en mémoire.

Il avait employé trois plongeurs ce jour-là. Gardant le jeune Walui auprès de lui sur le schooner, il avait expédié les deux autres à l'arrière de l'île dans le dingy, pour y explorer les eaux de ce côté-là. Tout avait été conçu et préparé dans le moindre détail : le poison savamment dosé dans la liqueur, le site spécialement choisi en raison des courants traîtres le long du récif, qui, un jour, avaient déjà failli happer et noyer un pêcheur de perles.

Que Walui se laissât piéger près du récif, à vrai dire, il n'y comptait guère. C'est le poison qui causerait la mort, et quand les autres le trouveraient ils supposeraient qu'il avait commis une de ces fatales erreurs dont un plongeur doit se méfier. Mais miser sur plusieurs possibilités, c'était le propre de l'homme avisé, non ? Si le récif et ses courants venaient coopérer, ce serait encore mieux.

Pêcheur de perles de quelque expérience, Walui n'aurait évidemment pas dû accepter un verre d'alcool avant de plonger. Mais c'était un jeune homme déférent et poli, et, dans les îles de la région, un présent, quelle qu'en fût la nature, offert par un homme ayant l'âge et la position de M. Yee, ça ne se refusait pas facilement.

Les autres, à leur retour, avaient été forcés de plonger pour récupérer le corps, car il n'était pas remonté à la surface. L'ayant repéré dans une poche du récif particulièrement pleine de remous, ils semblèrent se résigner à admettre que Walui s'était fâcheusement laissé surprendre par ces pernicieux courants et n'avait pu se dégager.

Un simple accident, somme toute, bien que tragique. Plonger, après tout, c'était une occupation dangereuse.

Et il n'y avait pas eu d'autopsie, chose inconnue dans ces îles ; le mot lui-même n'y existait pas.

— Nous y voici, Vincent, dit la jeune fille en lui souriant.

Il fit échouer le canot en douceur sur le sable, et ils le halèrent ensemble en lieu sûr, à l'abri sous le couvert d'arbres touffus. Une intempestive intervention humaine n'était pourtant guère à redouter. Cette nuit, selon la coutume, personne ne viendrait ici les importuner. Mais le temps pouvait changer et la mer devenir agressive. On ne savait jamais.

En ayant terminé avec l'embarcation, M. Yee se tourna vers sa promise, et lui tendit les mains. Étant moins grand qu'elle, il dut les lever assez haut pour les joindre aux siennes.

— Alors, que faisons-nous maintenant, ma jolie ?

Étranger à la région, il ne pouvait connaître comme elle dans le détail les superstitions indigènes.

— Venez.

— Pour aller où ?

— Là où l'on doit attendre ; il y a un endroit pour ça.

Partant de la plage, un sentier — manifestement peu utilisé, mais un sentier tout de même — les conduisit à la jungle, où il s'enfonçait ; là, racines d'arbres et foisonnantes lianes incommodèrent grandement M. Yee, et il envia l'étonnante aptitude de la jeune fille à progresser sans effort. Juste au moment où il commençait à s'accoutumer aux obstacles et au manque de lumière, le sentier se mit à grimper en pente raide. M. Yee réalisait que, en dépit de sa faible dimension, cette île était nettement plus accidentée, sauvage et inhospitalière que celles de l'archipel qui étaient habitées.

Soudain, de but en blanc, il se trouva dans une petite clairière naturelle, et il vit devant lui ce qui paraissait être un assemblage désordonné de grands blocs de pierre. Tiona s'affala sur l'un d'eux et lui fit signe, en souriant à nouveau, d'aller s'installer sur un autre. Essoufflé, haletant, il promena autour de lui un regard quelque peu effaré avant de le reporter sur elle.

— Qu'est-ce que cet endroit ?

— Il y avait un temple ici jadis, à ce qu'on dit. De quel genre, on ne sait pas, ni qui l'a construit.

— Qu'est-ce qui l'a détruit ?

— Qui sait ? (Elle haussa les épaules.) Des ouragans, peut-être, ou simplement le temps.

— Et nous, que sommes-nous censés faire ici ?

— Attendre, dit-elle. En demandant aux esprits de nous éclairer de leurs justes conseils.

— Toute la nuit ?

— Jusqu'à l'aube. Alors, nous accomplirons la marche.

La marche — ah, oui. Il connaissait cette partie du rituel. Ils devraient faire le tour de l'île, lui dans un sens, la fille dans l'autre. Si les esprits des ancêtres n'intervenaient pas défavorablement — si l'homme et la femme bouclaient le circuit sans encombre et se retrouvaient face à face — le mariage pouvait avoir lieu. Sinon, ils devraient demeurer séparés.

Bien entendu, il n'avait pas l'intention de rester assis là sur un bloc de pierre jusqu'au lever du jour.

Il laissa passer une demi-heure, pour récupérer,

se remettre des efforts fournis dans la jungle et la rude montée finale. Puis il s'approcha du bloc où elle était assise et posa les mains sur ses épaules.

Elle leva vers lui des yeux interrogateurs, légèrement déconcertés.

— Nous voici enfin seuls tous les deux, ma jolie, murmura M. Yee.

Cela n'avait encore jamais été possible. Elle avait été la fiancée de Walui, et Walui l'aurait défié et pris à partie.

— Oui, nous sommes seuls. (Elle inclina la tête.) Mais pas vraiment.

Surpris, il regarda par réflexe autour de lui, puis manifesta quelque irritation.

— Tu m'avais dit...

— *Eux,* Vincent, ils sont là. C'est ici leur île.

— Oh, bien sûr.

A présent, il n'était plus contrarié, mais amusé plutôt, et il fit mine de scruter la jungle environnante, comme s'il essayait de « les » repérer. L'obscurité s'accentuait maintenant. Il lui sembla entendre un coup de vent agiter les arbres, mais il se dit aussitôt que son imagination lui jouait un tour ; sinon, avec une aussi forte brise, on eût également perçu le bruit de la mer frappant la base des falaises.

— Ma foi, dit-il, badin, avançant à nouveau des mains entreprenantes, je ne pense pas qu'ils nous désapprouvent de prendre un peu de bon temps en attendant de nous mettre en marche. Qu'en dis-tu ?

— Si, Vincent, ils désaprouveraient.

— Oh, allons, voyons ! C'est bien joli de croire à ces contes de bonnes femmes, mais si tu dois devenir l'épouse d'un homme tel que moi...

— Non, Vincent ! (Elle saisit ses poignets et les écarta de sa poitrine.) Il ne faut pas ! Les esprits ancestraux nous puniraient.

Il tenta encore de la lutiner, mais elle saisit

derechef ses poignets et l'en empêcha. Elle était plus forte que lui. L'ayant vue nager, courir et pagayer, il savait qu'il ne pourrait jamais la prendre contre son gré. Il se recula et, posant à regret ses mains sur ses hanches, se contenta de vitupérer.

— Toi et tes ancêtres — qu'est-ce que ça peut bien leur faire ce que nous faisons avant de partir d'ici ?

— Ils n'ont pas encore donné leur consentement.

— Leur consentement à quoi ? Je ne te demande pas de m'épouser pour le moment !

— A ce que vous voulez faire, répliqua-t-elle. Ne comprenez-vous pas ? C'est pour cela que nous sommes ici, Vincent : pour qu'ils puissent voir en nous, afin de favoriser ou non notre union. Je vous en prie. (Elle secouait la tête.) Retournez là-bas vous asseoir. Soyez patient.

Il revint donc à son bloc de pierre et s'assit, mais sans être d'humeur à patienter ; pestant au contraire contre lui-même et regrettant d'être venu. Il n'avait pas prévu qu'une stupide superstition indigène s'opposerait à son dessein, le couvrant de ridicule. Néanmoins, à mesure que le temps passait et que la nuit s'épaississait, il se résigna peu à peu à l'attente. Il la posséderait en fin de compte, quand ils seraient mariés. Considère que c'est le prix à payer, se dit-il, haussant mentalement les épaules. Un prix plutôt modique, après tout. Détends-toi, et dors.

Se tournant du côté de la fille, il ne put la distinguer dans l'obscurité.

— Tiona ?

— Oui, Vincent ?

— Bonne nuit, ma jolie.

— Bonne nuit, Vincent.

— Fais de beaux rêves.

— Oui, Vincent — de beaux rêves.

S'allongeant sur la pierre aussi confortablement qu'une aussi dure surface le permettait, M. Yee tourna son visage vers les étoiles, ferma les yeux, et dormit. Étrangement, sa dernière pensée, avant de s'endormir, n'alla pas à la fille pour laquelle il avait commis un meurtre, mais à la pierre sur laquelle il reposait.

Dans un lointain passé, un temple se dressait ici ? Quel genre de temple ? Peut-être le chef du village, qui en était aussi le sorcier, le saurait-il.

En s'éveillant, il vit Tiona penchée sur lui ; c'était l'aube.

— Il est temps d'accomplir la marche, Vincent.

Glissant à bas de son bloc de pierre et s'étirant pour dissiper l'engourdissement de son corps, il ne put s'empêcher de sourire. La nuit était terminée ; une épreuve pas bien cruelle au fond, bien qu'elle ne lui eût assurément pas apporté les délices qu'il escomptait. A présent, la marche, le retour au village, et les préparatifs de la noce. L'épreuve de la marche ne serait pas plus difficile à supporter que celle de la nuit. Le parcours autour de l'île ne devait guère excéder un kilomètre, et seule une petite partie du trajet pourrait se révéler un peu pénible.

— Dans quelle direction dois-je aller, ma jolie ?

— Par là. (Elle pointait du doigt vers l'est, là où le soleil se lèverait). Et moi, j'irai par ici.

— Et quand nous nous rencontrerons, cela signifiera que les ancêtres consentent, hein ?

Quel enfantillage ! Mais aussi, c'étaient des enfants, ces indigènes ; simples d'esprit, naïfs et innocents.

— Oui, Vincent. Et soyez prudent. Restez sur le sentier.

Il découvrit bientôt que ce sentier, tout comme

celui qu'ils avaient emprunté depuis la plage, était une sorte de piste apparaissant plutôt tracée par des cochons sauvages que destinée à des humains. Le sentier suivit pour un temps la crête d'un récif de corail ; marchant sur un sol dur, rugueux et coupant, M. Yee ralentit le pas, craignant pour ses pieds chaussés de sandales aux semelles minces. Puis le sentier descendit jusqu'au niveau de la mer, s'enfonçant dans une jungle au sol terreux, humide et sombre. Et il se mettait ensuite à grimper vers une seconde crête qui épousait étroitement le contour accidenté de l'île, suivant la ligne du rivage.

Le soleil s'était levé, mais ses rayons, fortement tamisés par la forêt, ne réchauffaient pas beaucoup M. Yee et l'aidaient peu à y voir distinctement. Contraint de progresser avec lenteur, à tâtons, veillant sans cesse à éviter les obstacles, il s'encourageait à surmonter sa fatigue en se répétant qu'il lui fallait venir à bout de cette tâche imbécile s'il voulait posséder Tiona.

— Chaque chose a son prix, marmonnait-il machinalement.

Elle s'avérait plus longue qu'il ne l'avait supposé, cette randonnée. A deux reprises, il s'arrêta pour se reposer, se disant qu'il était stupide de vouloir se hâter, puisqu'il leur suffisait de se rejoindre, elle et lui, pour être exaucés. Qu'elle fasse donc, et de loin, le plus long parcours. Elle était plus jeune, plus solide et plus souple. A quoi bon gaspiller ses forces ; il en aurait besoin plus tard, quand il aurait triomphé.

Il parvint enfin à la falaise.

Là, le soleil brillait avec éclat, inondant d'une chaude lumière dorée le flanc rocheux et y faisant ressortir deux sombres ouvertures ; des entrées de grottes, sûrement, haut perchées au-dessus de la mer verte et miroitante, léchant la base de la falaise.

Le sentier devenait une corniche, d'à peine deux pieds de large, contournant les entrées des grottes. Ces cavités devaient servir d'abris à des oiseaux de mer, c'était plus que probable, et sur une île moins sacrée, des indigènes auraient couramment utilisé ce sentier pour venir récolter des œufs.

Il examina la corniche avec soin avant de s'y aventurer. Il ne put discerner aucun danger potentiel, hormis, bien sûr, celui d'une chute dans la mer, s'il lui arrivait d'être pris de vertige et de trébucher. Il n'éprouvait aucune crainte de ce côté-là. L'altitude ne l'avait jamais incommodé. Néanmoins, il plaça un pied devant l'autre avec circonspection, courbant le corps en avant et glissant une main le long de la paroi de la falaise pour assurer son équilibre. En atteignant la première cavité, il constata que c'était effectivement un havre pour oiseaux. Bien que vide pour le moment, elle était jonchée de fientes.

Il poursuivit son chemin avec une confiance accrue, n'ayant plus à redouter de sursauter dangereusement en voyant quelque brusque échappée de créatures ailées prises de panique. Ce fut même sans la moindre appréhension qu'il approcha de la seconde ouverture.

Mais hors de cette large et noire seconde fissure, surgit soudain une apparition silencieuse qui lui bloqua le passage. Et il sut aussitôt qu'il se trouvait en présence du mort revenu à la vie.

Dans l'archipel, les morts n'étaient pas simplement ensevelis tels quels dans la terre. Ils étaient d'abord frottés d'huile et enduits de cendres de la tête aux pieds. La créature qui se dressait devant M. Yee avait été embaumée de cette manière. Ses yeux étincelants se détachaient sur une face cendreuse. Cendreuses aussi, les mains, projetées en avant, les doigts recourbés, comme des griffes. Tout son corps, entièrement nu, était d'une horrible teinte grisâtre.

Malgré la cendre, le visage était reconnaissable. M. Yee le contempla avec horreur, et lâchant un cri strident, tenta de se retourner pour entamer une fuite éperdue.

Sur cette étroite corniche, se retourner aussi promptement était une erreur. Il perdit l'équilibre et bascula dans le vide. Son long hurlement l'accompagna jusqu'en bas, jusqu'à la mer, qui le transforma en gargouillis avant de le supprimer.

La forme humaine surgie de la grotte s'accroupit alors sur le sentier et regarda en bas, tout en bas, à quelque vingt mètres, là où l'eau verte venait battre la base de la falaise. Elle demeura cinq bonnes minutes à scruter la mer. Quand elle fut bien sûre qu'un quelconque miracle ne ferait pas réapparaître M. Yee, elle se redressa.

Au même moment, Tiona, terminant pour sa part sa marche autour de l'île, apparut à l'autre bout du sentier de la falaise, et l'appela par son nom. La mâle silhouette grise s'avança vers elle le long de la corniche et lui prit les mains.

— C'est fait, Lepa ?

Le frère du mort, de son Walui, inclina la tête.

— Ça s'est passé exactement comme le chef l'avait prédit. Je n'ai même pas eu à le toucher. Les assassins ne sont pas braves.

Se pressant contre lui, elle unit un instant son visage au sien, joue contre joue.

— Et toi, t'a-t-il touchée la nuit dernière ? demanda-t-il d'une voix sourde et rauque.

Elle secoua la tête.

— Comme tu dis, les assassins ne sont pas braves.

— Nous sommes vengés, alors, dit-il, repensant à ce jour où était mort son frère, où il avait plongé pour ramener le corps.

Au fond de l'eau, sous le schooner de M. Yee, il avait trouvé un message. Le fond marin était fait de sable dur, très dur même, presque de l'argile, et il avait d'abord cru avoir affaire à des traces en zigzag, ressemblant à des lettres, laissées par quelque ver marin : un genre de chose auquel on pouvait s'attendre en pareil endroit. Mais il s'agissait bien d'un texte écrit, gravé sur le sable compact à l'aide d'une coquille de cauri cassée — la coquille gisait là pour en témoigner — et le message, bien que bref, inachevé, contenait deux mots suffisamment éloquents. Un nom : *Yee*, et le mot *poison*.

Oui, tout lui revenait. Se gardant bien de mentionner le message à M. Yee, il avait aussitôt confié sa découverte à Tiona. Et puis il était allé trouver le chef de tribu, qui était aussi le sorcier du village. Le chef, dont une autre attribution était de préparer les morts pour la mise en terre, avait conçu le plan et le stratagème aboutissant à ce qui s'était déroulé ce matin sur l'Ile de la Vérité.

— Allons, viens, dit-il, effleurant délicatement le visage de Tiona du bout des doigts. Rentrons. Et la prochaine fois que tu viendras ici, j'espère que ce sera avec moi, car je t'aime, vois-tu, autant que mon frère t'aimait, depuis toujours. Et je lui ressemble assez pour que l'on puisse me prendre pour son jumeau, comme M. Yee lui-même te le confirmerait s'il le pouvait.

The Isle of Truth.
Traduction de Philippe Kellerson.

CE MATIN MÊME

par Jonathan Craig

Sa haine pour l'homme dont la photo s'étalait dans le journal était si profonde que le visage sérieux et viril sembla un instant s'estomper, comme à demi voilé par une légère brume rose. Il ferma les yeux en plissant fort les paupières, s'efforçant de maîtriser la colère qui lui faisait serrer les bords du journal au point d'en avoir les poignets douloureux. Quand il rouvrit les yeux, ce fut pour contempler, à côté de celle de l'homme, la photo de groupe sur laquelle figurait une jeune femme radieuse entourée de deux beaux enfants. Puis, cette photo se brouilla comme l'autre, cette fois à cause des larmes.

Il entendit approcher le pas pesant de Mme Corey et posa le journal devant lui, prenant soin d'en faire coïncider les bords avec ceux de la table.

Mme Corey s'arrêta près de lui, son bon gros visage assombri par la consternation.

— Vous n'avez même pas touché à votre petit déjeuner, monsieur, dit-elle. Vous n'avez rien pris de substantiel depuis que...

— Madame Corey, interrompit-il, puis il se tut.
— Oui, monsieur ?
Il se fit la remarque que jamais, pas une seule fois depuis tant d'années qu'elle était à son service, Mme Corey ne l'avait appelé autrement. Quand elle parlait de lui, elle se contentait de dire « Monsieur ».
— Madame Corey, reprit-il. Regardez cette photo dans le journal. Qu'y voyez-vous ?
— Ce que j'y vois, monsieur ?
— Oui. La légende dit que c'est le juge Arthur G. Harrington. L'*honorable* Arthur G. Harrington. Tout au long du récit de ses crimes on le qualifie d'éminent, de respectable, d'intègre, et autres adjectifs flatteurs. Est-ce bien cela que vous voyez en regardant cette photo, madame Corey — un éminent et honorable magistrat ?
— Monsieur, je ne... je ne comprends pas bien ce que vous me demandez.
— Je vais vous le dire, moi, ce que vous voyez. Vous voyez un homme qui a tué de sang-froid. Un monstre qui a assassiné une femme et ses deux enfants, voilà ce que vous voyez.
Il serra le poing gauche et l'abattit rageusement sur le visage de l'homme.
— Il les a assassinés aussi sûrement que s'il les avait massacrés à la hache.
Gênée, Mme Corey se balança d'un pied sur l'autre.
— C'est... c'est la malchance, balbutia-t-elle.
— La malchance ? Pour avoir trop bu un homme cause un accident qui entraîne la mort de trois personnes et vous appelez cela de la malchance ?
— Les journaux n'ont pas dit...
— Non, les journaux n'ont pas dit qu'il avait trop bu. Ils ont rapporté les faits, mais pas *tous*, madame Corey.
— Vous devriez vous forcer à manger un peu, monsieur. Je vais faire pocher d'autres...

— Ma femme est morte. Mes enfants sont morts. Il y a dix jours, cette maison était encore remplie d'eux. Grâce à eux, il y régnait le bonheur, la joie, la beauté... et l'amour.

Les larmes lui brouillèrent de nouveau la vue.

— Leur assassin n'a plus le droit de vivre. Il mérite de mourir et il va mourir.

— Cessez donc de vous torturer l'esprit, monsieur, dit Mme Corey en triturant nerveusement un pli de sa jupe. Vous ne mangez pas assez, à peine si vous dormez et...

— Ce matin, décida-t-il en se levant de table. Ce matin même. Je n'attendrai pas plus longtemps.

— Je vous demande pardon, monsieur ?

— Je vais le tuer. Je vais exécuter le meurtrier de ma femme et de mes enfants. Ce matin, madame Corey — sur l'heure.

Effarée, Mme Corey ouvrit de grands yeux.

— Vous ne pensez pas ce que vous dites, monsieur ! s'écria-t-elle d'une voix incrédule.

Il lui sourit, tout en sachant ce que son sourire devait avoir d'effrayant.

— M'avez-vous déjà entendu annoncer un projet sans le mettre aussitôt à exécution ?

— Non, monsieur. Mais...

Lui tournant le dos, il se dirigea vers la porte.

— Au revoir, madame Corey.

Un taxi approchait au moment où il descendait les marches. Il le héla.

— Déposez-moi à l'armurerie la plus proche, demanda-t-il au chauffeur.

— C'est chez Donovan, au coin de Woodland et de la 9e Rue, répondit le chauffeur.

Pendant que le taxi attendait devant la porte du magasin, il fit l'acquisition d'un 38 et d'une boîte de cartouches. Sous le regard étonné du vendeur, il introduisit six des cartouches dans le chargeur de l'arme et reposa sur le comptoir la boîte contenant le reste.

— Celles-là, je n'en aurai pas besoin.

— Mais, monsieur...

— Merci de votre complaisance. Au revoir.

Et il quitta la boutique.

Une fois dans le taxi, il se laissa aller contre les coussins et dans sa poche caressa du bout des doigts le métal froid de l'arme.

— Au palais de justice, lança-t-il au chauffeur.

Oui, se dit-il, le palais de justice. Ce gris et austère bâtiment de granit où l'honorable magistrat, ce bras de la justice, meurtrier de femme et enfants, avait envoyé à la mort tant de ses semblables. Il était parfaitement juste que son exécution eût lieu en cet endroit. C'était dans l'ordre normal des choses. Il était presque inconcevable que Arthur G. Harrington puisse mourir autre part que dans sa propre salle d'audience.

— Belle journée, hein ? fit le chauffeur. Splendide, même.

— Oui, splendide.

C'était par une journée semblable qu'avaient été tués sa femme et ses enfants. Maintenant le taxi longeait le parc où Margaret emmenait promener Billy et Bonnie quand les jumeaux étaient tout petits. En bas de la rue se trouvaient les magasins où elle aimait faire ses achats. Juste un peu plus haut, on apercevait l'école que, à la rentrée, devaient fréquenter les deux garçons.

— Nous y voilà, annonça le chauffeur en s'arrêtant. Ça fait un dollar dix.

Il régla la course, gravit l'imposant perron de pierre conduisant aux portes de bronze et pénétra dans le bâtiment. A partir de cet instant, il n'eut de regard pour personne et ne répondit à aucun de ceux qui lui adressèrent la parole. Il entendit vaguement sur son passage des réflexions étonnées, des murmures de curiosité mais, sans même tourner les yeux, il se dirigea à grands pas vers les doubles portes à l'extrémité du couloir — vers la salle d'audience du très honorable juge Arthur G. Harrington.

Les lourds battants se refermèrent sur lui avec un bruit creux qui se répercuta dans la salle vide, tandis qu'il descendait l'allée en direction de l'estrade des juges. Arrivé là, il tourna à droite, puis, après une dizaine de pas, de nouveau à gauche, il gagna la porte de la pièce située derrière l'estrade : le bureau du juge Harrington.

Il s'immobilisa un instant, une main sur la poignée de porte, l'autre sur le revolver dans sa poche.

Puis il entra, prit place derrière le bureau sur l'imposante chaise de cuir, porta le canon du revolver à sa tempe droite et pressa la détente.

The man must die.
Traduction de Michel Girard.

LE BON LARRON

par HAL ELLSON

Le soleil brillait sur le grand palmier dans le patio voisin. A travers ses paupières mi-closes, Victor Fiala regarda la lumière, puis jeta un coup d'œil sur l'avocatier juste au-dessus de sa tête, dont les feuilles vert foncé étaient ombragées et fraîches comme le reste du patio, cette oasis où un homme peut échapper à l'agitation du monde.

Fiala soupira et continua de regarder en l'air. Il faisait bon être chez soi, il faisait bon se reposer. Il soupira de nouveau et ses paupières se fermèrent à demi. Il était au bord du sommeil quand il se ressaisit.

— José ! cria-t-il.

Sa voix se répercuta dans le patio, mais son appel resta sans réponse. On doit tout faire soi-même, soupira-t-il, et il se mit en devoir de se lever. L'effort était trop dur. Il retomba et ses yeux se fermèrent. Pourquoi avait-il appelé José ? Pourquoi ? Pourquoi ? La clarté s'estompa de même que tous les bruits mais, à présent, à une grande distance, il percevait un vague bruit de pas, quelqu'un qui venait du bout du monde. Trop tard, songea-t-il sans savoir ce qu'il disait, et le bruit s'accentua. Ses yeux s'entrouvrirent et, dans le patio ombragé, il vit son petit-fils venir à lui avec cette expression qu'il avait toujours, ce perpétuel froncement de sourcils comme s'il portait tout le poids du monde sur ses fragiles épaules. Mais c'était un rêve, ce n'était pas le vrai José. Fiala ferma les yeux.

— Grand-père !

Il sursauta : devant lui se tenait José avec une bouteille de bière fraîche dans la main.

— Tu es enfin venu, dit Fiala. Que faisais-tu, tu t'étais endormi ?

— Non, mais toi, oui, répliqua José en lui tendant la bouteille.

Fiala rit et la porta à ses lèvres. Il était encore en train de boire quand on frappa très fort à la porte d'entrée. Abaissant la bouteille, il regarda son petit-fils, l'air morose.

— Bon, va voir qui c'est, dit-il.

José courut à la porte, l'ouvrit et revint dans le patio, précédant un voisin.

— Un appel téléphonique, Victor, annonça l'homme.

— Vraiment ? Je ne réponds à personne aujourd'hui. Que dirais-tu d'une bière fraîche, Arturo ?

— Merci, mais il vaut mieux répondre à cet appel. C'est le commissariat de police.

— C'est mon jour de congé, répliqua Fiala. Je ne réponds pas au commissariat.

— Même à Lopez ?

Fiala se redressa sur son fauteuil, les sourcils froncés.

— C'est le chef qui est au bout du fil ?

— Lui-même. Et il attend.

Des ennuis. Sûrement des ennuis sérieux, se dit Fiala en se levant.

— Surveillez le gamin, dit-il à Arturo. Ne le laissez pas grimper dans l'arbre.

Un instant plus tard, il était au téléphone chez Arturo.

— Allô, Fiala à l'appareil.

— Ce n'est pas trop tôt, dit Lopez à l'autre bout du fil. Que se passe-t-il que vous ne répondiez pas à votre poste personnel ?

— Il est en dérangement.

— Sans doute n'avez-vous pas payé votre relevé.

— Je paie toujours, et à temps, répliqua sèchement Fiala.

— Très bien. Voilà, j'ai une faveur à vous demander.

— De quelle sorte ? s'enquit Fiala méfiant.

— Je voudrais vous charger d'une mission spéciale.

— Aujourd'hui ?

— Je sais que vous n'êtes pas de service, rétorqua Lopez d'un ton glacial. Aujourd'hui même.

— Personne ne peut s'occuper de ça ?

Il connaissait la réponse.

— Personne. Je suis à mon bureau. Puis-je compter sur votre venue ?

— Oui.

Mais dès que Lopez eut raccroché Fiala posa brutalement le combiné et clama :

— Puis-je compter sur votre venue ? Ah, vous êtes fort, Lopez, pour dorer la pilule !

— Mauvaise nouvelle ? demanda Arturo quand Fiala reparut dans le patio et vint vers lui.

— Une mission spéciale, et le jour où je suis de repos.

— Ce doit être une affaire grave.

— Grave ou non, il y en a d'autres dans l'équipe, mais Lopez me veut, et par cette chaleur !

Fiala secoua la tête et aperçut la bouteille de bière que son petit-fils lui avait apportée.

— Remets-la dans le réfrigérateur, dit-il à l'enfant. Je n'y prendrais pas plaisir maintenant. Ah ! Lopez m'a coincé une fois de plus.

— Détendez-vous, conseilla Arturo. Se mettre sens dessus dessous n'avance à rien.

— Je sais. Il fait trop chaud, répondit Fiala qui entra dans la maison.

Il en sortit avec son veston sur le bras et une bouteille de bière dans la main.

— A la réflexion, dit-il avec un clin d'œil à Arturo, je ferais mieux de la boire quand même tout de suite.

Dix minutes plus tard, Fiala descendait de sa voiture devant l'immeuble municipal et pénétrait dans le patio. Sur les marches de la terrasse, un policier au visage renfrogné faillit le renverser, puis s'excusa et ajouta :

— Si vous voulez voir le chef, vous feriez mieux d'y renoncer. La chaleur lui a tapé sur la tête. Il est bon pour le cabanon.

— Il l'a toujours été, rétorqua Fiala qui continua à monter. Il fronça les sourcils en arrivant devant la porte du chef, frappa légèrement, et la porte s'ouvrit avec soudaineté. D'habitude, le visage de Lopez était d'une pâleur de mort ; à présent, il était empourpré et ses yeux brillaient de colère. Il avait l'air prêt à exploser et Fiala s'y prépara, mais l'explosion ne vint pas.

— Ah, c'est vous, dit Lopez à mi-voix. Entrez.

Fiala pénétra dans le bureau, tandis que Lopez se dirigeait vers une fenêtre qui donnait sur la rue, regardant manifestement dans le vide, car il se parlait à lui-même. Enfin, il fit demi-tour et alla à son bureau.

— Savez-vous ce qui est arrivé ? dit-il en tapant du poing sur le meuble.

Fiala haussa les épaules.

— Désolé, mais je n'en ai pas la moindre idée.

— Parfait. Pourquoi restez-vous debout ? Asseyez-vous donc ?

Aïe, la chaleur lui a tapé dessus, pensa Fiala en prenant un siège. Il avait envie de fumer, mais il préféra s'abstenir. Lopez tapa de nouveau sur le bureau.

— Écoutez ça, Victor, dit-il en martelant les mots. Non, attendez un instant. Quelle est la situation que j'occupe dans la ville de Montes ?

Fiala passa le dos de sa main sur son menton et jeta à Lopez un regard curieux. Il est vraiment très touché, pensa-t-il, et il répondit :

— Vous êtes le commissaire de police.

— C'est une situation importante ?

— Oui.

— Et les gens ont pour moi de la considération ?

— Certainement.

— Ils comptent sur moi pour préserver leur ville des actes criminels, non ?

Fiala acquiesça, se demandant où tout cela conduisait. Lopez reprit :

— Alors que supposez-vous que les gens penseraient si un voleur s'introduisait chez moi et repartait en emportant toute mon argenterie ?

Sur le moment, Fiala n'en crut pas ses oreilles. Lopez dévalisé ? Il eut envie de rire et se retint à grand-peine.

— Quelqu'un a volé toute votre argenterie ?

— Les plus belles pièces.

— Terrible, commenta Fiala que tenaillait toujours l'envie de rire.

— Vous comprenez, j'espère, ma fâcheuse situation. Si la nouvelle se répand, toute la ville rira de moi.

A gorge déployée, pensa Fiala.

Lopez poursuivit :

— C'est pourquoi je vous ai téléphoné. Je veux

récupérer mon argenterie, et je veux le voleur. Vous êtes déchargé de toute autre obligation, Victor, jusqu'à ce que vous tiriez l'affaire au clair. Autre chose : gardez ceci pour vous.

Fiala hocha la tête.

— Je comprends. Maintenant, puis-je poser une question ? Soupçonnez-vous l'un de vos domestiques ?

— Absolument pas. Il y a trop longtemps qu'ils sont chez moi.

— Avez-vous une idée quelconque sur ce vol ?

— Pas la moindre. Et c'est ce qui m'exaspère. Ah ! si je savais qui c'est...

Fiala se leva, les sourcils froncés. Il entrevoyait déjà des difficultés d'une nature particulière. De l'argenterie. Qui la volerait à Lopez et qu'en faire ensuite ?

— Rien d'autre n'a été volé dans la maison ? questionna-t-il.

— C'est justement ça. Il y avait de l'argent et les bijoux de ma femme qui traînaient, et rien n'a été touché.

Bizarre, pensa Fiala.

— Je ferai de mon mieux, dit-il à Lopez, mais...

— Mais quoi ?

— Rien.

Fiala fit demi-tour et se dirigea vers la porte.

Il faisait chaud même dans l'ombre des arcades ; le caniveau et la petite place étaient littéralement inondés de lumière. Personne n'était assis sur la place. Pour une fois, elle était absolument déserte. Fiala regarda, de l'autre côté, le restaurant du Diamant Bleu. Finalement, à contrecœur, il émergea de l'ombre des arcades, traversa lentement la place et entra dans le restaurant. Il n'y faisait pas plus frais.

— Chaud, dit le garçon.

Fiala acquiesça d'un signe de tête et commanda du café, puis jeta un coup d'œil vers les tables vides. Le garçon revint avec son café.

— Est-ce que Domingo est venu ? lui demanda Fiala.

— Non, je ne l'ai pas vu.

Fiala hocha la tête et souleva sa tasse, songeant à l'argenterie volée. Aucun des domestiques ne s'en serait emparé, et les voleurs du pays se seraient bien gardés d'y toucher. Un outsider ? Non, pour la simple raison que l'argent et les bijoux avaient été laissés en place. Mais pourquoi quelqu'un courrait-il le risque de prendre l'argenterie en abandonnant l'argent liquide et les bijoux ?

« Si je connaissais la réponse », soupira-t-il, et il finit de boire son café. Il se leva, alla vers la porte. Dehors, les rayons du soleil flétrissaient la pelouse de la place déserte. Un silence total régnait, la désolation. Il songea à la fraîcheur de son patio et secoua la tête. Ah, s'il avait pu être là-bas en ce moment !

Une vague d'air chaud le rappela à la réalité et il s'engagea sur le trottoir. Quatre pâtés de maisons plus loin, il entra dans un autre restaurant, s'enquit de Domingo et on lui répondit qu'il n'était pas venu. Désappointé, il retourna nonchalamment vers la place et s'assit sur un banc dans l'endroit le plus ombragé qu'il put trouver.

Cinq minutes plus tard, Domingo s'assit près de lui :

— Vous me cherchez, señor ?

Fiala fit un signe d'assentiment et le dévisagea. Domingo semblait nerveux, mais il était toujours ainsi.

— J'ai besoin de renseignements concernant de l'argenterie de valeur. Qu'est-ce que tu sais ?

— Moi ? (Domingo frappa sa maigre poitrine.) Je ne sais rien.

— En ce cas, tu ferais bien de découvrir quelque chose auprès de tes amis.

— Au sujet d'argenterie ? Ils ne toucheraient pas à quelque chose de ce genre, señor.

— Tu as l'air bien sûr de toi.

— Je le suis. De l'argenterie c'est très difficile à écouler. Mes amis se garderaient bien de courir un tel risque.

Les protestations de Domingo étaient trop vives. Savait-il quelque chose ?

— Ainsi tu n'as entendu parler de rien ? insista Fiala.

— Rien du tout. (Domingo haussa les épaules.) Si jamais j'entends...

— Quelque chose me dit que tu as déjà entendu.

— Oh ! non señor.

— Oh ! si. Tu es trop nerveux. De quoi as-tu peur ?

Silence. Domingo regardait fixement la place tandis qu'une expression douloureuse se peignait sur son visage. Finalement, il parla.

— Souvenez-vous bien, dit-il, l'air soucieux, que je ne suis pas mêlé à ça. J'en ai seulement entendu parler.

— Voilà qui est mieux, commenta Fiala. Allons, qu'as-tu entendu dire, exactement ?

— L'argenterie a été volée au commissaire de police.

— C'est exact.

— Et voilà pourquoi personne ne voudrait y toucher. Il faut avoir perdu la tête.

— Très juste, approuva Fiala. Néanmoins quelqu'un l'a volée... et je veux savoir qui.

— Je l'ignore, señor.

— Tu es un menteur. Tu le sais, mais tu as peur de quelqu'un et tu cherches à le couvrir.

— Non, señor.

— Je commence à perdre patience. Tu protèges quelqu'un et tu pourrais le regretter.

— Bon, céda Domingo. Vous n'allez peut-être pas le croire, mais c'est...

Sa voix se fit confidentielle quand il révéla le nom du voleur.

Fiala fut stupéfait.

— Oh, non ! s'exclama-t-il. Il ne peut pas avoir fait ça !

— Si, señor, et maintenant vous savez tout.

— Mais pourquoi voler l'argenterie ? C'est insensé !

— Il avait joué et perdu. Il était obligé de payer sa dette.

— Drôle d'histoire.

— Vous ne me croyez pas ?

— Disons que je doute.

Domingo haussa les épaules :

— C'est pourtant vrai.

Fiala secoua la tête :

— Difficile à croire. Et si cela venait à se savoir ?

— Vous comprenez maintenant pourquoi aucun d'entre nous ne toucherait à cette argenterie.

— Lopez tient à la récupérer et veut la peau du voleur.

— Aïe, quand il découvrira qui c'est !

— Il ne doit pas l'apprendre, déclara Fiala en secouant la tête. Jamais.

— Et pourquoi donc ?

— Parce que Lopez le tuerait.

— Ce qui ne me ferait ni chaud ni froid.

— Je ne peux pas dévoiler son nom.

— Alors taisez-vous et n'y pensez plus.

— Impossible. Je suis obligé d'agir.

— En ce cas, faites ce que vous devez faire.

— Ce n'est pas si simple. Si je révèle la vérité, cela ne réglera rien et il en naîtra probablement toutes sortes de complications.

— Faites ou ne faites pas. De toute manière, vous serez marron, alors laissez-moi en-dehors de cette histoire, dit Domingo en s'apprêtant à se lever, mais Fiala le retint.

— Cette argenterie, où est-elle ?

— Je ne sais pas. Occupez-vous-en vous-même.

— Non, ce sera toi, comme acheteur intéressé.

— Moi, señor ? Je ne toucherais pas à cette camelote pour un million de pesos.

— Tu établiras les contacts, poursuivit Fiala comme si Domingo n'avait rien dit. Préviens-moi aussitôt que tu y seras parvenu.

— Je n'aime pas du tout ça ! gémit Domingo.

— Moi non plus, mais nous n'avons pas le choix, alors vas-y.

Hochant la tête, Domingo se leva et s'éloigna. Quelques minutes plus tard, Fiala quitta le banc et se dirigea lentement vers sa voiture.

De la musique étouffée provenait du Chat Noir. Il n'y avait que deux clients quand Fiala entra. Il les salua d'un signe de tête et s'approcha du bar où le patron sommeillait.

— Eh ! Pancho.

— Ah, Victor. (Pancho secoua la tête.) Terrible, la soirée d'hier. Ma tête est prête à éclater.

— Mauvaise journée pour moi aussi, se lamenta Fiala. Je suis obligé de travailler... et par une chaleur pareille.

— Qu'est-ce que ce sera ? Une petite ?

Pancho sortit bouteille et verre, et les posa sur le bar.

— Vous avez l'air soucieux, dit-il.

— Oui, Lopez m'a mis sur une sale affaire.

— Ah ! Victor, il m'arrive de penser que Lopez ne vous aime pas.

— Pas plus que lui-même, répliqua Fiala.

Il vida le contenu de la petite bouteille dans son verre et se dirigea vers une table dans un coin sombre.

— Excusez-moi, Pancho. J'ai besoin de réfléchir.

— Comme vous voudrez, Victor.

La bière était froide, légère, dorée. Fiala y goûta, puis repoussa le verre. Domingo ne reprendrait peut-être pas contact avec lui avant plusieurs heures. Entre-temps, il devait se préparer pour un exploit difficile. Si ça marchait, parfait. Sinon... *je serai fichu*, pensa-t-il.

Deux heures plus tard, il quitta sa table.

— Je m'en vais, dit-il à Pancho. Si quelqu'un me cherche, envoyez-le à la maison.

Il faisait sombre dans le patio. Fiala s'assit sous l'avocatier et hocha la tête. Il était tard, et toujours pas de nouvelles de Domingo. A neuf heures, son petit-fils lui apporta quelque chose à manger et une bouteille de bière. A dix heures, sa fille demanda s'il allait se coucher et il lui fit signe de le laisser tranquille.

Elle rentra silencieusement dans la maison et il continua d'attendre. Minuit était passé quand un coup fut frappé à la porte de la rue. Il se leva et courut ouvrir. Un gamin au visage brun lui tendit un papier. Il le parcourut rapidement et dit :

— Allons-y. Monte dans la voiture.

Dans le quartier situé de l'autre côté du lit desséché d'une rivière qui contournait la ville se trouvait une sinistre zone de pénombre et de silence, avec des rues désertes bordées de maisons en torchis. Beaucoup d'entre elles étaient vides de locataires et complètement en ruine ; d'autres bien près d'atteindre le même état. La voiture avançait lentement et le gamin guettait. Finalement, il tendit la main :

— Celle-ci, señor.

La voiture continua d'avancer, tourna au coin suivant et s'arrêta.

— Merci. Maintenant, rentre te coucher, dit Fiala en mettant un billet de cinq pesos dans la main du gamin.

L'enfant partit en courant et disparut dans l'obscurité. Fiala descendit de voiture et examina la maison que le garçon avait indiquée. Elle semblait déserte, mais dix minutes plus tard la porte s'ouvrit. Un homme sortit, puis un second. Leurs voix résonnèrent fortement dans la rue — la discussion était violente — puis diminuèrent de volume à mesure qu'ils s'éloignaient.

De bonne heure, le lendemain matin, Lopez fit pivoter son fauteuil au coup frappé à sa porte.

— Entrez, dit-il d'un ton sec. Lopez était dans le même état d'esprit que la veille. Fiala le remarqua quand il pénétra dans la pièce.

— Eh bien, quoi de nouveau ?

La voix grinçante de Lopez fit tressaillir Fiala. Une autre journée caniculaire s'annonçait. Cela suffisait bien sans y ajouter encore l'humeur du chef. Fiala leva la main.

— Tout est arrangé. J'ai récupéré l'argenterie.

— Et le voleur ?

— Malheureusement, il s'est échappé.

La mâchoire de Lopez remua, mais aucun son ne sortit de sa bouche pendant quelques secondes. Il finit par dire :

— Vous feriez mieux de m'expliquer ça.

Fiala respira bien à fond, puis se lança :

— Voilà ce qui s'est passé. J'ai pris contact avec un recéleur qui connaissait l'existence de cette argenterie. Il répugnait à parler, mais j'ai réussi à l'en persuader et il m'a envoyé chez un autre recéleur. Celui-ci s'est montré plus coopératif. Par l'entremise d'un tiers, il a arrangé un rendez-vous avec le voleur. Ils se sont rencontrés dans une maison abandonnée. Mon contact a examiné l'argenterie, refusé de l'acheter et s'en est allé. Au moment où il passait la porte, je suis entré.

Là, Fiala haussa les épaules.

— Par malheur, la porte de derrière était ouverte. Le voleur s'est enfui avec la rapidité de l'éclair.

— Bien dommage, Victor.

— Oui, je sais, mais vous avez récupéré votre argenterie.

Lopez hocha la tête et tendit la boîte de cigares qui était posée sur son bureau.

— Prenez-en un, dit-il, et octroyez-vous deux jours de congé.

Vingt minutes plus tard, Fiala était de retour chez lui et assis sous l'avocatier. La température était de nouveau caniculaire, le soleil incendiait la ville, mais il faisait frais dans le patio. Il sortit de son papier le cigare que Lopez lui avait donné et l'alluma, puis il cria à son petit-fils de lui apporter une bouteille de bière fraîche. C'est sa fille qui vint.

— En quel honneur ? demanda-t-elle en voyant le cigare.

— Rien de spécial, répliqua-t-il, et il sourit en se remémorant ce qu'il avait fait : voler à son tour l'argenterie que le fils de Lopez avait prise pour régler ses dettes de jeu.

The good thief.
Traduction d'Arlette Rosenblum.

LA MORT RÔDAIT DANS LES COLLINES

par KENNETH GAVRELL

Nous avions convenu de nous retrouver pour déjeuner. Elle se sentirait plus à l'aise pour en parler, m'avait-elle dit. Elle n'aimait pas l'ambiance d'un bureau et ne voulait pas, non plus, m'obliger à aller jusque chez elle, à Bayamon.

Ce qui m'arrangeait parfaitement puisque, de toute façon, il fallait bien que je mange quelque part. Mais ce n'était certes pas l'endroit que j'aurais choisi : lambris de pacotille, fleurs en plastique sur nappes immaculées, serveuses en jupette et petit tablier blanc. Le genre d'endroit que l'on s'attendrait à trouver à Dysneyland plutôt que sur le Condado de San Juan. Malheureusement, c'est le style qui semblait s'harmoniser de plus en plus avec ce qu'était devenu le Condado.

Je m'occupais d'une Pelforth quand elle est arrivée — avec dix minutes de retard...

— Je suis désolée, s'excusa-t-elle, je ne trouvais pas de place pour garer la voiture.

Je lui adressai mon sourire « je vous en prie, cela n'a pas d'importance » tout en l'invitant à s'asseoir.

Elle devait avoir environ trente-cinq ans et aurait été jolie allégée d'un certain nombre de kilos : grands yeux bleus, poitrine ample, cheveux blonds et soyeux d'une poupée.

— Je ne vous imaginais pas comme cela, me dit-elle.

— Qu'escomptiez-vous trouver ?

— Quelqu'un d'assez mal fagoté à l'air pas très commode ; et aussi un peu plus vieux, peut-être... D'après votre voix au téléphone, difficile de se faire une idée.

— Vous voulez boire quelque chose ?

— Non, je ne bois jamais.

Je fis signe à l'une des serveuses — Mary Poppins en mini-jupe — et demandai un sandwich au jambon. Ma cliente passa commande d'un véritable repas de communion... Ce qui expliquait l'excès de poids.

Elle sourit d'un air embarrassé :

— Je sais que je mange trop, mais ça semble être la seule chose qui me permette de faire face depuis que Jay est mort.

— C'est sans doute mieux que boire...

Aujourd'hui, j'étais « Monsieur Aimable ».

Lorsque la nourriture arriva, elle s'y attaqua avec nervosité et si nous ne nous étions pas mis à parler de ce qui nous intéressait, j'eus le sentiment qu'elle n'en aurait pas laissé une miette. Au téléphone elle ne m'avait rien dit de particulier se bornant à me remettre l'affaire en mémoire. D'ailleurs, on en avait parlé dans tous les journaux : environ deux mois auparavant, son mari, programmateur sur ordinateur chez IBM, était parti en voiture pour aller pêcher sur le lac Loiza. Ce samedi-là, vers deux heures de l'après-midi, alors qu'il sortait d'un virage à proximité de quelques maisons dans une région vallonnée, un tireur avait fait feu par deux fois. Une balle l'avait mortellement atteint.

Depuis, la police était sur l'affaire sans que personne eût réussi à découvrir la moindre piste. Des vérifications chez tous les habitants des environs n'avaient permis de trouver ni arme, ni suspect. De même, une enquête sur la vie présente et passée de M. Holling n'avait donné aucun résultat. Le meurtrier semblait avoir agi sans mobile.

Les gens du voisinage avaient entendu les coups de feu, mais ne pouvaient fournir aucune autre information. Personne n'avait rien vu. Des recherches sur l'emplacement probable où le tireur avait dû se tenir — déterminé à la suite de l'examen des traces laissées par la voiture, l'angle de tir et divers témoignages — n'aboutirent à rien d'autre qu'à constater que la végétation y avait été écrasée et y retrouver tout de même un vieux mégot de Winston.

— Ça m'a tout l'air d'une affaire parfaitement impossible, dis-je.

— Je n'ai pas confiance dans la police, me précisa Mme Holling. On dit qu'ils ne sont pas très compétents.

— Dans de pareils cas, ça peut se comprendre. Quoi qu'il en soit, leur conclusion me semble être la plus probable : un cinglé qui avait un compte à régler avec la société. Aux États-Unis, ça arrive sans arrêt...

— Et à Porto Rico, est-ce aussi le cas ?

— Non, je dois l'admettre. C'est même sacrément rare.

Maintenant, elle s'attaquait au dessert — une glace au chocolat à faire pâlir d'envie le gagnant homologué du Guiness Book.

— Vous prendrez un café ?

— Oui, merci, répondit-elle.

Je passai commande à Mary Poppins.

— On m'a dit que vous étiez efficace. Je me suis renseignée. Je voudrais que vous vous occupiez de cette affaire.

— Je ne peux rien vous promettre. A priori, je dirai que je risque de ne pas vous apprendre grand-chose de nouveau.

— Écoutez, je ne peux plus continuer comme ça !

Le son aigu de sa voix me surprit.

— Il faut que je sache. Jay et moi étions très unis. Nous étions mariés depuis huit ans, mais nous nous aimions comme au premier jour. D'ici un certain temps, j'arriverai peut-être à me faire à l'idée de vivre sans lui mais je ne pourrai jamais accepter de ne pas savoir pourquoi il est mort. *J'ai besoin de savoir* !

— Vous avez eu plus de deux mois pour y réfléchir, dis-je d'un ton apaisant, n'avez-vous pas quelque petite idée ?

— Jay n'avait aucun ennemi. Et il n'y avait pas d'autre femme, j'en suis certaine.

— Était-il engagé politiquement ?

— Non. La politique l'intéressait autant que moi la pêche à la ligne !

— Vous n'avez donc pas la moindre idée.

— C'est ce qui *me rend folle*.

— Il me faudra fouiller dans vos vies privées : comptes bancaires, amis, les gens qui travaillaient avec votre mari, comment il passait son temps — ce genre de choses...

— Ça m'est égal. Ça me coûtera combien ?

— Difficile à dire. Tout dépend du temps que cela me demandera.

— J'ai plus de dix mille dollars à la banque.

— Cela n'atteindra jamais une somme pareille.

La serveuse nous apporta le café. Je dus aller

chercher un supplément de sucre sur la table d'à côté.

J'appelai mon ami Roberto Burgos à la Criminelle. Il était sorti mais me rappela un peu plus tard dans l'après-midi.

— Je reprends l'affaire Holling. Je viens de me mettre d'accord avec Mme Holling, lui expliquai-je.

— Elle m'avait pourtant semblé être une femme pleine de bon sens !

— Ha ! ha !

— Bon, alors, que veux-tu savoir ?

— Dis-moi, crois-tu vraiment que je n'aie aucune chance ?

Il émit une sorte de grognement, probablement accompagné d'un haussement d'épaules :

— Si tu arrives à trouver une relation quelconque entre les faits, il y a peut-être quelque espoir. Si — comme je le pense — il n'y en a aucune...

Il laissa sa phrase en suspens.

— Tu me donneras les renseignements que tu possèdes ?

— *Por que no* ? Nous n'avons pas grand-chose...

— Ça te gêne que j'intervienne ?

— J'en ai pris l'habitude ! De toute façon la police a laissé tomber... Mais que ceci reste entre nous, hein ?

— Quand puis-je venir ?

— Quand tu veux. Le dossier t'attendra.

— Je serai là dans un quart d'heure.

Il avait raison. C'était plus que mince. Je trouvai une quantité de photos de la voiture et du corps, plus une de la végétation écrasée, et une aussi du mégot de cigarette. Je lus les dépositions des gens du voisinage — toutes sans grand intérêt. Le plus intéressant concernait Holling personnellement. Originaire de Joliet, dans l'Illinois, il travaillait depuis six ans pour IBM à San Juan. Il avait passé quelque temps à Chicago et à New York. C'était un bon employé que, d'une façon générale, on aimait beaucoup. Il possédait, à la Citibank, un compte épargne plus faible qu'on aurait pu le penser et, au même endroit, un compte courant au solde créditeur d'un peu plus de mille deux cents dollars au moment de sa mort. Il était propriétaire de deux voitures relativement neuves — une Camaro rouge qu'il conduisait le jour de sa mort, et une Datsun. Sa maison à Bayamon était estimée à soixante mille dollars. Pas de dettes extraordinaires pour quelqu'un ayant ce genre de revenus et de train de vie. Pas de mauvaises habitudes notables si ce n'était un penchant très occasionnel pour l'alcool. Pas d'ennemi connu.

Sa photo représentait un homme de quarante-deux ans au teint clair et aux yeux gris dont la couleur de cheveux était difficile à déterminer (légère tendance à la calvitie) ; il portait des lunettes. Le genre de personne qu'on ne remarque pas dans un groupe. On ne pouvait plus distinguer grand-chose de son visage sur les photos prises sur les lieux du crime. Je recopiai les renseignements relatifs à son bureau, sa banque et ses amis.

— Tes hommes se sont mal débrouillés pour la chasse au trésor, dis-je à Roberto. Pas une seule balle, pas même une douille.

— Tu sais bien comment c'est pour retrouver ce genre de chose à l'extérieur. Apparemment, le tueur a récupéré ses douilles.

— Donc, aucune indication sur l'arme utilisée — si ce n'est le peu de chose pouvant être déduit de la blessure...

— Nous pensons qu'il s'agissait d'un fusil. Le tireur a fait feu d'une vingtaine de mètres, à peu près... On peut aussi supposer que c'était un semi-automatique du fait que l'homme n'a disposé que de très peu de temps pour recharger et tirer une deuxième fois sur cette cible en mouvement.

— A l'évidence, il ne s'agit pas d'un amateur.

— Il se servait peut-être d'une lunette.

— Quand bien même il l'aurait fait...

— En ressortant, la balle a fait éclater le côté droit de la tête. Je dirais qu'il s'agissait d'une balle explosive de grande vélocité.

— Quel calibre ?

— D'après la blessure au point d'impact, quelque chose comme un .308.

— Et c'est tout ?

— C'est tout. Je croyais que tu aimais les affaires difficiles...

— Je me fais vieux !

— Le temps d'arriver à résoudre celle-ci et tu te sentiras encore plus vieux !

Le soir même, je me rendis chez les proches amis de Holling. Ils étaient deux et tous deux travaillaient chez IBM. Ce fut une perte de temps — aucun d'entre eux ne put m'apprendre quelque chose que je ne sache déjà. Peu délicatement, je suggérai une possible aventure extra-conjugale, mais ce fut un coup d'épée dans l'eau. Jay et Christine formaient un couple très uni. Leurs amis les enviaient. Ils ne pouvaient pas avoir d'enfants et, au moment de la mort de Jay, ils envisageaient d'en adopter un.

Le lendemain matin — après avoir appelé ma secrétaire qui me fit savoir que rien d'important ne s'était passé au bureau — j'allai au siège de IBM à Santurce. Ce fut la même histoire : personne ne pouvait imaginer la moindre raison ayant amené quelqu'un à vouloir tuer Jay Holling.

Après déjeuner, je montai en voiture et partis en direction du lieu du drame.

C'était l'un de ces merveilleux après-midi portoricains : ciel bleu à l'infini, soleil éclatant à vous en faire mal aux yeux et — lorsque j'eus quitté la ville — un air embaumé par le parfum de la végétation mélangé à l'odeur de la terre chaude. La route 176, au nord de San Juan, est typique des étroites routes de campagne qui serpentent au milieu des collines verdoyantes. Comme sur toutes les îles, on n'est jamais très loin du monde ; dans presque chaque courbe de la route on découvre une maison, un restaurant ou quelque autre construction. On rencontre des filles vêtues de couleurs vives ; on voit de la volaille, des vaches, des carcasses de voitures abandonnées, des arbres en fleurs, des flaques d'eau sale, des échoppes en bambou, et on entend beaucoup de musique. J'arrivai sur place à deux heures de l'après-midi — curieusement, c'est l'heure à laquelle Jay y avait trouvé la mort.

Il y avait une station-service, un bar, trois maisons et une épicerie enfouie dans un bouquet d'arbres sur une sorte de butte, juste après une courbe de la route. Je braquai pour gagner le parking devant le bar et coupai le moteur. Sur le juke-box du bar ou bien à la radio, Ednita Nazario était en train d'en pousser une. Deux gamins jouaient devant l'une des maisons et deux types traînaient devant la station-service ; l'un d'entre eux avait une boîte de bière à la main. Sur cette route, la circulation était peu fréquente. J'entrai dans le bar. Penché sur le juke-box, un adolescent en T-shirt semblait étudier la machine avec une attention qu'il aurait été mieux avisé de porter à ses livres de classe. Lui excepté, il n'y avait personne d'autre que le patron du bar et, assis sur un tabouret, un vieil homme qui ne consommait pas.

L'air interrogateur, le patron me regarda.

— Pelforth, dis-je.

— *Schaefer o India, nada mas.*

— *Schaefer esta bien.*

Il alla pêcher une bière dans la glacière sous le bar. Lui aussi était vieux et il avait probablement fait ce geste des millions de fois.

— *Que calor,* dis-je. Il fait chaud dehors.

Il eut un geste désabusé.

L'adolescent du juke-box vint se planter devant moi :

— Vous êtes flic ? fus-je surpris de l'entendre me demander.

Je l'examinai de la tête aux pieds. Sûrement le genre de gamin qui avait dû avoir à faire aux flics plus souvent qu'à son tour.

— Drôle de question, répondis-je.

— Pas tant que ça. Depuis quelque temps, les flics n'arrêtent pas de venir ici.

— Depuis « l'accident »...

— Je m'en doutais ! fit l'adolescent en crachant par terre.

Les deux vieux regardaient la scène sans manifester quoi que ce fût. Je bus une gorgée. La bière était bien fraîche.

— Vous ne pouvez pas nous laisser tranquilles, hein ?

Malgré sa jeunesse, les traits de son visage étaient figés dans un faciès d'agressivité permanente.

— En fait, je ne suis pas flic, je suis détective privé.

— La belle affaire...

— Qui vous a engagé ? demanda le patron en s'appuyant sur le bar.

— *La viuda del norteamericano.* La veuve de l'Américain.

— Nous ne savons rien, dit le patron. La police est venue plusieurs fois. Nous ne pouvons rien dire de plus.

— Vous avez entendu les coups de feu ?

— Non, pas avec ça.

Il me montrait le juke-box. Il avait raison : j'avais déjà du mal à percevoir ce qu'il me disait !

— Et vous ?

Je m'étais tourné vers l'autre ancien, celui assis sur le tabouret. Il ressemblait au grand-père idéal : soixante-six ans peut-être, teint hâlé, cheveux grisonnants, l'air très en forme pour son âge.

— Oui, je les ai entendus, dit-il lentement. Il y en a eu deux.

— Où étiez-vous ?

— Chez moi, de l'autre côté de la rue. J'ai cru que c'était une voiture qui pétaradait.

L'adolescent sortit une cigarette de la poche de son T-shirt hyper-collant et l'alluma, me regardant avec hostilité au travers d'un nuage de fumée.

— Eh bien ! Que dirait Maman si elle savait que tu fumes ? fis-je.

Il me répondit avec une obscénité particulièrement choisie. Je me mis à sourire. Il me plaisait, ce môme...

— Tu as entendu les coups de feu ? lui demandai-je.

Retirant la cigarette de sa bouche, ostensiblement il me tourna le dos avant de sortir. Je me dis que je ferais bien de vérifier mes enjoliveurs avant de repartir.

— J'aimerais voir l'endroit où la voiture s'est écrasée, dis-je au patron.

Il m'indiqua la direction opposée à celle par laquelle j'étais arrivé :

— C'est à environ cent mètres après l'épicerie, de ce côté-ci de la route. Vous ne pouvez pas le manquer.

— Pourquoi ça ?

— Deux petits arbres ont été couchés. Vous trouverez...

Je le remerciai, payai ma bière et sortis dans le soleil éclatant.

Je n'eus aucun problème pour trouver les deux arbres — petits palmiers au tronc vert. Mais ceux-ci mis à part, il restait peu de traces d'un accident automobile qui s'était produit deux mois auparavant. La nature reprend vite le dessus à Porto Rico. La végétation était très dense de chaque côté de la route. Les deux arbres se trouvaient à trois ou quatre mètres sur la pente bordant une partie de la chaussée alors que, en face, le terrain remontait légèrement jusqu'à un emplacement dégagé entourant une grande maison bâtie au sommet de la colline.

D'après les déclarations des témoins précisant que la voiture roulait environ à soixante-dix kilomètres à l'heure, j'essayai de déterminer l'endroit où elle avait dû quitter la route. Puis, je tentai de délimiter l'emplacement approximatif où se trouvait Holling lorsqu'il avait été touché et, par conséquent, la position du tireur. La police, de même que n'importe lequel de ces campagnards si coopératifs, aurait probablement été capable de me donner ces précisions. Mais cela n'avait pas vraiment beaucoup d'importance : tous les endroits, de ce côté-ci de la route où l'assassin aurait pu se cacher étaient couverts d'une végétation très dense et ceci bien au-delà de la dernière habitation du quartier. C'était un terrain merveilleux pour un tireur expérimenté muni d'un bon fusil — ce qui était le cas.

Je revins sur mes pas et entrai dans l'épicerie.

Venant du plein soleil, l'intérieur me parut très sombre — peu agréable avec ses vieilles étagères en bois garnies de boîtes de conserve, ses barriques, ses sacs de toile posés à même le sol et une antique caisse enregistreuse pour laquelle n'importe quel musée aurait payé les yeux de la tête. Cet endroit me ramena brusquement trente ans en arrière, au temps de mon enfance à Salinas. Une mère Portoricaine et un père Américain du Nord, une enfance passée moitié à Salinas, moitié à New York — quelquefois je n'étais pas certain moi-même de savoir exactement qui j'étais.

Derrière le comptoir se tenait une femme d'âge moyen vêtue d'une jupe noire et d'un chemisier rose. Une mère avec son fils, je pense, était occupée à acheter du riz et de la morue. Le garçon devait avoir douze ou treize ans. La femme se dépêcha de terminer ses achats et tous deux sortirent, me laissant la place libre.

J'expliquai à la dame derrière le comptoir qui j'étais et la raison de ma venue. Elle m'écouta sans faire le moindre commentaire.

— Je me demandais si vous pourriez m'aider en me fournissant quelques renseignements, dis-je en conclusion.

Elle aplatit sa jupe sur ses formes replètes — ou peut-être s'essuyait-elle les mains... ?

— J'ai passé cette journée-là à Ponce. Je suis désolée mais je ne sais rien.

— Connaissez-vous quelqu'un qui *pourrait* m'aider ?

— La police a déjà fait ce qu'il fallait. On n'a pas besoin, en plus, de détectives privés. Ici, on vit tranquillement...

— D'après vous, qui peut avoir tué l'Américain ?

— Je n'en ai aucune idée. Peut-être un ennemi. Peut-être un fou.

— Un fou qui habiterait par ici ?

— *Mira*, dit-elle, *estoy ocupada. Yo no se nada.*

— Et le type du garage, vous pouvez m'en parler ?

— Vous avez besoin de quelque chose ? Si c'est non, j'ai du travail à faire.

— Je pense que je vais aller faire un tour à la station-service.

— *Bueno*, dit-elle. Allez-y.

Raide, elle me tourna le dos et se mit à déplacer des boîtes sur une étagère. Apparemment, mon charisme habituel n'était pas suffisant pour amadouer tous ces gens.

Le patron de la station était un mastodonte d'une trentaine d'années, du genre qui cogne avant de parler... Dans son dos, la crosse d'un .38 Smith & Wesson dépassait de la ceinture de son pantalon, une pratique de plus en plus courante dans cette sorte de commerce, je l'avais remarqué...

Les affaires étaient calmes. Il bavardait avec un gars plus jeune que lui, et d'un gabarit plus raisonnable, vêtu de jeans et d'une chemise ouverte sur la poitrine. Tous deux me regardaient marcher vers eux l'attitude de ceux parfaitement conscients que vous faites un effort de tous les diables pour vous persuader qu'ils ne savent pas pourquoi vous êtes là !

Je sortis ma carte et la leur présentai. Aucune réaction — j'aurais pu tout aussi bien leur montrer mon acte de naissance... M'appuyant contre une pompe, je me mis à étudier les collines de l'autre côté de la route.

— J'enquête sur la mort du Nord Américain tué ici il y a deux mois, dis-je.

Toujours aucune réaction. Le costaud donna un coup de pied dans une boîte de bière vide en direction du garage. Pas mal : elle atterrit à quelques centimètres du mur.

— Qu'est-ce que c'est que ce nom-là ? finit par demander le plus jeune. Carlos Bannon. Métis ?

Celui-là faisait au moins preuve de quelque instruction.

— Mon père est Américain. En fait, je m'appelle Carlos Bannon Santiago.

— Assimilation ! grimaça le jeune.

— Je n'y suis pour rien, remarquai-je. Vous n'aimez pas les Américains du Nord ?

— Non. L'île est trop petite pour eux. De même que pour tous ceux qui viennent ici vivre sur notre dos.

— Il est indépendantiste, finit par dire l'ours avec indifférence.

— On continue en anglais ? me demanda le jeune l'air narquois. Moi pas parler votre langue très bien...

— J'ai l'impression que l'Américain a été tué par quelqu'un du coin, commençai-je calmement. Mais la police n'a pas retrouvé le fusil. Beaucoup d'armes, dans le secteur ?

— Autant que je sache, seulement ici, fit le gros.

Ayant sorti son revolver d'un mouvement brusque, il me l'avait braqué sur l'estomac. Je ne fis pas un mouvement. Lorsqu'il se mit à rire, les plis de son visage adipeux ondulèrent d'une façon écœurante.

— Votre sens de l'humour est merveilleux, disje. Vous avez un permis, j'espère ?

— Je ne vois pas en quoi ça vous regarde.

Il n'avait pas baissé son arme.

— La police l'a contrôlé ?

— L'Américain a été tué avec un fusil !

— Vraiment ? Comment le savez-vous ?

— J'ai peut-être l'air idiot, mais ne vous y fiez pas trop...

— A votre place, je rangerais ça, dis-je. Avant que l'envie me prenne de vous l'écraser sur la figure.

— *Mierda.*

— Range-le, marmonna l'indépendantiste.

L'ours lui jeta un coup d'œil puis il releva le canon de son revolver, sans pour autant le replacer dans sa ceinture.

— On ne répond à aucune question de détective privé venu de la grande ville, me dit-il. Et maintenant, sortez de chez moi !

— J'ai des amis à la Criminelle. Je ferai procéder à une vérification.

— Si j'étais à votre place, métis, je n'insisterais pas, me dit le plus jeune.

Et puis zut ! De toute façon, je n'allais rien tirer d'eux.

— Au fait, demandai-je en faisant demi-tour, comment avez-vous appris, à mon sujet ?

— Un petit cochon me l'a dit ! lança le gros. De même qu'à tout le reste du quartier. Je crois que vous feriez mieux de remonter en voiture et de rentrer à San Juan.

— Je pense que je vais rester ici encore un petit moment. Si j'ai besoin d'essence, je vous ferai signe !

— *Mierda.*

Je retournai vers le parking devant le bar. Et maintenant, que faire ? Perquisitionner dans toutes les maisons ? Je n'en voyais pas l'intérêt. J'étais presque arrivé à ma voiture quand sortit du bar le vieil homme qui s'y trouvait en même temps que moi.

— Vous êtes encore là ?

— Comme vous voyez.

— Je crois que vous perdez votre temps.

— Vous avez peut-être raison.

— Les gens en ont assez de toute cette publicité.

— Je les comprends...

— Voulez-vous boire un bon café ? Ma femme le fait très bien. Je veux vous montrer que nous ne sommes pas vraiment inhospitaliers envers les étrangers.

— D'accord, lui dis-je.

— J'habite là-bas.

Il me montrait la première maison sur la droite : toit plat et béton bon marché — chaleur garantie... Des pots de fleurs étaient disposés tout le long de la terrasse.

— Merci, lui dis-je en traversant la rue. A cet instant précis, j'avais grandement besoin d'un peu de sollicitude...

— Comment vous appelez-vous ? me demanda le vieil homme.

— Carlos.

— Moi, c'est Ricardo.

— *Mucho gusto.*

Il me précéda dans la maison dont la porte était grande ouverte.

Nous nous assîmes dans le séjour décoré de façon assez baroque pendant que sa femme préparait le café à la cuisine. Et comme le font assez souvent les personnes âgées, il sortit un album de photos. Il était particulièrement fier de sa petite-fille.

— Quel âge a-t-elle, demandai-je.

— Quatre ans.

— Elle est très jolie, dis-je. Et c'était tout à fait vrai.

— Oui. Et c'est elle que j'aime le plus au monde.

Une jeune femme apparut dans l'ouverture de la porte. Au premier coup d'œil, je sus que c'était la mère de la petite.

— Entre, Alicia. C'est ma fille, me dit le vieil homme.

Nous échangeâmes *encantados*. Elle aussi était très jolie. Elle me parut embarrassée et, très vite, s'excusa pour rejoindre sa mère dans la cuisine.

— C'est moi quand j'étais jeune, continuait Ricardo.

La photo montrait un beau garçon d'à peine trente ans, vêtu d'un uniforme de l'armée, avec une moustache noire et un sourire qui avaient dû charmer les dames.

— J'ai fait la guerre dans l'infanterie. En Italie.

La guerre... Pour lui, la Seconde Guerre mondiale.

— J'étais au Vietnam, dis-je. Tout au début.

Il hocha la tête.

Il y avait d'autres photos de lui en uniforme et quelques-unes de sa femme, qui n'avait pas si bien supporté l'outrage des ans. Mais la plupart d'entre elles représentaient sa fille et sa petite-fille. Rarement son gendre.

Je me demandai si sa fille était divorcée. Au même instant, elle entra portant le café.

— Tu ennuies tout le monde avec ces photos, dit-elle.

— Ça ne vous ennuie pas, hein, Carlos ?

— Au contraire ; après toute l'hostilité dont on a fait preuve à mon égard jusqu'à présent, c'est plutôt un plaisir.

— Nous en avons tous assez de voir la police, dit Alicia.

Donc, elle aussi savait qui j'étais. Je remarquai la perfection de sa silhouette lorsqu'elle se pencha pour me présenter le plateau.

— Que s'est-il passé après l'accident ? demandai-je. Quelqu'un a-t-il essayé de retrouver l'assassin ?

— Personne n'a été capable de dire de quel endroit sont partis les coups de feu.

— Ce jour-là, avez-vous remarqué des étrangers, par ici ?

— Non, on ne se souvient pas en avoir vu.

Le vieux s'excusa et se dirigea vers la salle de bains. Je remarquai qu'Alicia semblait mal à l'aise de devoir rester seule avec moi.

— Votre petite fille est adorable, dis-je pour tenter de la détendre un peu.

— Oui, elle l'était.

— Était ?

— Elle est morte il y a quelques mois.

Instantanément, je compris ce que veut dire « ressentir un grand froid ».

— Mon père en a parlé comme si elle était vivante, n'est-ce pas ?

— Oui.

— Il le fait sans arrêt. Mon père est vieux maintenant. Et à cet âge, il n'est pas facile de s'accoutumer à de tels changements.

La pluie m'accompagna sur la plus grande partie du chemin de retour. A Porto Rico, le temps ménage souvent de ces surprises : un jour magnifique se transforme soudain en un véritable déluge.

Fatigué, j'arrivai à San Juan aux alentours de cinq heures. J'en avais assez pour la journée. Et suffisamment matière à réflexion. Je pris une douche, dînai et allai au cinéma.

Le lendemain à neuf heures, j'étais au bureau. Maria tapait un rapport pour un client — le blabla habituel concernant un divorce. Je lui demandai d'appeler Burgos à la Criminelle.

Lorsque je l'obtins en ligne, il me parut encore plus enthousiaste qu'à l'ordinaire :

— Alors ! Comment ça marche, Sherlock Holmes ?

— Je n'en sais encore trop rien.

— Tu es allé sur place ?

— Oui. Et si j'avais eu la peste, ça n'aurait pas été pire !

Il étouffa un petit rire.

— Écoute-moi, Roberto ; j'aurais besoin que tu fasses une ou deux petites choses pour moi et que tu me rappelles le plus vite possible.

— Ça dépend des « choses ». Vas-y !

Mme Holling avait appelé le bureau pour m'inviter de nouveau à déjeuner. De toute façon, il fallait qu'elle descende à San Juan. Le « de toute façon » fit que je me sentis moins flatté par l'invitation.

Elle choisit le même restaurant et, cette fois encore, commanda bien plus que je pouvais avaler.

— Vous mangez peu, remarqua-t-elle.

— Non. Je bois...

— Au téléphone, j'ai eu l'impression que vous étiez sur une piste.

— Je le crois, en effet.

— Alors ? Racontez-moi ! fit-elle avec quelque impatience.

— Je ne peux pas. Pas tout de suite. Je dois d'abord retourner encore une fois là-bas. Tout ce que j'ai pour l'instant, c'est une intuition.

— Et comment des intuitions deviennent-elles des faits ?

— Je vous le ferai savoir à mon retour.

— Vous pensez que c'est quelqu'un de là-bas qui a tué Jay ?

— A ce point de l'enquête, cela me semble être la seule hypothèse valable.

— Mais qui ? Pourquoi ?

— Je sais que je vous fais du mal, mais j'espère pouvoir tout vous expliquer plus tard dans la soirée.

— Pourquoi plus tard ?

— Parce que je n'irai pas là-bas avant six heures.

— Est-ce dangereux ?

— Non, répondis-je.

Je mentais outrageusement.

— Puis-je venir avec vous ? Je ne fais rien, ce soir.

— Non, il est préférable que j'y aille seul.

Le petit groupe de maisons était superbe dans le ciel embrasé par le soleil couchant — réplique presque parfaite d'un tableau haïtien. Dans vingt minutes, il ferait nuit. J'allai garer la voiture devant le bar.

Exception faite de l'excité de la gâchette à la station-service de l'autre côté de la rue, il semblait n'y avoir personne dans les parages. Le type me regarda avec ostentation pendant que je descendais de voiture. J'avais soif ; j'entrai dans le bar et m'adressai au patron :

— Vous n'avez toujours rien d'autre que de la Schaefer ou de l'India ?

— *No.*

Il alla pêcher une Schaefer dans la glacière et la posa devant moi.

— Vous avez une bonne mémoire, dis-je.

— Pas difficile de se souvenir de vous...

— Je préfère cet endroit sans cet engin de malheur !

D'un signe de tête, je lui indiquai le juke-box.

— *Yo tambien*, dit-il. Moi aussi mais mes clients aiment la musique...

Il alluma l'électricité et s'adossa à une étagère derrière le bar.

— Alors, vous êtes revenu...

— Oui, j'ai des affaires à terminer par ici.

— Vous avez découvert quelque chose ?

— Oui, je crois...
— C'est plus que n'a fait la police.
Je terminai ma bière et me levai pour partir.
— Vous aviez soif ! remarqua-t-il. Et qu'allez-vous faire, maintenant ?
— Je pensais aller me promener. J'ai envie de retourner voir l'endroit où l'attaque a eu lieu.
— Il fait presque nuit.
— J'ai une lampe.
— Qu'espérez-vous trouver là-bas ?
— Maintenant, c'est *vous* qui jouez au détective privé...
Il faillit sourire. Dans ces collines, je tins cela pour une sorte de victoire.
Je sortis, allai chercher dans la voiture la torche que j'y gardais en permanence et m'engageai sur la route. Marchant lentement, il était impossible qu'on ne me remarque pas. L'ours de la station-essence ne me quittait pas des yeux et, déjà, je sentais peser sur moi bien d'autres regards. Dans une petite communauté telle que celle-ci, les gens semblent développer un sixième sens lorsqu'il y a des étrangers à proximité.
Mais le jour du drame, ils n'avaient remarqué personne.

La porte de la maison de Ricardo était ouverte mais je ne pus l'apercevoir, pas plus que sa femme ou sa fille. La patronne de l'épicerie me remarqua lorsque je passai devant son magasin éclairé. Elle me suivit des yeux. Je venais juste de dépasser la boutique lorsque je tombai sur le délinquant juvénile : il se promenait agrippé à une fille superbe qui ne devait pas avoir plus de dix-sept ans — on aurait dit qu'ils sortaient tout droit de *West Side Story*.
— Tiens, tiens ! lançai-je, tu ne crois pas que tu

devrais plutôt être en train d'aider ta mère à faire la vaisselle ?

Dans son style inimitable, il se mit à marmonner des gentillesses à mon égard. Avec beaucoup d'insistance, la fille m'examinait de la tête aux pieds. Elle avait les yeux et les cheveux noir de jais, la peau *café au lait*, avec une silhouette et un visage capables de donner des vapeurs à n'importe quel homme.

— Vous ne pouvez-pas nous oublier, non ? fit le garçon.

— Lorsque j'aurai résolu cette affaire, répondis-je avec amabilité. Et je crois que c'est pour ce soir. Quand vas-tu te décider à changer de T-shirt ?

Je désignai sa petite amie, d'un mouvement du menton :

— *Que linda*, dis-je. Qu'elle est belle !

Je savais ce que j'allais provoquer. Puissant et haut, le coup partit dans un éclair et j'eus tout juste le temps de le bloquer de mon bras droit — celui qui tenait la lampe — pendant que je lui envoyais une gauche terrible dans l'estomac. Il se plia en deux et je le relevai d'une deuxième gauche qui lui rejeta la tête en arrière avant qu'il ne s'écroule sur le sol. Je me sentais parfaitement bien : je n'avais même pas lâché ma lampe ! Le môme était costaud et, d'avance, j'avais su qu'il lui en faudrait au moins deux pour l'envoyer par terre. La fille s'effondra à côté de lui en émettant des gémissements d'inquiétude ponctués d'invectives à mon égard... Le vocabulaire de son ami n'avait aucun secret pour elle ! Je les abandonnai à leurs occupations — le jeune se tenait l'estomac, la fille le suppliant de lui parler — et continuai de remonter la route.

La voix de la fille finit par s'éteindre derrière moi alors que j'atteignais l'endroit où, à mon avis, le tireur avait dû s'embusquer. Je m'enfonçai de quelques mètres dans les broussailles et me mis à fouiller tout le secteur. Il faisait maintenant presque nuit et j'avais besoin de ma lampe. Elle émettait un puissant faisceau lumineux qui, toutefois, ne renvoyait sur moi que très peu d'éclat. Je remontai un peu plus haut sur la pente, puis me mis à marcher en décrivant des cercles. Épaisse, la végétation m'arrivait à la taille, s'accrochant à mes vêtements. Çà et là, des arbres parsemaient la pente. De temps en temps, je me baissais comme si j'examinais quelque chose. Il faisait de plus en plus sombre et, à mesure que la nuit s'épaississait, je tenais la lampe à bout de bras, éloignée de moi au maximum.

Le tireur allait avoir besoin d'un peu de temps pour se mettre en position. A moins que je me sois complètement fichu dedans — et je le souhaitais... Quelques minutes de plus, je serais fixé. Quoi qu'il en fût, me penchant souvent, je bougeais sans cesse, gardant toujours la lampe le plus loin possible de mon corps. Je pense que, dans ma vie, j'ai dû avoir plus peur que ce jour-là, mais je ne parviens pas à me rappeler quand. S'ils n'arrivaient pas à le localiser en premier, ça risquait d'être ma derrière balade sur cette planète... Je ne voyais et n'entendais rien d'inhabituel mais il était difficile de percevoir quoi que ce fût dans le vacarme des *coquis*.

En même temps que la nuit, la fraîcheur était tombée mais je transpirais quand même sous ma veste légère. J'avais été obligé d'en mettre une afin de dissimuler mon arme. Ma main qui tenait la lampe tremblait. Mais qu'attendait-il, bon sang ? J'étais pourtant certain de lui avoir laissé suffisamment de temps.

C'est à ce moment précis que tout se déclencha : j'entendis la détonation et m'aplatis sur le sol pour éviter la balle qui passa près de moi en sifflant. Il avait tiré d'assez loin. Sortant mon revolver, je l'entendis qui s'enfuyait dans les broussailles. J'entendis aussi les braillements de Roberto et de ses hommes lancés à ses trousses. La poursuite se déroulait de l'autre côté de la route. Il y eut de nouveau un coup de feu, d'autres bruits de course, des cris, et encore deux détonations. Enfin, je ne perçus plus que les appels des hommes de Roberto. Ils semblaient tous converger vers un même point à environ une quinzaine de mètres sur la pente en contrebas de la route. Les mains encore tremblantes, je me dirigeai vers eux.

Tous les trois étaient penchés sur lui. Les yeux clos, il gisait allongé dans le faisceau lumineux de la lampe de Roberto. Je ne pouvais m'empêcher d'éprouver à son égard une immense compassion. Je ne voyais aucune trace de sang.

— Il est mort ? demandai-je.

— Non, répondit Roberto, seulement évanoui — il n'est plus très jeune...

— Pourquoi l'avez-vous descendu ?

— Il nous tirait dessus. Tu voulais qu'on le laisse s'échapper ?

— Je me le demande...

Roberto posa sa patte brune sur mon épaule :

— Il en a pris une dans le dos mais il s'en tirera.

— Il n'a pas toute sa tête, dis-je. Vous le saviez...

— Si quelqu'un tire sur mes hommes, ils ont ordre de riposter... Je vais appeler une ambulance.

— Je reste ici avec tes affreux. Si vous l'aviez trouvé avant qu'il commence à tirer, tout ça aurait pu être évité.

— Mais c'est vous qui êtes fou ! dit Mme Holling. Comment *avez-vous pu* vouloir servir d'appât ?

— C'était la seule façon de l'obliger à se découvrir. Je n'avais aucune preuve. Rien. Et tous ces gens des collines ne souhaitaient certes pas m'aider à en trouver.

— Tous savaient, dit-elle avec amertume.

— Peut-être pas. Mais cela n'aurait fait aucune différence. Ils forment une petite communauté très soudée.

— C'est tellement aberrant... Simplement parce que Jay conduisait une Camaro rouge.

— Et pour autant qu'on le sache, ce n'est peut-être même pas Camaro rouge qui a tué la petite-fille de Ricardo. Ce pouvait être tout simplement une voiture y ressemblant...

— Comment sa femme et sa fille ont-elles réagi ?

— Elles se doutaient de quelque chose de ce genre. Le vieux avait un long passé de maladie mentale qui ne faisait que s'aggraver. Par moments, il était même persuadé que sa petite-fille était toujours vivante. Ce jour-là il a vu votre mari s'arrêter à la station pour l'essence. Il a couru chez lui, a pris son fusil de chasse et s'est embusqué derrière les maisons. Sa femme m'a dit qu'il avait été tireur d'élite dans l'armée et que, toute sa vie, il a chassé.

— Vous croyez qu'il avait l'intention de vous tuer, là-haut, ou simplement de vous faire peur ?

— Je n'en sais rien, mais j'aimerais bien que ce soit la deuxième hypothèse...

— Et comment se fait-il que la police n'ait pas trouvé le fusil ?

— *Les* fusils. Il en avait trois ; tous cachés sous la terrasse.

— Tout cela est tellement triste. Maintenant, je connais la vérité et je ne m'en sens pas mieux pour autant. Je crois même que je regrette de vous avoir engagé.

Je gardai le silence.

— Juste une autre question, dit-elle après un

moment. Comment avez-vous su que la petite avait été tuée par un chauffard qui s'est enfui ?

— Une sorte de pressentiment qui semblait coller aux faits. J'ai demandé à un ami dans la police de vérifier s'il y avait eu des accidents de ce genre dans le secteur au cours de l'année dernière. La petite fille a été tuée trois mois avant votre mari.

— Ils vont probablement l'interner, dit-elle d'une voix blanche.

— Oui. En général, c'est ce qui se passe.

Death in the barrio.
Traduction de Christiane Aubert.

TUE-MOI DONC, CHÉRIE

par C.B. GILFORD

Lewis Barlow méritait amplement de se faire abattre. Le problème, c'était que ses relations — il n'avait pas d'amis — n'auraient jamais osé toucher un cheveu de sa tête. Car le téméraire qui aurait éliminé Barlow se serait du même coup privé de son gagne-pain tout en s'attirant les foudres de la justice. C'est ainsi que Lewis Barlow, plus vivant que jamais, continuait de mener ce que d'aucuns appelaient une existence de rêve. Mais tout a une fin, en ce bas monde.

Le premier accroc dans cette vie bien huilée se produisit lors d'une de ces soirées qu'il donnait régulièrement. Lewis avait beaucoup de défauts, mais pas celui d'être pingre. La réception était donc somptueuse, comme d'habitude, avec champagne et tout le tremblement. Officiellement, c'était sa femme Veronica qui recevait. Tout le personnel de la société Barlow Associates Inc., des cadres supérieurs aux plus humbles grouillots, avait été dûment réquisitionné. Les Robinson, Lorimer, Steinberger, Yost, Nestor, Smith, Crenshaw, Jerry Lee, Madge

Sturdivant, Betty Myers et autres Morrie Johnson se donnaient donc beaucoup de mal pour faire bonne figure.

— Merveilleuse soirée, monsieur Barlow, dit Tom Nestor à son patron.

Chez ce jeune loup ambitieux et sans scrupules, le mensonge était une seconde nature, qualité qui en l'occurrence tombait à pic. Il n'en restait pas moins que si Nestor avait le moindre amour-propre, il devait bouillir intérieurement. A cause de Carol, sa ravissante épouse.

Lewis Barlow n'avait rien d'un coureur de jupons. Il l'était d'ailleurs si peu que nombreux étaient les membres de son entourage qui se demandaient encore pourquoi il n'était pas resté célibataire. Il y avait à cela une raison fort simple : il ne s'était pas marié par amour, mais par sadisme. C'était une brute, un tyran. Non content de persécuter ses employés pendant la journée, il avait trouvé un excellent moyen de meubler ses soirées en épousant Veronica dont il avait fait son souffre-douleur domestique.

Ce soir-là, dans le seul but de peiner sa femme, il n'arrêtait pas de faire du gringue à Carol Nestor.

Il se débrouillait comme un manche. Non seulement il n'avait pas la manière avec les femmes, mais en plus il était laid comme un pou, malgré son costume impeccable. Gras et déjà à moitié chauve, il avait des petits yeux porcins, des bajoues flasques et la lippe molle. Pour couronner le tout, c'était un mufle. Quand il daignait ouvrir la bouche, c'était pour noyer son interlocuteur sous un flot de réflexions désobligeantes confinant à l'insulte. Ou bien, quand l'envie l'en prenait, il ne desserrait pas les dents.

C'était ce dernier traitement qu'il était en train d'infliger à Tom Nestor. A peine Tom avait-il mis le pied dans l'appartement au luxe tapageur de son patron, que celui-ci avait pris le bras de Carol pour ne plus le lâcher. Tom, gêné et inquiet, avait donc suivi le couple sans poser de questions, tel un petit chien résigné attendant que son maître veuille bien lui redonner son os, ce que Lewis Barlow ne semblait pas décidé à faire.

Veronica, quant à elle, s'était bien gardée de suivre l'exemple de Tom. Laissant son époux à sa compagne d'un soir, elle s'était occupée de ses invités, parlant et souriant à chacun, veillant à ce que les verres soient toujours pleins. Mais elle n'en avait pas pour autant perdu de vue son mari.

La partie qui se jouait — Veronica ne relâchant pas sa surveillance un seul instant et Lewis faisant semblant de ne pas s'en apercevoir — n'avait échappé à personne. Ce petit jeu malsain était même devenu le centre d'intérêt de la soirée. Les invités se repaissaient de la punition, de l'humiliation infligées à cette femme, en expiation de quelque crime mystérieux dont ils n'avaient pas la moindre idée. Tel un attroupement de voyeurs qui salivent dans l'attente qu'un désespéré se jette du dernier étage d'un immeuble, ils guettaient avec impatience la réaction de Veronica.

Pour le moment, la jeune femme ne semblait pas décidée à bouger. Déjà peu agressive de nature, elle avait vu ses rares velléités de rébellion férocement réprimées par Barlow. Jamais vraiment belle, elle ne s'était pas arrangée. A trente ans, elle avait déjà les traits tirés et se teignait les cheveux. Les robes somptueuses que Lewis lui offrait ne parvenaient pas à dissimuler sa maigreur. Malgré cela, elle ne semblait pas particulièrement marquée. Retranchée derrière le masque impénétrable qu'elle portait depuis de longues années, elle ne laissait pas transparaître le moindre émoi, au grand dam de l'assistance haletante qui espérait le pire.

Ce détachement hautain avait l'effet inverse sur son mari qui y trouvait une raison supplémentaire pour pousser encore plus loin la provocation. Au début, il s'était contenté de tenir le bras de Carol dans l'étau de ses doigts boudinés et velus pour aller faire le beau devant ses invités. Mais voyant l'absence de réaction de Veronica, il prit ostensiblement Carol Nestor par la taille. La jeune femme lança bien un regard affolé à son mari, mais n'esquissa pas l'ombre d'une résistance.

Veronica, quant à elle, conservait un calme olympien.

Le malaise, au début imperceptible, s'intensifia. Les raouts de Lewis Barlow n'amusaient jamais personne, à l'exception de l'hôte lui-même. Bien que cette soirée s'annonçât comme l'une des pires, pas un seul des vingt invités n'osa manifester la moindre humeur. Le champagne continua de couler, les langues de s'agiter, les rires de sonner faux. Morrie Johnson, le seul musicien de l'assemblée, se mit alors au piano, ce qui provoqua un attroupement général, tant tout le monde était content de cette diversion miraculeuse.

Tom Nestor fut le seul à ne pas se précipiter. Lorsque Barlow avait pris Carol par la taille, il avait bien failli protester. Mais il s'était contrôlé à temps et, humilié, s'était retiré dans un coin d'où il fusillait l'assistance du regard.

Ce fut peut-être parce qu'elle avait pitié de Tom que Veronica finit par intervenir. Elle l'avait observé un long moment, se rendant sans doute compte qu'il avait été à deux doigts d'exploser. Ou bien peut-être voulut-elle lui épargner de dire ou faire une bêtise fatale qui lui coûterait son emploi. Quoi qu'il en fût, elle traversa vivement la pièce, se dirigeant droit vers son mari qui tenait fermement la taille de la jolie Carol Nestor.

— Carol, fit-elle doucement, voudriez-vous m'accompagner à la cuisine ? Je ne m'en sortirai jamais toute seule avec les canapés.

Comme Barlow n'engageait jamais d'extra pour ses réceptions, la requête de Veronica n'avait rien que de très logique. Mais Lewis Barlow, quant à lui, se souciait de la logique comme d'une guigne.

— Laisse-la donc tranquille, lança-t-il à son épouse. Tu ne vois pas qu'elle s'amuse et que tu la déranges ?

Carol Nestor, une ravissante petite blonde, sauta manifestement sur l'occasion de se débarrasser de l'étreinte de Barlow.

— Je serais ravie de vous donner un coup de main, coupa-t-elle, s'adressant à Veronica.

— Laisse-la, Lewis.

Les deux époux se mesurèrent du regard. Nul besoin d'être télépathe pour sentir la haine qui suintait de leurs propos. Carol tenta timidement d'échapper au bras tentaculaire de son hôte. Mais lorsqu'elle sentit les doigts de ce dernier s'enfoncer littéralement dans sa hanche, la jeune femme finit par renoncer.

— Qu'est-ce qui te prend ? aboya Barlow à l'adresse de sa femme. Tu ne peux pas demander à quelqu'un d'autre ? Tu es jalouse ou quoi ?

Veronica ne résista pas à la tentation.

— Ça ne risque pas, siffla-t-elle. Pour être jalouse, il faudrait d'abord que je t'aime.

— Dois-je comprendre que tu ne m'aimes plus, ma chérie ? railla Barlow, avec le sourire et le ton de celui qui n'attendait que ça.

Veronica, piégée, tenta de faire machine arrière.

— Ne parlons pas de cela devant des étrangers...

— Au contraire, parlons-en. C'est toi qui as commencé, Veronica. (Il se tourna vers Carol.) Tu te rends compte, mon chou ? Ma femme ne m'aime plus ! On pourrait peut-être y remédier, tous les deux, tu ne crois pas ?

Carol, effrayée, blêmit. Mais ce fut Veronica qui répliqua :

— Lâche-la, Lewis. Je te préviens...

Il éclata de rire. Ignorant sa femme et s'adressant toujours à Carol, il continua :

— Tu entends ça ? Elle me prévient ! Elle a peur pour toi ! Tu veux que je te dise de quoi elle a peur ? D'elle-même, c'est tout. Elle est vexée parce que je m'occupe de toi. En fait, ce qu'elle ne supporte pas, c'est que je fasse ça en public ! Je me demande vraiment pour qui elle se prend !

Veronica blêmit à son tour. Non de peur, mais de colère. Les poings serrés, elle esquissa un pas en direction de son mari.

— Je te préviens pour la dernière fois, menaça-t-elle.

Pour toute réponse, Barlow se retourna vers Carol, lui attrapa le menton, se pencha et l'embrassa sur la bouche. Sur le coup, la jeune femme fut tellement sidérée et effrayée qu'elle n'eut pas le temps d'ébaucher le moindre geste de défense. Mais quand il abandonna ses lèvres, elle avait le visage cramoisi.

Veronica, persuadée que Carol allait gifler le goujat, intervint :

— Non, Carol, fit-elle vivement. Ne vous mêlez pas de ça. Je me charge de lui.

Tout le monde avait entendu la menace. Un silence glacial s'abattit sur la pièce. Morrie Johnson, qui avait continué de jouer en sourdine pendant l'altercation, s'arrêta cette fois complètement. Après un court instant d'hésitation, Veronica tourna les talons et sortit sous les regards de tous les invités.

Quand elle eut disparu dans le couloir menant

aux chambres, Barlow éclata d'un rire qui prit un relief démoniaque dans le silence général. Mais personne ne fit chorus. Les larbins n'emboîtèrent pas le pas au patron. Une gêne à couper au couteau enveloppa l'assemblée comme un linceul.

— Alors comme ça, madame ne supporte pas ? Je vais vous dire, moi, ce qui ne va pas chez elle : elle n'a aucun sens de l'humour.

Apparemment, elle n'était pas la seule. Mais quelque chose avait échappé à Barlow, que les invités, eux, avaient bien senti. Veronica n'était pas sortie pour rien.

Quand elle reparut quelques instants plus tard, les regards se rivèrent sur elle. Elle tenait à la main un petit revolver qu'elle braqua sur son mari.

Dans le silence quasi palpable, il y eut comme un hoquet collectif. Carol Nestor échappa à l'étreinte de Barlow qui ne tenta même pas de la retenir, occupé qu'il était à fixer Veronica et son revolver.

— Qu'est-ce que tu vas faire avec ça ? demanda-t-il d'une voix de fausset, suant la peur par tous les pores de sa peau.

— Quelle question stupide, Lewis, répondit-elle d'une voix ferme et assurée.

Il reconnut l'arme. Les revolvers étaient une vraie passion chez lui. Il en possédait plusieurs. Mais jamais aucun ne l'avait autant fasciné que celui dont sa femme le menaçait.

— Pose ça, Veronica, chevrota-t-il.

Elle avança lentement. L'assistance, gagnée par une curiosité avide, reflua imperceptiblement devant elle. Mais aucune voix ne s'éleva. Personne ne fit mine d'intervenir.

— Je vais faire une bonne action, dit-elle. Pour moi et pour tout le monde. Tu nous as tous piétinés, et nous t'avons laissé faire. Nous avons rampé devant toi. Chez moi, c'est même devenu automatique. Je savais que si je n'en passais pas par là, tu me jetterais à la rue. Pour être nourrie, logée, blanchie, j'ai tout supporté. Quelle bêtise ! Il m'en a fallu du temps, pour m'en rendre compte. Quant à eux, c'est pour une seule et même raison qu'ils n'ont pas bronché : leur chèque de fin de mois. Moi au moins, je pourrais te quitter, Lewis. J'arriverais toujours à me débrouiller. Mais pas eux. Alors, ce que je vais faire, Lewis, c'est pour eux. Je vais les sauver malgré eux. Je vais les libérer de l'esclavage.

Doucement, froidement, elle pressa la détente. Il y eut un déclic sec, mais rien d'autre. Le revolver n'était pas chargé.

Nul ne prêta attention à l'expression d'intense soulagement qui se peignit sur le visage de Lewis Barlow. Car tous les regards étaient braqués sur Veronica qui, terrorisée par son échec à l'ultime seconde, resta un long moment les yeux rivés sur l'arme inutile avant de s'effondrer sans connaissance sur le parquet.

***

La soirée était terminée, mais tout le monde était encore là. Il y avait même un invité de plus, un petit homme à l'allure inoffensive, debout au centre de la pièce.

L'inspecteur Carmichael — car c'était lui — avait gardé sur le dos son manteau qui ne cachait que très partiellement son vieux costume froissé, et sur la tête son chapeau qu'il avait cependant repoussé en arrière. Il n'y avait en lui que les yeux pour trahir le policier. Des yeux bleus, durs et perçants, qui mettaient ses interlocuteurs mal à l'aise.

Il fixait Veronica Barlow, qui ne lui rendait pas son regard. Assise le buste raide sur le bord de sa chaise, elle contemplait ses mains croisées sur ses genoux.

— Résumons-nous, dit Carmichael. M. Barlow serrait donc de près la petite blonde. Cela ne plaisait pas à Mme Barlow qui est allée dans sa chambre, est revenue avec un revolver et a déclaré publiquement qu'elle allait tuer son mari. Elle a pressé la détente, mais il ne s'est rien produit car l'arme n'était pas chargée.

— Exactement, confirma Lewis Barlow, qui, mollement appuyé sur le piano, arborait un sourire bon enfant comme s'il ne s'était agi que d'un nouveau et captivant jeu de société.

— Tout s'est passé comme je viens de le dire, tout le monde est d'accord ?

— Tout le monde est d'accord, reprit Barlow.

— Vous reconnaissez les faits, madame Barlow ?

Veronica, sans relever les yeux, acquiesça de la tête.

Le regard de Carmichael se vrilla alors sur Lewis Barlow.

— Quant à vous, monsieur Barlow, vous ne portez pas plainte ? Nous sommes bien d'accord ?

— Je ne porte pas plainte, confirma Barlow, tout sourire. Je laisse à ma femme le bénéfice du doute. Je préfère croire qu'elle savait que le revolver n'était pas chargé. Elle était furieuse. Peut-être jalouse. Alors elle a voulu me faire peur. Mais elle n'avait pas l'intention de me tuer.

Carmichael pinça les lèvres, l'air pensif.

— Dans ce cas, fit-il doucement, pourquoi avoir appelé la police ?

— Parce que je voulais un constat, répondit tranquillement Barlow. Je voulais que la police soit au courant. Si jamais un accident se produisait... On ne sait jamais... Le même genre de chose, mais avec une conclusion différente...

***

Tout le monde était parti, y compris l'inspecteur. Barlow, en pyjama, était assis au bord du lit.

— Bravo, Veronica, dit-il, quel numéro ! Tu as été formidable.

Assise à sa coiffeuse, lui tournant le dos, la jeune femme ne répondit pas et continua, comme tous les soirs, de se mettre des bigoudis dans les cheveux. Mais aujourd'hui, ses mains tremblantes ne lui facilitaient guère la tâche.

— Tu te rends compte, continua-t-il. La femme, humiliée qui, folle de jalousie, sort du salon et revient un revolver à la main. « Je vais te tuer, ordure », fait-elle, pressant la détente. Et il ne se passe rien. Absolument rien... Si tu avais vu ta tête ! Quel dommage que je n'aie pas eu d'appareil à portée de la main. J'aurais fait une de ces photos ! Tu t'imagines en première page des journaux ? Légende : « La femme jalouse tue son mari avec un revolver non chargé. »

Il éclata de rire. Abandonnant ses bigoudis, Veronica se tourna vers lui.

— Tu étais terrifié, Lewis.

Encore hilare, il approuva de la tête.

— Bien sûr, articula-t-il en pouffant. Mais comme tu ne connais rien aux armes, j'aurais dû me douter que tu ne penserais même pas à charger le revolver. Tu savais pourtant parfaitement que je ne laisse jamais traîner une arme chargée. Mais à supposer que tu aies pensé et réussi à charger un revolver, tu n'aurais jamais eu le cran de me tirer vraiment dessus.

Elle se leva d'un bond, les poings serrés.

— Je croyais qu'il était chargé ! hurla-t-elle, tremblant d'une rage impuissante.

— Peut-être bien, après tout, concéda-t-il, toujours aussi amusé. Pourquoi pas ? Ça ne fait qu'ajouter un peu de piment à l'affaire. Tu n'es qu'une petite poule mouillée minable, Veronica. Mais pour une fois — le seule fois de ta vie — que tu réussis à faire montre de courage, le revolver n'est pas chargé. C'est à mourir de rire !

Elle fit un pas dans sa direction.

— Qui te dit que je ne vais pas recommencer ?

Il se leva, soudain redevenu sérieux, et secoua la tête.

— Pas toi, Veronica. Ce n'est pas ton genre. (Il avança doucement vers elle.) Tu crois que je ne te connais pas, après toutes ces années ?

— Je suis lâche, d'accord, mais...

— Oui, tu es lâche. C'est même pour ça que tu m'as épousé. Parce que tu avais peur de ne jamais trouver un autre homme. Et tu avais raison. Tu n'as jamais plu aux hommes, tu le savais ?

Il était maintenant tout près d'elle.

— Alors, pourquoi t'es-tu embarrassé de moi ? ricana-t-elle. Parce que tu voulais une mollassonne ? Quelqu'un qui se laisse faire ?

— Peut-être bien. Et j'ai mis dans le mille, non ? Bien sûr que c'était ce que je voulais. Je le reconnais. Tu étais différente des autres femmes que je connaissais. Les autres cherchaient toujours à m'asticoter, à me provoquer pour me tester, pour voir qui porterait la culotte. Mais avec toi, rien de tout cela. Pas la moindre velléité de résistance. La première fois que nous sommes sortis ensemble, j'ai compris que je t'épouserais.

Les larmes aux yeux, Veronica était incapable d'articuler une parole. Cela redonna le sourire à Lewis qui continua :

— Ce que j'ai surtout aimé en toi, Veronica, c'était que tu n'avais même pas le courage de m'avouer que tu ne voulais pas m'épouser. Tu ne voulais pas, mais tu avais peur de me le dire. De même que tu avais peur de demeurer vieille fille. C'est là toute l'histoire de ta vie, Veronica. La peur. C'est aussi l'histoire de notre mariage. Tu avais peur de moi, mais en même temps tu avais peur de me perdre. Tu ne savais pas ce que tu deviendrais si tu me quittais. Tu étais incapable de prendre ta destinée en main. Et tu te disais que si, par extraordinaire, tu trouvais un autre homme qui veuille bien de toi, il serait peut-être encore pire que moi. Alors tu es restée. Pauvre Veronica. Tu as tenu bon, envers et contre tout.

Elle tenta de lui tourner le dos, mais il la saisit par l'épaule et la ramena brutalement face à lui. Elle avait le visage baigné de larmes.

— Mais ce soir, tu as trouvé la solution, continua-t-il, impitoyable. C'était la seule façon de t'en sortir. Tu y avais probablement déjà pensé. Mais il fallait du cran, et tu n'en avais pas. Et ce soir, ô miracle, tu as trouvé ce courage qui te manquait si cruellement. Pas bien longtemps, l'espace d'un instant, mais ça suffisait. Seulement voilà, cette saleté de revolver était déchargé.

Molle comme une chiffe, elle faillit s'écrouler. Mais il la maintint debout, la forçant à écouter.

— Je vais te faire regretter ce moment de folie, Veronica. Ça paraît amusant, maintenant que c'est passé. Mais tu m'as fait peur, Veronica, ne fût-ce qu'un court instant. Et devant tout le monde, de surcroît. Alors je vais te punir, Veronica. Je vais te faire regretter ton éclair de courage.

***

Il paressait dans son bain. Voilà des années, il avait fait installer une baignoire spéciale à sa taille où plonger son grand corps massif. Il marinait donc, de l'eau jusqu'au menton, s'amusant de temps en temps à souffler sur la mousse qui menaçait de lui recouvrir le visage.

Sur le rebord de la baignoire, un transistor, branché à la prise du lavabo, diffusait une musique douce, aussi apaisante que le bain.

— Veronica ! appela-t-il.

Elle était dans la salle de bain contiguë. Il l'avait entendue. Elle ne faisait pas de bruit, mais, malgré la musique, il l'avait entendue marcher de long en large comme un fauve en cage. Elle ne répondit pas.

— Veronica, insista-t-il, j'écoute la radio dans mon bain. Tu sais que l'eau est un remarquable conducteur d'électricité. Alors, au cas où çà t'intéresserait, je t'informe que j'ai posé le poste sur le rebord de la baignoire. Tu sais que c'est dangereux, si la radio tombe dans l'eau ? C'est comme ça que des tas de gens s'électrocutent chaque jour dans leur bain. Il paraît même qu'il y aurait eu des meurtres. Ça ne te dit rien, ma chérie ? Ce n'est pas bien difficile, tu sais, un petit coup de rien du tout dans le transistor...

Elle ne répondit pas, mais le bruit de pas cessa. Elle écoutait.

— Bien sûr, il y a un os. Avec ce Carmichael et tous les invités qui sont venus l'autre soir, tu aurais du mal à faire accepter la thèse de l'accident. Qu'est-ce que tu en penses ? Ça vaut peut-être le coup d'essayer.

Il attendit. Fut-ce une illusion ou entendit-il vraiment une sorte de halètement lourd, comme celui de quelqu'un qui tente de se retenir de pleurer ?

— La question que je me pose, Veronica chérie, est de savoir si tu me détestes assez pour courir ce risque. Sensible comme tu es, tu as peut-être peur d'aller en prison ? Ou peut-être souffres-tu de claustrophobie, comme pratiquement tout le monde ? Des fois, j'en viens à me demander si cette maison n'est pas une prison pour toi. Mais dans ce cas, est-ce que ça ne vaudrait pas le coup de changer de prison ? Bien sûr, dans notre État, la peine capitale existe toujours. Ce serait un risque supplémentaire à courir. Tu as peur de la mort, Véronica ? Il paraît que quand on est condamné à mort, le pire n'est pas la mort elle-même, mais le fait de savoir que l'on va mourir.

Il tendit l'oreille de nouveau. Il lui sembla qu'elle ne respirait plus du tout.

— C'est une occasion unique, chérie. La porte n'est pas verrouillée. Tu n'as qu'à entrer et donner un petit coup, un tout petit coup dans le transistor. C'est simple... C'est si simple...

Cette fois, il entendit Veronica se jeter sur le lit et éclater en sanglots. Satisfait, il entreprit de se savonner consciencieusement.

***

Un beau dimanche après-midi, il insista pour qu'elle vienne faire un tour avec lui. A en juger par la circulation, tout le monde semblait avoir décidé de sortir. Mais il réussit à trouver une petite route de campagne peu fréquentée.

Après avoir roulé quelques kilomètres et s'être assuré qu'il n'y avait personne en vue, il déclara que le moteur faisait un drôle de bruit et se gara sur le bas-côté. Il descendit, alla ouvrir le capot et réfléchit un long moment, debout devant la voiture.

— Démarre, ordonna-t-il à sa femme.

Veronica, obéissante, se glissa à la place du conducteur et actionna le démarreur. Le moteur partit au quart de tour. Lewis n'en fut pas satisfait pour autant. Au lieu de fermer le capot, il revint à la portière et, par la vitre baissée, s'adressa à son épouse :

— Pas un chat. Nous sommes seuls, Veronica.

— Et alors ? fit-elle, curieuse de savoir ce qu'il avait encore trouvé.

Il lui adressa le petit sourire narquois dont elle avait maintenant l'habitude.

— Je vais retourner fermer le capot. Quand je serai devant la voiture, tu n'auras qu'à appuyer sur l'accélérateur. Je serai écrasé sans coup férir.

Elle ne broncha pas.

— Tu aurais une chance de t'en sortir en plaidant l'accident. Ton mari bricolait le moteur. Il t'a demandé de démarrer, puis d'accélérer un bon coup. Tu ne t'es pas aperçue que la voiture était en prise, et tu l'as écrasé. On te croira peut-être, après tout. C'est un accident assez classique.

Comme toujours quand il lui faisait ce coup, elle n'en crut pas ses oreilles et le regarda bouche bée.

— Tu voudrais vraiment que je fasse ça ? s'étonna-t-elle, incrédule.

— Je te donne une chance de te débarrasser de moi, dit-il.

— Parce que tu es sûr que je n'en ferai rien ?

— J'ai ma petite idée là-dessus, en effet.

— Tu fais ça pour me torturer, n'est-ce pas ?

— Le mot est mal choisi. Pour te punir, plutôt.

— Je pourrais mettre un terme à la punition.

— Théoriquement, oui. Mais en fait, je ne t'en crois pas capable.

— Tu as raison, Lewis, je crois que je ne pourrais jamais. J'ai beaucoup réfléchi à la question et suis arrivée à la conclusion que, d'une certaine façon, ça te ferait plaisir que je morde à l'hameçon. Tu serais bien trop content de m'envoyer en prison ou à la chaise électrique. Même mort, tu t'arrangerais encore pour assister au spectacle.

— En tout cas, j'essaierais.

— Eh bien, sache que je ne te ferai pas ce plaisir.

Il éclata d'un rire satisfait.

— Je prends tout de même un risque, Veronica. Après tout, peut-être que la police retiendrait la thèse de l'accident. Mais pour ça, il te faudrait surtout convaincre l'inspecteur chargé de l'enquête. Ce Carmichael, si ça se trouve. Si tu en es capable, tu t'en sors.

Riant à gorge déployée, il retourna se poster devant la voiture. Véronica resta figée au volant, parfaitement consciente de ce qu'il lui suffisait de faire. Un coup de démarreur. Un coup d'accélérateur. Lewis ferma le capot et resta un long moment à la regarder à travers le pare-brise.

Elle se glissa sur le siège du passager et pleura pendant tout le trajet du retour.

***

Lewis Barlow aimait recevoir. Le fait que les seuls à accepter ses invitations fussent ses employés — ceux dont le gagne-pain dépendait de son bon vouloir — ne le tracassait pas le moins du monde. Et maintenant qu'il avait trouvé un nouveau jeu de société, il s'amusait encore plus qu'avant.

— Vous vous souvenez de la scène, lors de notre dernière sauterie ?

Tout le monde s'en souvenait, mais personne n'osait en parler.

— Vous savez, quand ma femme est venue me coller un revolver sous le nez ?

Le bourdonnement déjà bien faible des conversations anémiques cessa d'un coup. Il avait réussi à centrer l'attention sur lui. Les mains de Morrie Johnson quittèrent le clavier pour se poser sur ses genoux. Tom et Carol Nestor, qui se faisaient déjà tout petits dans un coin, échangèrent un regard inquiet. Barlow avait superbement ignoré Carol pendant toute la soirée, mais la jeune femme n'avait pas quitté son mari une seconde de peur que quelque chose se produisît.

— Je n'ai encore entendu personne ce soir évoquer l'incident, lança Barlow à la cantonade, mais je suis persuadé que vous ne vous en êtes pas privés entre vous. D'ailleurs je vous comprends. On n'a pas un scandale aussi croustillant à se mettre sous la dent tous les quatre matins, n'est-ce pas ? J'aimerais savoir ce que vous en pensez.

Personne ne broncha. Les regards s'orientèrent vers le plafond ou le plancher. Mais Barlow ne lâcha pas le morceau.

— Je suppose que vous êtes arrivés aux mêmes conclusions que moi, continua-t-il, à savoir : que ma femme croyait le revolver chargé et qu'elle avait bien l'intention de m'abattre. Il lui a fallu un sacré courage, non ? Surtout devant tant de témoins. Elle mérite des félicitations.

Il se mit à applaudir. Certains convives, littéralement hypnotisés, se joignirent timidement à lui. Puis, se rendant compte de ce qu'ils faisaient, ils s'arrêtèrent, confus.

— Car c'est bien de ça qu'il s'agit, mes amis. D'un moment de courage. D'un ultime sursaut. Nous en avons d'ailleurs parlé, ma femme et moi, et sommes arrivés à la conclusion qu'elle ne retrouverait probablement jamais pareil état de grâce. Non que sa haine envers moi se soit éteinte — je crois au contraire qu'elle n'a fait que grandir, si tant est que cela soit possible...

Il fit une pause et, pour la première fois ce soir-là, regarda Veronica. La jeune femme, debout de l'autre côté du salon, était figée comme une statue de marbre dont elle avait également la pâleur. Mais elle avait remis son masque et ne laissait rien paraître de ses émotions.

— Le problème de Veronica est le suivant : elle meurt toujours d'envie de me supprimer — avec toutes les assurances auxquelles j'ai souscrit elle serait à l'abri du besoin jusqu'à la fin de ses jours —, mais elle est bien trop froussarde pour prendre des risques. Elle a peur de la prison, elle a peur de la mort, elle a peur de tout. La dernière fois, elle aurait pu s'en tirer avec les circonstances atténuantes pour crise de folie provoquée par la jalousie. Mais pas aujourd'hui. Vous vous souvenez de l'inspecteur ? Ce Carmichael, que j'ai appelé sur-le-champ ? Après ce qui s'est passé, il concluerait immédiatement à la préméditation.

« Aussi, comme cette petite scène m'a beaucoup amusé, je me suis dit qu'on pourrait ce soir essayer quelque chose d'approchant.

Dans un silence de mort, tous les regards se rivèrent sur Barlow. Il extirpa alors de sa poche un revolver, celui-là même que Veronica avait voulu utiliser. Puis, de l'autre poche, il sortit une poignée de balles et se mit en devoir de charger l'arme.

— Maintenant, fit-il, une fois le barillet rempli, ce revolver est couvert de mes empreintes. Vous savez tous que la simple manipulation des armes fait de nombreuses victimes chaque année. Ainsi, si je mourais de cette façon aujourd'hui, ma femme parviendrait peut-être à convaincre la police qu'il s'agissait d'un accident. Qui pourrait par exemple se produire si je lui donnais l'arme comme ceci.

Il gagna l'autre bout de la pièce et, tenant le revolver par le canon, le tendit brusquement à Veronica. Tel un automate, la jeune femme prit l'arme mécaniquement et mit l'index sur la détente.

— La police tomberait peut-être dans le panneau, continua Barlow. Mais il y aurait tout de même un risque, un énorme risque. Les vingt témoins présents dans cette pièce.

Il recula d'un pas pour toiser sa femme. Un sourire sardonique se dessina sur ses lèvres.

— Tue-moi donc, chérie. Aurais-tu peur ?

Pour toute réponse, elle lui tira une balle en plein cœur. Une balle et une seule.

***

Carnet et crayon à la main, l'inspecteur Carmichael s'activait, interrogeant les invités un par un. Les déclarations concordaient de façon étonnante.

— C'était devenu une obsession chez lui, déclara Tom Nestor. Surtout depuis le premier incident...

M. Crenshaw, l'un des plus anciens employés de l'entreprise, fut catégorique :

— C'est Barlow lui-même qui a monté ça de toutes pièces. C'est lui qui avait le revolver. Il l'a même chargé devant nous...

Pour Betty Meyers, il n'y avait pas l'ombre d'un doute :

— C'était un pervers. S'il avait voulu se faire tuer, il n'aurait pas agi autrement.

— Il lui a remis l'arme lui-même, affirma Mme Yost en retenant ses larmes. Il l'a forcée à la prendre. Elle ne voulait pas...

— Il y a eu comme une bousculade, précisa Carol Nestor, et le coup est parti...

— Oui, conclut Veronica, c'était un accident.

Kill me, my sweet.
Traduction de Dominique Wattwiller.

EUMÉNIDÈS

par BRADY J. HANNAH

Juan Peralta lança dans les cages les derniers morceaux d'abats de poulet, s'essuya les mains sur un vieux sac de toile, puis envoya le sac dans un coin des écuries. Ensuite, il me montra une cage qui renfermait un magnifique faucon dressé pour la chasse. Un rayon de soleil, pénétrant par une fenêtre sans vitre, dorait le plumage de l'oiseau, vibrant d'impatience dans l'attente d'une chasse.

— Il est très impressionnant, me hasardai-je à dire. Combien en demandez-vous ?

Un éclair passa dans les yeux sombres de Juan, des yeux jeunes dans un vieux visage.

— Euménidès n'est pas à vendre, señor. Euménidès est pour le général, murmura-t-il avec une violence contenue.

En disant cela Juan ressemblait plus encore à un oiseau de proie que les faucons dont il avait la charge. Son nez crochu, semblable à un bec sombre, s'avançait au-dessus de sa bouche d'oiseau et ses longs bras, couverts d'un vaste châle, faisaient penser aux ailes repliées d'un aigle se reposant entre deux vols.

C'était le dernier descendant des Peralta, une noble famille. Jadis ils s'étaient consacrés à l'élevage de bœufs de première qualité, de beaux chevaux, de fiers taureaux de combat. Tout avait disparu à présent, les bœufs comme les chevaux et les taureaux. La terre aussi avait disparu. Tout s'était volatilisé afin de payer les impôts exigés par le général José Rivera. « Il faut de l'argent pour libérer un peuple de ses oppresseurs », disait le général.

Juan vivait dans l'hacienda en ruine qui jadis avait connu la gaieté et le claquement des castagnettes, symboles d'un temps heureux. Dans les écuries qui s'écroulaient il élevait des poulets, et gagnait quelques pesos en vendant ses faucons dressés ainsi que les spécimens zoologiques qu'il chassait sur les terres semi-désertiques bordant à l'ouest son ancienne propriété. C'est pour acheter quelques-uns de ces spécimens que j'étais venu.

Dans un autre coin des écuries, des cages en bois étaient alignées contre le mur. Je remarquai avec étonnement que la plupart d'entre elles contenaient des serpents à sonnette. Les autres abritaient quelques chauves-souris, des lézards, des phrynosomes et des scorpions. Tandis que je choisissais les spécimens que je désirais, je mentionnai cette prépondérance de serpents dans sa collection.

— Comment en attrapez-vous autant ? Cela doit être dangereux.

— J'ai de l'aide, señor, me répondit-il. Euménidès est un bon élève. Mais demain j'ai bien peur de devoir le perdre. Le général m'a prévenu. Demain il viendra choisir un faucon. Et lequel prendra-t-il, señor ? Euménidès, bien sûr.

— Ne pouvez-vous le persuader d'en choisir un autre ?

— Le général prend ce que bon lui semble, señor, dit Juan d'un ton sans réplique. Il emportera Euménidès.

Après avoir déjeuné avec Juan, qui m'invita à passer également la nuit chez lui, je décidai de consacrer l'après-midi à explorer les terres qui s'étendaient à l'ouest, cette région semi-désertique où de maigres pâturages se mêlaient aux pierres surchauffées. J'espérais y trouver quelques autres spécimens que je pourrais ramener au collège où j'enseignais la biologie.

Je grimpai d'abord au faîte d'un talus parsemé de cactus et de sauge surchauffés. L'âcreté de leurs odeurs mêlées raviva en moi le souvenir nostalgique de mes randonnées passées, dans notre ranch du Texas. Étant moi-même issu d'une famille de cultivateurs, je comprenais très bien quels pouvaient être les sentiments de Juan Peralta, dépouillé de ses terres.

Je rassemblai quelques insectes plus quelques pierres intéressantes et, à quatre heures, j'étais de nouveau en haut du talus. Je me reposai à l'ombre d'un chêne nain, le dos appuyé au tronc noueux. Je n'étais là que depuis un instant, lorsque je vis Juan sortir des écuries et venir dans ma direction.

J'examinai avec étonnement sa silhouette grotesque tandis qu'il grimpait le talus ; il passa à vingt mètres de moi, sans me voir. Il avait un masque, du genre de ceux que portent les escrimeurs ou les lutteurs. Il était vêtu d'une veste épaisse et capitonnée, avec aussi d'énormes gants. Un faucon était perché sur son bras replié et, même de loin, je reconnus Euménidès.

Juan s'arrêta au sommet du talus et je vis le faucon quitter son bras, prendre son essor dans le ciel. Il vola vers l'ouest puis se mit à effectuer de vastes cercles.

Quelques instants après, l'oiseau plongea vers une mare asséchée bordée de buissons. Puis il reparut tenant dans ses serres quelque chose ressemblant à une corde, qui se débattait. Je n'eus aucune peine à identifier cette chose ; un serpent à sonnette de grande taille.

L'oiseau décrivit un demi-cercle, puis vola droit vers Juan ; il atterrit sur son épaule et lova autour de son cou bien protégé le reptile qui luttait.

De sa main gantée Juan saisit le serpent mouvant et l'enfouit dans son sac de grosse toile. Pour le récompenser, il donna au faucon un petit morceau de poulet. La même scène se répéta plusieurs fois. Lorsque le sac fut grouillant de reptiles, Juan le referma soigneusement et, son faucon sur le bras, il retourna aux écuries. L'abondance de serpents dans sa collection ne m'étonnait plus.

Le lendemain matin, Juan et moi bavardions dans le patio ombragé.

— Mais lorsque votre propriété a été confisquée, señor Peralta, n'avez-vous pas essayé de faire appel auprès du gouverneur ?

— Bien sûr que si, señor. Plusieurs fois, mais sans résultat. Le gouverneur croit ce que dit le général et, à la vérité, celui qui juge sur des mots n'est pas un juge, señor, mais seulement un écho.

— Quand le général a-t-il commencé de s'intéresser à la fauconnerie ?

— Voici à peu près trois ans, señor, me répondit Juan. Quelques mois avant que je commence à en faire l'élevage et le dressage.

— Aviez-vous jamais pensé que le général pourrait s'intéresser à vos faucons ?

— Cela m'a semblé très possible, señor, très possible.

Les yeux noirs de Juan pétillaient de... mais de

quoi, au juste ? De malice ? De triomphe ? De méchanceté ? Je ne savais que penser.

Nous fûmes interrompus par un bruit de moteurs.

— C'est le général qui vient chercher le faucon, annonça Juan.

Les voitures, au nombre de cinq, étaient noires et brillantes ; elles firent le tour des écuries et s'arrêtèrent dans la cour. Une vingtaine d'hommes en uniforme les quittèrent pour venir à notre rencontre, d'un air important. A leur tête se pavanait un homme à l'uniforme étincelant, véritable tas de graisse à la démarche de canard. Il exsudait une sueur huileuse et son visage reflétait la suffisance.

— Bonjour, señor Peralta, dit-il d'une voix grasse et sifflante. Les oiseaux ? Ils sont dans les écuries ?

Sans attendre la réponse, il se dirigea vers les écuries. Ses hommes, reflets de sa gloire, s'empressèrent à sa suite. Bientôt le général ressortit, Euménidès sur son bras.

— Celui-ci est-il bien dressé, señor Peralta ?

— Très bien dressé, lui assura Juan. Très, très bien dressé.

— Nous allons voir ça, dit le général.

Il se dirigea vers le talus, ses hommes sur les talons. Lorsqu'il atteignit le sommet, il lâcha le faucon puis attendit, énorme et fier, que son dernier domestique en date lui apporte ce qui, d'ailleurs, lui appartenait déjà. J'eus soudain la violente révélation de la vérité, et l'horreur de la chose m'apparut. Je me précipitai vers le talus et me mis à crier. Trop tard ; l'issue n'était plus évitable.

Je vis l'oiseau faire un vol plané pour atterrir sur l'épaule du général. Il déposa autour du cou nu le reptile furieux. Le général hurla et, pris de panique, voulut se libérer. Il y réussit et lança le serpent loin de lui, mais il s'effondra et roula en bas du talus en hurlant. Vingt minutes plus tard, pris de convulsions, il mourut dans la cour.

Le serpent l'avait mordu près de la jugulaire et le résultat avait été inévitable vue la mauvaise condition physique du général. Tous les efforts de ses hommes avaient été vains. Ils avaient tué le serpent. Que pouvaient-ils faire d'autre ? Ils hissèrent le corps dans l'une des voitures et partirent.

Plus tard, tandis que je chargeais mes affaires dans ma jeep, une pensée ne cessa de me tracasser. Mon subconscient, en me cachant quelque chose que j'aurais dû comprendre plus tôt, m'avait-il rendu complice de... ? Comme je partais, je vis Juan, debout au faîte du talus. Euménidès dessinait des cercles au-dessus de lui. Juan, les bras croisés, debout dans le soleil, me fit penser à un aigle se reposant entre deux vols.

Eumenides.
Traduction de A. Decloux.

APRÈS LE VERDICT

par EDWARD D. HOCH

« Non coupable », annonça le président du jury.

Des exclamations de surprise et d'indignation fusèrent par la salle.

Edwin Kane sourit au juge et se tourna vers l'avocat debout à côté de lui.

— Merci, dit-il simplement. Puis, le juge ayant déclaré la séance levée, il se fraya un chemin jusqu'à sa femme à travers la bruyante cohue des reporters.

— Je savais que tu n'étais pas coupable, sanglota-t-elle. Je savais qu'ils n'allaient pas te condamner.

— J'aurais voulu en être aussi sûr que toi, Marjorie. Viens, rentrons à la maison.

Mais ce ne fut pas chose facile. Un journaliste réussit à les coincer dans le vaste escalier de marbre conduisant à la rue.

— Quelle est votre réaction devant ce verdict, monsieur Kane ? demanda-t-il.

— Je pense qu'il me justifie pleinement.

— Où la police va-t-elle se mettre à chercher le meurtrier de Sheila ?

— Je n'en ai pas la moindre idée. Laissez-nous

passer, je vous prie. Ma femme et moi voudrions rentrer chez nous.

— Madame Kane, avez-vous toujours eu foi en l'innocence de votre mari ?

Edwin fit un pas en avant.

— Écoutez, je sais que c'est votre métier, mais ça fait six semaines que je n'ai pas mis les pieds chez moi. Alors, laissez-nous un peu respirer, voulez-vous ?

Sur quoi il repoussa l'importun et entraîna Marjorie vers la sortie.

— Il fallait me laisser répondre à cet homme, Edwin.

— L'occasion s'en représentera. Tu pourras même vendre ton histoire à un magazine : *Mon mari, accusé d'avoir assassiné sa maîtresse.*

— Edwin, elle n'était pas ta maîtresse !

— Le procureur ne m'a pas semblé de cet avis-là.

Dans la voiture, enfin sur le chemin du retour, Marjorie soupira d'aise.

— Dieu merci, c'est fini maintenant.

Lui regardait le paysage par la portière, suivant des yeux les enfants qui rentraient de l'école et les ménagères qui revenaient du marché. Des choses toutes simples mais qu'il ne s'était pas attendu à revoir.

— Non, ce n'est pas fini, rétorqua-t-il. Seul le procès est terminé. N'as-tu pas entendu l'exclamation de stupeur générale quand le jury m'a acquitté ? Presque tout le monde dans la salle me croyait coupable. Ils le croient toujours, d'ailleurs.

Marjorie resta un long moment silencieuse, jusqu'à ce qu'enfin elle eût engagé la voiture dans l'allée qui menait à leur cossu pavillon de banlieue.

— Penses-tu pouvoir retrouver ta situation ? demanda-t-elle.

Il était étalagiste dans une grande maison de décoration.

— Sûrement pas. Étant donné l'importance de la caution fixée par le juge pour m'obliger à rester en prison, ils ont été obligés d'engager quelqu'un d'autre pour me remplacer. Ils ne me reprendront pas. Personne d'ailleurs ne le ferait.

— C'est stupide. Le jury t'a acquitté.

Il la suivit dans la maison silencieuse, remarquant au passage les dessins que le soleil d'après-midi traçait sur le tapis du salon ; il était de retour à la maison, de retour pour de bon.

— Il va falloir que je recommence à zéro, Marjorie, dit-il. Peut-être devrions-nous aller habiter autre part, changer de nom, même de profession...

La laissant dans la cuisine, il gravit rapidement l'escalier jusqu'à la salle de bains. Il avait mal à la tête et se sentait très las. Le procès avait duré neuf jours.

D'en bas, il entendit Marjorie lui crier :

— Edwin, attends une minute !

Mais déjà, il était dans la salle de bains, frappé de stupeur devant son rasoir, son tube de dentifrice, sa lotion de rasage — les éléments de sa vie matinale — nettement empilés dans un coin. Marjorie lui avait apporté quelques-unes de ses affaires en prison et le reste elle s'apprêtait à s'en débarrasser, comme de lui-même. Il se retourna sur le seuil et la vit qui montait le rejoindre.

— Et mes vêtements, sont-ils aussi empaquetés, Marjorie ? Tu étais donc si sûre de me voir condamné ?

— Edwin, Edwin ! Tu te trompes ! Je... je faisais des rangements...

Il s'assit sur le rebord de la baignoire et se prit la tête à deux mains.

— Même toi, tu ne crois pas à mon innocence. Même toi !

— Mais si, tu es innocent ! Le jury l'a dit !

— Je ne le serai que le jour où l'on aura retrouvé le véritable assassin. Pas avant.

— Je suis certaine que la police...

— Il faut que je fasse quelque chose de mon côté, décida-t-il soudain. Engager quelqu'un.

— Un détective privé ?

— Non...

Il se rappelait avoir lu récemment un article dans un journal, pendant ses longues journées de prison.

— Cet Australien — celui qui parcourt le pays et se sert de ses dons de voyance pour aider la police à résoudre les crimes...

— Crois-tu qu'il accepterait de venir ici, Edwin ?

— Je pourrais lui écrire pour le lui demander.

— Je pensais que tu ne croyais pas à ces choses-là.

Il leva les yeux vers elle.

— Il me faut faire quelque chose, Marjorie. J'ai convaincu le jury de mon innocence. A présent il me reste à t'en convaincre toi, ... toi et le reste du monde !

Le bureau du capitaine Leopold, situé au deuxième étage du commissariat général, donnait sur le parking toujours bondé et sur la petite place ensoleillée qui faisait face au palais de justice. La vue n'était pas déplaisante et Leopold se reposait souvent l'esprit en observant par la fenêtre l'animation bourdonnante du palais de justice. Il avait vu bien des hommes monter ou descendre ces marches de marbre rayées de soleil et il se trouvait justement là le jour où le jury avait acquitté Edwin Kane du meurtre de Sheila Donewood, assassinée à coups de marteau. Il repensait à cette journée tout en pressant le bouton d'appel pour faire venir le sergent Fletcher.

— Oui, capitaine ? L'heure de votre café ?

— Pas encore. Asseyez-vous, et laissez-moi vous raconter mes ennuis.

— Quelque chose dans le rapport de ce matin ?

— Non. Le D.A. vient de me téléphoner. Vous vous souvenez d'Edwin Kane ?

— Comment aurais-je pu oublier ? Le procès a eu lieu il n'y a même pas un mois. Les bureaux du D.A. nous ont renvoyé le dossier la semaine dernière.

Leopold compulsait machinalement des papiers.

— Eh bien, Kane a rendu visite hier au D.A. Il semble très désireux de blanchir son nom. Il dit qu'on n'a pas voulu le reprendre là où il travaillait, et qu'un tas de gens le considèrent toujours comme un assassin malgré son acquittement. Il a engagé quelqu'un pour l'aider à faire une enquête de son côté.

— Un détective privé ?

Leopold secoua la tête.

— Si seulement c'était aussi simple ! Il s'agit d'un voyant, le fameux John Bench auquel on a fait tant de publicité.

— C'est pas vrai !

Ce fut tout ce que put dire Fletcher.

— Si. Kane et sa femme doivent venir ici cet après-midi avec Bench. Le D.A. tient à ce que nous leur apportions toute notre aide. Voilà.

— Qu'allons-nous faire ?

— Ce que l'on attend de nous. Ressortir les dossiers du meurtre Sheila Donewood, les pièces à conviction — le marteau et le reste.

Il réfléchit un instant, puis ajouta :

— Fletcher, mettez-vous donc en rapport avec la

police australienne et voyez ce que vous pouvez apprendre sur John Bench. Je ne crois pas toujours tout ce que disent les journaux.

Même Leopold fut obligé de convenir en lui-même que John Bench avait une allure imposante. L'Australien mesurait plus d'un mètre quatre-vingts et avait des cheveux bruns très fournis, d'épais sourcils qui accentuaient encore la limpide profondeur de ses yeux. On ne remarquait ni ce qu'il portait, ni la façon dont il marchait. Seuls frappaient son visage et son regard.

— Vous devez être le capitaine Leopold, l'inspecteur chargé de l'enquête, dit-il d'une voix de stentor qui allait bien avec le reste de sa personne.

— C'est exact. Content de faire votre connaissance, monsieur Bench.

Leopold estima qu'il ferait un parfait magicien de théâtre et se dit qu'après tout il n'était peut-être rien de plus.

Edwin se pencha en avant sur sa chaise, calme et plein d'assurance :

— Le D.A. a dit que vous nous aideriez, capitaine.

— Mais certainement. Que désirez-vous au juste ?

— Prouver mon innocence.

— Je pensais que le jury l'avait fait.

L'homme eut un sourire.

— Vous a-t-il convaincu, capitaine, vous qui m'avez arrêté ?

— C'est le sergent Fletcher qui s'est occupé de l'affaire. Je n'ai fait que l'aider.

Edwin Kane avança le bras pour serrer la main de sa femme.

— Il vous faut comprendre ce que j'ai enduré. Des mois de prison, le procès, à présent plus de travail, plus d'amis. Je suis un homme marqué. Si j'avais des enfants j'irais habiter ailleurs, mais dans le cas présent je préfère me battre. Je veux que soit retrouvé le véritable assassin. Voilà pourquoi j'ai fait appel à l'aide de M. Bench.

Leopold se tourna vers l'Australien.

— Et comment au juste allez-vous nous aider, monsieur ?

Bench répondit après un sourire bref, plein de condescendance.

— Vous avez sûrement lu ce qu'on a écrit de moi, capitaine. J'ai des dons de voyance. Emmenez-moi sur les lieux du drame, laissez-moi palper l'arme du crime et je vous ferai une description très exacte de votre assassin.

Ce fut au tour de Leopold de sourire.

— Et s'il vous décrit, monsieur Kane ?

Ce dernier resta impassible.

— Vous pensez toujours que je suis coupable, mais moi, je *suis* innocent. Je mise sans crainte sur M. Bench.

— Vous ne risquez pas grand-chose, fit sèchement observer Leopold. On ne peut pas vous juger une seconde fois.

— Je veux blanchir mon nom. Ne pouvez-vous comprendre cela ?

— Fort bien, soupira Leopold. Je montrerai moi-même les lieux du crime à M. Bench.

— Et l'arme, ajouta ce dernier.

— Et l'arme. J'avoue que l'enquête est au point mort. Si vous pouvez vraiment nous apporter de l'aide, je serai le premier à vous en être reconnaissant.

John Bench abaissa les yeux vers lui comme s'il le regardait de très haut.

— Je suis vraiment en mesure de vous aider, déclara-t-il avec gravité.

Leopold laissa Fletcher au commissariat car

connaissant les opinions de son subordonné touchant l'affaire Donewood, il se sentait plus capable que lui de présenter les faits avec objectivité. Leopold et Bench ayant jugé d'un commun accord que leur présence ne serait d'aucune utilité pour l'enquête au point où elle en était, Kane et sa femme furent priés de rentrer chez eux.

— J'ai lu des articles concernant vos exploits, dit Leopold à l'Australien sur le chemin du motel. Le meurtre de Bushman, par exemple.

John Bench hocha la tête.

— L'Australie est un pays bizarre, presque un monde à part. Ses villes sont aussi modernes que les vôtres, mais dans la brousse c'est tout à fait différent. Moi, j'y suis habitué, mais quelqu'un comme vous se sentirait perdu dans ces régions. C'est un monde où les saisons sont inversées, où l'on attaque le kangourou au point d'en exterminer la race alors que des hordes de lapins géants sont souvent une menace pour la vie des hommes. Un monde où les aborigènes en sont pour la plupart restés aux temps préhistoriques, certains continuant de « tailler le silex » pour pouvoir combattre l'ennemi.

— Qu'est-ce qui vous a poussé à venir ici ? demanda Leopold. A part l'argent ?

— Ça, ce n'est pas gentil. Je vois que vous êtes sceptique.

— En ce qui concerne la divination, oui.

— En ce qui concerne le meurtre du Bushman, je n'ai eu qu'à prendre en main la massue dont on s'était servi pour commettre le crime, et j'ai pu donner aux autorités la description en tous points exacte du criminel. C'était un blanc, un prisonnier en fuite, qui se cachait dans la région depuis des mois.

— Tout le monde là-bas devait être au courant de son évasion.

— J'ai aussi indiqué à la police l'endroit précis où il se trouvait.

— Un des articles disait que vous aviez présenté sur scène un numéro de magie.

— Il y a longtemps, oui, dans ma jeunesse. J'ai fait beaucoup de choses avant de prendre conscience de mes dons.

— Et cette enquête en Nouvelle-Zélande ? demanda Leopold, se rappelant une autre affaire mentionnée par les journaux. Il s'agissait d'un hold-up dans une banque de Wellington. Un caissier avait été tué. De tels crimes sont rares là-bas. Vous autres Américains, prenez la Nouvelle-Zélande pour une île située à une centaine de milles de nos côtes. En réalité c'est un groupe de deux îles à un bon millier de milles de chez nous. Je n'y ai jamais mis les pieds et pourtant j'ai été capable d'indiquer à la police où trouver le coupable.

— Cette fois-là, vous n'avez pas eu besoin d'examiner les lieux du crime ?

— Je me suis fié aux photos des journaux. C'est à la suite de cette affaire et des articles publiés à mon sujet que j'ai décidé de venir en Amérique. J'ai déjà apporté mon concours dans quelques enquêtes d'intérêt mineur sur la côte ouest.

Leopold engagea la voiture dans l'allée du Sunnyside Motel.

— Combien Kane vous a-t-il donné pour vous faire venir ici ? demanda-t-il.

— Je préfère ne pas vous le dire. Vous êtes déjà suffisamment monté contre moi, capitaine.

— S'il peut se permettre de vous payer un bon prix, je me demande pourquoi il est si contrarié d'avoir perdu sa situation. Il y a probablement une dizaine de maisons qui accepteraient de l'engager, ne fût-ce que comme publicité.

La voiture s'arrêta et John Bench en descendit. Se découpant contre le ciel, il paraissait encore plus grand.

— L'ennui chez vous, capitaine, c'est que vous regardez tout d'un point de vue strictement policier. La victime et le criminel ne sont que des pions que vous déplacez sur un échiquier de votre fabrication.

— Peut-être.

Leopold lança vers le ciel un regard menaçant.

— Mais c'est sans doute le seul moyen que nous ayons de faire convenablement notre travail. Si nous nous mettions à plaindre les gens...

Il se rappelait l'avoir fait, une fois, avec une fille qui s'était révélée être une meurtrière. Depuis, jamais plus il n'avait laissé place à ses sentiments.

— Parlez-moi de l'affaire Donewood. Dites-moi tout ce que vous en savez.

Leopold le conduisit au bureau du motel.

— Sheila Donewood était secrétaire dans une compagnie d'assurance, dans l'immeuble où travaillait Kane. Ils se rencontraient fréquemment dans l'ascenseur. De fil en aiguille il s'est mis à lui faire la cour. C'est là que les choses se gâtent. Il l'a amenée ici au moins à deux reprises avant la nuit fatale. Il se peut qu'ils soient allés également ailleurs, mais, malgré nos recherches, nous n'avons pu trouver où.

— Sa femme se doutait-elle de quelque chose ?

— Apparemment pas avant l'arrestation de son mari. Cela se passait en février dernier. Il avait neigé un peu, mais pas assez pour ralentir la circulation. De même que les deux fois précédentes, c'était un vendredi, Kane ayant apporté une bouteille de scotch, ils se sont mis à boire. Il nous a raconté — et l'a confirmé au procès — qu'ils avaient eu une dispute, à la suite de quoi il était reparti sans elle. Il prétend qu'elle était encore en vie, mais ivre. Il avait pensé qu'elle s'endormirait et rentrerait chez elle une fois dégrisée.

Devant le bureau du motel, Leopold s'effaça afin de laisser passer John Bench. L'homme dut baisser légèrement la tête pour franchir la porte.

A l'intérieur, un homme presque chauve, aux sourcils constamment froncés, leva les yeux à leur entrée.

— Capitaine Leopold ! Pas d'autres ennuis, j'espère ?

— Non, non. Nous voulons simplement revoir la chambre. Je vous présente John Bench. Le propriétaire du motel, Ira Farrington.

Les deux hommes se serrèrent la main sans grand enthousiasme et Farrington gratta du bout de son crayon son front dégarni.

— Dieu sait que j'ai eu mon compte d'ennuis. D'abord le meurtre et tout, puis le procès. Les gens commençaient à oublier, le procès leur a tout remis en mémoire. Une publicité de ce genre est déplorable pour un motel. Ça lui donne mauvaise réputation auprès des familles. Avec l'été qui arrive et tout...

Leopold l'interrompit :

— Pourriez-vous nous montrer la chambre, si elle n'est pas occupée ?

Il ne pensait pas, quant à lui, que le meurtre ferait vraiment baisser les affaires de Farrington, mais il ne tenait pas à discuter avec l'homme. Il était surtout désireux d'en finir et de se débarrasser de Bench.

— Volontiers. Je vais prendre la clef.

— Et peut-être pourriez-vous raconter à M. Bench comment vous avez découvert le corps.

Longeant des plates-bandes soigneusement entretenues, ils suivirent Farrington qui les conduisit vers le plus proche des deux bâtiments rectangulaires et sans étage. C'était un motel à l'ancienne mode, un de ceux où l'on garait sa voiture devant son logement. Les alentours étaient bien tenus et l'endroit semblait assez propre.

— C'était un vendredi soir, raconta Farrington en balançant ses clefs qui tintaient à chaque pas. Ils se sont présentés de bonne heure, avec une bouteille, et j'avoue m'être douté de ce qui les amenait. Il étaient déjà venus une fois ou deux, toujours un vendredi soir. Il était aux alentours de minuit quand j'ai remarqué que la voiture de l'homme n'était plus devant leur porte. Je suis allé voir s'ils étaient partis — les gens de cette sorte ne restent pas toujours la nuit entière — et personne n'ayant répondu quand j'ai frappé, je suis entré. Elle était là, sur le lit, la tête en bouillie.

— Toute habillée ? demanda John Bench, les sourcils froncés.

— Elle avait sa robe, mais pas son manteau.

Leopold poursuivit le récit tandis que Bench ouvrait la porte de la chambre.

— Elle avait été tuée avec un marteau que nous avons trouvé au pied du lit. Rien n'avait disparu et il n'y avait pas trace de viol, ni aucun signe de lutte. Kane avait signé le registre sous un faux nom, mais M. Farrington a l'habitude de relever le numéro des voitures de la région.

Le chauve hocha la tête.

— La plupart de mes collègues en font autant. Quand des gens de la région se présentent dans un motel, on est à peu près sûr d'avoir des ennuis d'une sorte ou d'une autre.

Leopold se demanda une fois de plus ce qui avait bien pu valoir au Sunnyside sa réputation de motel des familles.

— Toujours est-il que grâce au numéro de la voiture nous avons pu remonter jusqu'à Kane et le cueillir à son domicile. Il a commencé par tout nier, puis a fini par reconnaître qu'il avait eu une liaison avec la fille. Il a avoué également l'avoir emmenée au motel et s'être disputé avec elle, mais il affirmait l'avoir quittée vivante.

John Bench hocha la tête, examinant la petite chambre que rien ne différenciait des autres.

— Alors vous l'avez inculpé de meurtre.

— C'est le D.A. qui a pris la décision. Moi je n'étais pas très satisfait des preuves. Nous n'avons pu prouver que le marteau appartenait à Kane et il n'y avait aucune trace de sang sur ses vêtements. De plus nous ne lui avons pas vraiment trouvé de mobile, en dehors de cette dispute. Il prétend qu'elle avait trop bu, ce qui l'avait rendue de mauvaise humeur. Il n'y avait vraiment pas là de quoi la tuer.

Leopold s'arrêta pour allumer une cigarette tout en jetant un regard circulaire sur la pièce trop familière.

— Pour sa défense Kane a fait ressortir que n'importe qui avait pu pénétrer dans la chambre après son départ et tuer la fille ; le jury l'a cru.

— Mais sa porte était fermée à clef, fit observer l'Australien. Elle n'aurait pas ouvert à un inconnu.

Leopold haussa les épaules.

— Ivre, elle était capable de tout. Elle aurait pu aborder quelqu'un et le ramener dans la chambre, bien qu'elle n'en ait guère eu le temps.

Ira Farrington fit tinter ses clefs avec une impatience non déguisée.

— Il faut que je m'en retourne. Vous en avez encore pour longtemps ?

John Bench secoua lentement la tête. Ses yeux semblaient encore plus profonds.

Une fois dehors, Leopold lui demanda :

— Alors, pas de vision ?

L'homme sourit sans gaieté.

— Je suis habitué à l'incrédulité. Mais vous pourriez rechercher un homme avec une fleur.

— Avec quoi ?

— Une fleur. Sans doute pourrai-je en dire davantage quand j'aurai tenu dans mes mains l'arme du crime.

Tout au long du trajet de retour, Leopold garda le silence. Il ne croyait pas une seconde en cet homme, mais se rendait compte qu'il se trouvait dans une situation impossible. Si John Bench usait de ses dons pour produire un suspect vraisemblable, Leopold serait forcé de prendre des mesures. Mais lesquelles ?

De retour à son bureau, il envoya Fletcher chercher le marteau. C'était un outil ordinaire, avec un manche en bois et une tête de métal terni. John le soupesa longuement, les yeux dans le vague.

— Une fleur, articula-t-il enfin. L'homme que vous recherchez s'occupe de fleurs, j'en suis à présent certain. C'est un individu de taille normale, d'âge moyen, portant des vêtements de travail. Ce marteau lui appartient. Il a d'autres outils. Puis il ajouta. Et les mains sales.

— Où le trouver ? demanda Leopold, entrant dans le jeu.

— Il habite non loin du motel et connaît Ira Farrington. Il a reçu de l'argent de lui.

Le sergent Fletcher écoutait, saisi d'étonnement.

— C'est comme dans les histoires de Sherlock Holmes ! murmura-t-il avec admiration.

— Si c'est vrai, laissa sèchement tomber Leopold. Téléphonez à Farrington et demandez-lui s'il connaît quelqu'un répondant à cette description.

John Bench s'assit, toujours le même léger sourire aux lèvres. Ils attendirent.

Quelques minutes plus tard Fletcher revint, l'air intrigué mais admiratif.

— Ça concorde, capitaine. Il y a un type nommé Walt Wilder qui s'occupe du jardinage au motel.

Tous ceux qui connaissaient Walter Wilder l'appelaient simplement Walt. Il avait la cinquantaine bien sonnée, était trapu et même rondelet. De sa maison, située à courte distance du motel, il dirigeait une sorte de service local de jardinage et s'occupait des terrains du motel ainsi que d'une douzaine de jardins du voisinage. Bien que peu intelligent, il en savait assez pour s'effrayer de la visite du capitaine Leopold.

— Allons, allons, Walt, fit celui-ci pour le rassurer. Vous n'avez rien à craindre. C'est simplement que nous avons rouvert l'enquête sur le meurtre Donewood et que nous interrogeons tous ceux qui ont, de près ou de loin, quelque chose à voir avec le motel. C'est bien vous qui assurez le jardinage, là-bas ?

L'homme frotta une main grisâtre sur son menton mal rasé.

— Non, pas l'hiver. Et elle a été tuée en hiver.

— Vous n'en êtes jamais bien loin. Avez-vous accès au tableau des clefs.

— Je n'ai pas pris de clef.

— Je ne vous ai pas accusé d'en avoir pris, lui dit Leopold avec calme. Avez-vous des outils ici ?

— Pour le jardinage, oui.

— Un marteau ?

A cette question l'homme se mit à rire.

— Tout le monde en a un.

— Puis-je voir le vôtre ?

Walt disparut dans une autre pièce à l'arrière de la maisonnette et revint bientôt avec à la main un marteau semblable à l'arme du crime, mais beaucoup plus neuf. La tête n'avait pas encore perdu son brillant.

— Le voici.

— En avez-vous eu un autre ? Plus vieux ?

— Oui, mais je ne l'ai plus depuis belle lurette.

Leopold soupira et se risqua dans une autre direction.

— Marié, Walt ?

— Non.

— Ni divorcé ?

— Si. Il y a longtemps. Ma femme m'a quitté. Elle disait que je n'arriverais jamais à rien.

— Vous fréquentez des filles ?

— A l'âge que j'ai ?

— Où étiez-vous la nuit où fut tuée Sheila Donewood ?

— Je ne sais pas. Me rappelle pas.

— Je vais vous demander de bien vouloir nous accompagner en ville pour répondre encore à quelques questions.

La peur se peignit sur le visage tanné par le grand air.

— Vous m'arrêtez ?

— Mais non, Walt. Pour quelle raison le ferions-nous ?

Pour quelle raison, en effet, se demanda Leopold. Il se sentait comme entraîné malgré lui dans un labyrinthe tracé au hasard et auquel il n'existait pas d'issue.

Le sergent Fletcher attendait Leopold dans le bureau de celui-ci, l'air contrarié.

— Ce Bench a bavardé avec les journalistes ! annonça-t-il.

— J'en étais sûr. C'est pourquoi je suis allé voir Wilder. Je l'ai ramené ici.

— Qu'est-ce que ça va donner ?

— Probablement rien, mais il est de ces gens dont les journaux raffolent. Ils n'attendent qu'un petit encouragement de Bench. Ces voyants sont toujours une aubaine pour leurs suppléments du dimanche.

— Le marteau lui appartenait-il ?

— Comment savoir à qui il a pu appartenir ? Ce n'est qu'un vieil outil usagé. Le tueur a pu l'apporter à dessein ou l'avoir par hasard avec lui.

Fletcher fronça les sourcils.

— Farrington devait bien en avoir un dans son bureau. Wilder a pu le prendre en même temps que la clef.

Leopold ne répondit que par un grognement, pensant déjà à autre chose.

— Sortez-moi le dossier du procès, voulez-vous, Fletcher ? Je désire le relire.

Fletcher revint dix minutes plus tard avec le dossier. Il apportait aussi d'autres mauvaises nouvelles.

— Les journalistes ont pris une photo de Walt Wilder. Ils ont l'intention de la publier pour illustrer la vision de Bench.

— Laissons-les faire. La loi contre la diffamation n'est pas faite pour les chiens.

Dès l'apparition des dernières éditions dans les rues, le téléphone se mit à bourdonner sur le bureau de Leopold. D'abord le commissaire, puis le D.A. Avaient-ils retenu une charge quelconque contre le nommé Wilder ? Non, on l'avait déjà relâché après interrogatoire. Avaient-ils retenu une charge contre quelqu'un d'autre ? Non, faute d'avoir même l'ombre d'un soupçon, avoua Leopold.

Mais la ville fut secouée de nouveau. John Bench

passa sur les ondes aux informations de vingt-trois heures et raconta comment il avait eu la vision d'un homme s'occupant de fleurs. A la même heure, Leopold se plongeait une nouvelle fois dans le dossier du procès. Il se sentait à bout de forces et savait qu'il ne pourrait plus tenir longtemps.

Un journal du matin publia un éditorial exigeant une enquête immédiate sur le passé de Walt Wilder, laissant entendre que ce dernier avait été jadis interné dans un asile. Ils avaient pris la précaution de ne pas mentionner son nom, mais ils frôlaient tout de même la diffamation. Leopold lut l'article et froissa le journal avec dégoût. Il était sur le point de téléphoner au directeur qu'il connaissait vaguement, lorsque Marjorie Kane l'appela.

— Oui, madame Kane ?

— Mon mari et moi avons lu les journaux et parlé à M. Bench. Pourquoi n'avez-vous pas arrêté ce Wilder ?

— Nous manquons de preuves, madame Kane. Les jurés ne condamnent pas sur les visions d'un soi-disant voyant. Wilder n'avait aucun motif de tuer la fille.

— Qui en avait, en dehors de mon mari ?

— Pour l'instant je suis occupé, mais je serai heureux d'en discuter avec vous plus tard.

Leopold raccrocha, un peu gêné de s'être montré si bref mais il était pressé de téléphoner au journal.

Pourtant il appela d'abord Fletcher pour lui demander s'il était au courant de l'internement de Walt Wilder.

— J'étais justement en train de vérifier, capitaine. Le type a fait une dépression nerveuse voici vingt ans, en revenant de la guerre. Rien d'anormal, aucun signe de violence. Cet éditorial va un peu loin.

— C'est ce que je pensais. Tout de même, nous

aurions dû être les premiers à le savoir, avant les journaux.

Sa colère étant tombée un peu, il décida de ne pas appeler le directeur.

— Venez une minute, voulez-vous, Fletcher ?

Quand le sergent eut pris place en face de lui, Leopold lui tendit le dossier du procès en lui désignant du doigt un passage qu'il avait souligné. C'était une partie du témoignage d'Ira Farrington sur la façon dont il avait découvert le corps : « M. Kane et la fille avaient un petit sac fourre-tout avec eux lorsqu'ils se sont présentés. En regardant par la fenêtre à un moment, j'ai cru voir Kane le déposer à l'arrière de sa voiture. Quand j'ai de nouveau regardé, la voiture n'était plus là et j'en ai naturellement conclu qu'ils étaient repartis. J'ai voulu inspecter la chambre et personne n'ayant répondu lorsque j'ai frappé, j'ai ouvert la porte fermée à clef. C'était un peu après minuit. J'ai allumé et j'ai vu la fille, sur le lit. Elle était entièrement vêtue, mais sans manteau. On l'avait frappée à la tête avec un marteau et il y avait du sang partout. Le marteau était par terre, près du fourre-tout. son manteau était encore là, celui de M. Kane avait disparu. »

Quand Fletcher leva les yeux après avoir lu, Leopold demanda :

— N'êtes-vous pas frappé par quelque chose de bizarre ?

Fletcher se gratta la tête :

— Je ne vois pas.

— Réfléchissez bien : si Kane ne l'a pas tuée, l'assassin est obligatoirement quelqu'un qui fouinait par là et l'a surprise au moment où elle était seule, ou bien quelqu'un qui avait délibérément suivi le couple jusqu'au motel. Dans les deux cas l'assassin devait avoir le marteau avec lui ou à portée de la main. Si...

Le téléphone bourdonna et Leopold souleva le combiné. Il écouta un instant et tendit l'appareil à Fletcher.

— Il y a une réponse d'Australie au sujet de John Bench. Voyez donc ça tout de suite.

Fletcher revint quelques minutes plus tard, une longue dépêche à la main. Il souriait.

— Attendez un peu que les journaux apprennent ça !

Mais avant de révéler quoi que ce soit à la presse, Leopold alla voir John Bench à son hôtel. La chambre était luxueuse et il se demanda si elle figurerait sur la note d'Edwin Kane.

— J'ai à vous parler, dit-il à l'Australien.

Celui-ci eut un sourire.

— Allez-y.

— Les choses avancent vite dans l'affaire qui nous occupe.

— J'en suis heureux. Wilder a-t-il avoué ?

Leopold s'appuya au dossier de sa chaise.

— Non. Je ne pense pas qu'il le fasse. Je ne le crois pas coupable.

— Oh ?

— Nous avons des nouvelles de la police australienne, monsieur Bench. Votre réputation là-bas n'est pas aussi fortement établie que vous voudriez nous le donner à croire. En fait, on dit que vous n'êtes rien de plus qu'un magicien de théâtre avec quelques tours astucieux dans son sac.

— Était-ce de l'astuce que de décrire Wilder sans l'avoir jamais vu ?

Leopold sortit ses cigarettes. Il éprouvait un peu de pitié pour l'homme.

— De l'astuce, oui. Vous avez, comme moi, remarqué les parterres de fleurs du motel soigneusement entretenus, et vous vous êtes dit qu'il devait y avoir quelqu'un pour s'en occuper. Votre description, taille normale et âge moyen, pouvait s'appliquer à n'importe qui. De nos jours, l'âge moyen s'étend de trente à soixante-cinq ans. On voyait bien, à l'apparence des jardins, que ce n'était pas un gamin qui faisait le travail. A vrai dire, votre description n'était pas tellement bonne — Wilder est plutôt fort et approche de la soixantaine — mais vous vous en êtes tout de même tiré. Et il allait de soi que le jardinier aurait des outils, qu'il porterait des vêtements de travail, qu'il aurait les mains sales. Il allait de soi qu'il habiterait le voisinage, connaîtrait Farrington et recevrait de l'argent de ce dernier. Tout cela n'était que du vent, Bench.

— Il vous sera difficile de le prouver.

— Peut-être pas. Vous m'avez parlé d'une ou deux affaires en Australie, celles qu'ont mentionnées les magazines et les journaux, mais la police australienne en donne des versions différentes. Dans le meurtre du Bushman, tout le monde savait à quoi s'en tenir sur le prisonnier évadé, il est faux que vous ayez indiqué l'endroit exact où il se cachait. Quant à l'affaire de Nouvelle-Zélande, on avait annoncé à la radio l'arrestation d'un suspect avant que vous ne rendiez publique votre description du coupable. Pour tout, c'est pareil. Des bribes d'informations, de la perspicacité, de vagues généralités, et on vous fait une réputation de voyant.

— Et les récits publiés dans la presse ?

— La police australienne affirme avoir écrit au plus important des magazines américains ayant publié un article sur vous, en lui signalant quinze erreurs flagrantes, mais le magazine en question ne s'est pas donné la peine de rectifier. De toute façon, dans ces cas-là, le démenti n'efface jamais l'effet produit initialement. Quelques écrivains à l'imagination fertile ont brodé sur ces histoires et le reste s'est fait tout seul. L'Australie est trop loin pour que les auteurs des articles aient pu remonter aux sources.

— Qu'allez-vous faire ? s'enquit John Bench.

Il semblait avoir perdu toute énergie. Même son regard paraissait éteint.

— Essayer de blanchir le nom de Walt Wilder, après ce que vous avez fait.

Leopold se leva.

— Pour l'instant c'est plus important à mes yeux que de blanchir celui de votre Edwin Kane.

— Comment allez-vous vous y prendre ?

— En trouvant le véritable assassin de la fille Donewood.

Quelqu'un avait dit une fois à Leopold qu'il n'avait qu'un seul défaut : ne pas aimer qu'on lui démontre ses erreurs. Cette réaction était peut-être normale mais n'en constituait pas moins un défaut et Leopold le reconnaissait. Il lui était déjà arrivé de faire de graves dépressions à la suite des rares cas d'acquittements dans des affaires dont il s'était personnellement occupé pas tant pour lui-même que pour les gens dont il avait perturbé la vie. Il comprenait presque qu'Edwin Kane eût engagé quelqu'un pour se réhabiliter et il comprenait d'ailleurs aussi bien l'état d'esprit d'un John Bench.

— Farrington est-il arrivé ? demanda-t-il à Fletcher un peu plus tard ce même après-midi.

Le sergent fit signe que oui.

— Il attend.

— Très bien. Réfléchissons une dernière fois avant de le faire entrer. Tout tourne autour de ces deux choses : le marteau et le mobile. La fille n'a pas été violée, on ne lui a rien pris. Elle s'est querellée avec Kane, qui est parti. Quoi ensuite ?

— Vous aviez parlé du témoignage de Farrington.

— Exact. Kane déclare avoir laissé Sheila dans la chambre du motel pour qu'elle y cuve son vin. Si ce qu'il dit est vrai, on peut être à peu près certain qu'elle n'a pu se rendre dans un bar et en ramener quelqu'un. Elle n'en aurait pas été capable. Donc le tueur est entré dans la chambre, où il a trouvé la fille à moitié endormie et complètement ivre. Qui ? Wilder ? Un jardinier n'avait aucune raison de se trouver là en hiver et encore moins de trimbaler un marteau avec lui. Il n'y avait pas de lumière dans la chambre, rappelez-vous, et je crois que Kane a déclaré au procès l'avoir éteinte lorsque la fille s'est écroulée sur le lit. Donc, la voiture n'étant plus devant la porte, celui qui rôdait par là, Wilder ou un autre, n'avait aucun moyen de savoir que quelqu'un se trouvait à l'intérieur. Étant donné que ce bungalow est en vue du bureau de Farrington, c'est le dernier qu'aurait choisi un éventuel cambrioleur.

— Alors où en sommes-nous ? Nous avons déjà tourné et retourné la question dans tous les sens.

— Il nous reste toujours les deux mêmes possibilités, mais légèrement rétrécies. Le tueur n'est ni un cambrioleur ni un rôdeur, ni une rencontre de hasard. C'est quelqu'un qui est venu là pour une raison bien précise, ou qui a suivi Kane et Sheila jusqu'au motel.

— Farrington ?

Fletcher prononça le nom dans un souffle.

— Quel motif ?

Leopold tapota une cigarette sur l'ongle de son pouce.

— Mais faites-le donc entrer.

Le propriétaire du motel paraissait fatigué, irritable, et il se laissa choir sur une chaise comme avec soulagement.

— J'espère que cette histoire va bientôt se tasser.

La saison touristique commence déjà, alors vous pensez...

— Quelques questions, monsieur Farrington. Au procès vous avez déclaré avoir vu Kane mettre quelque chose à l'arrière de sa voiture. Combien de temps s'est-il écoulé entre le moment où vous avez remarqué qu'il était parti et celui où vous êtes allé voir ?

Le chauve haussa les épaules.

— Dix minutes, peut-être. Comme je l'ai dit à l'audience.

Leopold se rappela avoir entendu l'avocat de la défense arguer qu'il y avait eu juste assez de temps pour que le meurtrier vienne tuer Sheila Donewood.

— Les lumières étaient-elles alors allumées ?

— Oui, j'en suis sûr.

— Alors Kane est retourné dans la chambre.

— Peut-être. Ça ne prouve rien.

L'homme s'énervait.

— Dites donc, dit Fletcher, intervenant soudain. Nous cherchons quelqu'un qui aurait pu les suivre au motel, quelqu'un ayant une raison de tuer cette fille. Que pensez-vous de la femme de Kane ?

Leopold le regarda, les sourcils froncés. Il n'appréciait pas ce genre de conversation devant Farrington.

— J'y ai pensé dès le début. Mais un marteau n'est pas une arme de femme et elle ne pouvait deviner que Sheila resterait seule. En outre il aurait fallu que Sheila la fasse entrer et vous pensez bien que, en reconnaissant la femme de Kane, elle se serait mise à hurler avant même de voir le marteau.

— Alors qui reste-t-il ?

Leopold s'appuya au dossier de sa chaise.

— Il reste M. Farrington, ici présent, qui a vu par la fenêtre Kane déposer quelque chose à l'arrière de sa voiture. Par arrière, je pense que vous voulez dire le coffre ?

— Oui.

— Curieux qu'on ne vous l'ait pas demandé plus tôt. Ça ne pouvait être le fourre-tout puisqu'on l'a retrouvé dans la chambre avec le cadavre. Mais si Kane ne mettait rien dans le coffre arrière, il pouvait fort bien, par contre, en retirer quelque chose.

— Quoi ?

Fletcher s'était brusquement redressé.

— Nous n'avons pas pu remonter du marteau jusqu'à Kane, mais il était étalagiste pour une maison de décoration. Que gardait-il certainement en permanence dans le coffre de sa voiture ?

— Un marteau !

— *Et* probablement une bâche ou une toile quelconque dont il a pu se servir pour protéger son costume des taches de sang ! Pendant ce laps de dix minutes où le meurtre a été commis, Kane est allé chercher quelque chose dans son coffre arrière, puis est revenu à la chambre — et le coffre contenait très certainement un marteau ! Kane n'a engagé John Bench que dans le but habile de convaincre définitivement les gens — et surtout sa propre femme — de son innocence.

Leopold se leva.

— Venez Fletcher. Nous y allons.

— On ne peut le juger deux fois.

— Je veux simplement lui faire comprendre que nous savons tout, dit Leopold.

La soirée était chaude, et Edwin Kane était à son petit établi dans le garage. Entendant Marjorie entrer par la porte ouverte sur l'allée, il demanda :

— Qui téléphonait ?

— John Bench. Il voulait nous prévenir de son départ.
— Et son argent ?
— Il a dit qu'il enverrait sa note.
— Oh...
Kane se pencha pour enfoncer avec soin un clou dans la maquette d'étalage qu'il était en train de monter. Il lui fallait conserver la main en attendant de trouver du travail.
— Edwin ?
— Oui ?
— Je n'ai pas voulu t'en parler plus tôt, mais où sont passées toutes ces choses qui se trouvaient dans le coffre de la voiture ?
— Quoi ? Quelles choses ?
— Tes outils, et ces toiles de toutes sortes ; ton matériel d'étalagiste.
— Je m'en suis débarrassé.
— Il y avait bien un marteau, n'est-ce pas ?
— Le voici.
Il leva la main.
— Non, pas celui-ci. Un autre.
— Tu crois toujours que je l'ai tuée ?
— Je n'ai jamais cessé de le croire. Au début j'ai accepté de jouer ton jeu, mais plus maintenant que les journaux accusent le jardinier de l'avoir assassinée. Tu dois leur dire la vérité. Ils ne peuvent plus rien contre toi.
— Marjorie !
Il sentit les larmes monter à ses yeux en comprenant soudain que ça n'avait servi à rien tout cet argent donné à John Bench, *à rien* !
— Je croyais pouvoir vivre avec cette idée, mais c'est impossible. Je veux divorcer, Edwin.
— Mais... mais... Je l'ai fait pour *toi* ! Elle voulait que je te quitte et que je l'épouse. Quand j'ai refusé

elle a menacé de tout te dire. Je n'ai pu supporter ça, Marjorie. Je n'ai pu supporter l'idée de te perdre.

— Je m'en vais, Edwin, balbutia-t-elle en reculant, soudain prise de peur.

— Non, je n'ai pu le supporter. J'ai pris le marteau dans la voiture et une toile pour ne pas me tacher de sang...

— *Edwin...* !

— Elle a crié juste comme tu le fais.

Il avait oublié le marteau qu'il tenait à la main et ne s'en souvint qu'en le voyant soudain s'abattre à toute volée.

— *Edwin* !

Il était toujours immobile, devant le corps étendu à ses pieds, lorsque Leopold et Fletcher s'engagèrent dans l'allée.

After the verdict.
Traduction de Michel Girard.

LE BISARA DE POOREE

par RUDYARD KIPLING

> Petit Poisson Aveugle, au si merveilleux don,
> Qui t'a pris tes yeux, Aveugle Petit Poisson ?
> Ouvre l'oreille alors, j'y murmure mon vœu —
> Envoie-le-moi, l'Amour, Petit Poisson Sans Yeux.
>
> Formule magique du Bisara

D'après certains indigènes, il proviendrait de l'autre côté de Kulu, là où se trouve le Temple du Saphir de onze pouces. Selon d'autres, conçu et réalisé au Tibet, à Ao-Chung, haut lieu consacré aux Démons, il y fut d'abord volé par un Kafir, à celui-ci par un Gurkha, à celui-ci encore par un Kahoul, à celui-ci derechef par un *khitmatgar,* et ensuite vendu par ce dernier à un Anglais, perdant ainsi toute sa spécifique vertu ; parce que, pour opérer convenablement, le Bisara de Pooree doit être volé, avec effusion de sang, si possible ; mais, en tout cas, pour le moins, volé.

Ces histoires de pérégrinations variées pour aboutir en Inde sont toutes fausses. En fait, il fut réalisé à Pooree il y a fort longtemps — décrire de quelle manière suffirait à remplir un petit volume — y fut volé par une des danseuses du Temple, à des fins toutes personnelles, puis passa de main en main, progressant régulièrement vers le nord, jusqu'au jour où il atteignit Hanlé, et portant toujours le même nom — le Bisara de Pooree. Il se présente sous la forme d'une minuscule boîte plutôt carrée en argent, incrustée à l'extérieur de huit petits rubis. Cette boîte, que l'on ouvre en déclenchant un ressort, contient, enveloppé dans un lambeau de vieille étoffe dorée, un petit poisson sans yeux, sculpté dans une sorte de noix à l'aspect sombre et luisant. Tel est le Bisara de Pooree, et, pour tout être humain, il vaudrait presque mieux saisir un cobra royal à pleine main que de toucher au Bisara de Pooree.

Tous les genres de magie apparaissent de nos jours périmés, condamnés, effacés, sauf en Inde, où rien ne change, en dépit de cette mince et illusoire couche d'écume brillante que l'on appelle « civilisation ». Tous ceux qui connaissent bien le Bisara de Pooree vous diront quels sont ses pouvoirs — toujours en supposant qu'il ait été honnêtement volé. Dans le pays, c'est le seul talisman d'amour qui opère impeccablement, le seul fiable, à une exception près. (L'autre talisman est entre les mains d'un simple soldat de la cavalerie légère Nizam, en une localité appelée Tuprani, juste au nord d'Hyderabad). Ceci peut être considéré comme un fait établi. Quant à l'expliquer, que quelqu'un d'autre s'en charge.

Si le Bisara n'a pas été volé, mais donné ou acheté ou trouvé, il se retourne contre son propriétaire en l'espace de trois ans, et entraîne sa ruine ou sa mort. Ceci est un autre fait qu'il vous sera loisible d'expliquer quand vous en aurez le temps. En attendant, libre à vous d'en rire. Pour le moment, le Bisara est inoffensif, en lieu sûr, pendu au cou d'un poney d'attelage, logé dans son collier en grosses perles de verre bleu qui préserve du Mauvais Œil. Si jamais le conducteur le trouve, et le porte sur lui, ou le donne à sa femme, je ne puis que le plaindre.

En 1884, à Theog, il appartenait à une femme de peine tout à fait crasseuse, et agrémentée d'un goître. Il était parvenu à Simla, venant du nord, avant que le *khitmatgar* de Churton ne l'achète, et ne le revende, pour trois fois sa valeur brute, à Churton, lequel collectionnait les curiosités. Le serviteur ne savait pas plus ce qu'il avait acheté que le maître ; mais un homme, lui, repéra le talisman, en examinant la collection de Churton — soit dit en passant, Churton était préfet de police adjoint. Cet homme vit et tint sa langue. C'était un Anglais, mais il savait croire en demeurant sagace. Ce qui montre qu'il était différent de la plupart des Anglais. Il savait combien il était dangereux d'avoir le moindre rapport avec cette petite boîte, qu'elle fût en sommeil ou en activité ; car l'Amour non recherché, non sollicité, non gagné, c'est un terrible cadeau.

Pack — « Piteux » Pack ou « Peste » Pack, comme on l'appelait — était, à tous égards, un affreux petit bonhomme qui devait s'être faufilé dans l'armée par erreur. Il était de trois pouces plus haut que son épée, mais pas moitié aussi costaud. Et c'était une épée à cinquante shillings, faite sur mesure. Personne ne l'aimait, et c'est, je suppose, en raison même de sa radicale nullité d'individu rabougri et au rebut qu'il tomba désespérément amoureux de Miss Hollis, laquelle était douce et délicieuse, aimable et bonne, et mesurait cinq pieds sept pouces en chaussures de tennis. Il ne se contenta pas de se consumer d'amour discrètement, en silence, mais déversa au contraire toute l'énergie de sa misérable petite nature dans sa lamentable entreprise. Il faisait des mines, fanfaronnait, frétillait, trottinait en tout sens et se déployait en efforts convulsifs pour se rendre plaisant sous le calme regard des grands yeux gris de Miss Hollis, et il échouait. C'était un de ces cas que l'on rencontre parfois, même dans notre pays où l'on se marie plutôt par convention, d'un attachement aveugle et total d'un seul côté, sans que même un soupçon de réciproque soit concevable. Miss Hollis considérait Pack comme un petit animal nuisible surgissant désagréablement sur son chemin. Ajoutez à cela que, en dehors de sa solde de capitaine, il n'avait aucune perspective d'avenir, et pas le moindre don pour remédier à cet état de choses d'un seul penny. Chez un homme de taille respectable, un amour tel que le sien eût été touchant. Chez un homme bon et de bonne qualité, il aurait eu quelque grandeur. Pack étant ce qu'il était, cet amour n'était qu'assommant.

Tout ceci, vous voudrez bien le croire. Ce que vous ne croirez pas, c'est ce qui va suivre. Churton, et L'Homme Qui Savait ce qu'était le Bisara, déjeunaient un jour ensemble au Simla Club. Churton se plaignait de l'existence en général. Sa meilleure jument s'était échappée de l'écurie pour tomber dans le ravin proche et se rompre l'échine ; ses décisions se voyaient contrées par les instances supérieures avec une fréquence à laquelle un préfet de police adjoint n'a guère lieu de s'attendre après huit années d'activité ; il était fiévreux, avait mal au foie et se sentait patraque depuis plusieurs semaines. Bref, il était dégoûté et déprimé.

La salle à manger du Simla Club, comme tout le monde le sait, se répartit en deux sections, séparées par un cloisonnement de part et d'autre d'une arche. Entrez, tournez à gauche, prenez une table sous la fenêtre, et vous ne pourrez voir un quidam qui, une fois entré, a tourné à droite et s'est attablé sur la droite de l'arche. Assez curieusement, chaque mot que vous prononcerez pourra être entendu, non seulement de l'autre dîneur, mais aussi des serveurs au-delà de l'ouverture masquée par où ils apportent les plats. C'est utile à savoir, ça ; une salle où les sons se répercutent peut constituer un piège ; il est bon d'être prévenu.

Moitié par jeu, moitié dans le vague espoir d'être cru, L'Homme Qui Savait conta l'histoire du Bisara de Pooree à Churton, en long et en large, plus à fond que je ne viens de le faire ; en conclusion, il lui suggéra de jeter la petite boîte dans le ravin pour voir si tous ses ennuis disparaîtraient avec elle. Pour des oreilles ordinaires, des oreilles anglaises, pareille histoire n'était que pittoresque et distrayant folklore. Churton ne fit qu'en rire, déclara qu'il se sentait mieux après s'être restauré, et s'en fut. Pack, ayant lui-même mangé un morceau en solitaire à droite de l'arche, avait tout entendu. Son absurde et vain engouement pour Miss Hollis, dont tout Simla se gaussait, le rendait quasiment fou.

Il est curieux de constater que, lorsqu'un homme aime ou déteste au-delà du raisonnable, il est prêt à franchir carrément les limites du raisonnable pour satisfaire sa passion. Ce qu'il ne ferait pas pour obtenir simplement de l'argent ou du pouvoir. Soyez sûr que Salomon n'aurait pas érigé des autels à Ashtaroth et toutes ces dames aux noms bizarres, s'il n'y avait eu quelque sérieux remue-ménage sous sa *zénana*, et nulle part ailleurs. Mais ceci est une autre histoire. Dans le cas présent, voici les faits : Pack se rendit le lendemain chez Churton, alors que Churton était sorti, déposa sa carte, et subtilisa le Bisara de Pooree niché sous la pendule au-dessus de la cheminée ! Il le vola comme un voleur qu'il était de nature. Trois jours plus tard tout Simla fut proprement électrisé par la nouvelle : Miss Hollis accueillait favorablement les hommages de Pack — Pack le Piteux, Pack le rabougri ! Pouvez-vous souhaiter preuve plus manifeste que celle-ci ? Le Bisara de Pooree avait été volé, et il opérait comme il l'avait toujours fait quand on s'en emparait par quelque moyen crapuleux.

Trois ou quatre fois au cours de son existence, il peut arriver à un homme de se sentir autorisé à se mêler des affaires d'autrui pour jouer le rôle de la Providence.

L'Homme Qui Savait se croyait autorisé ; mais croire et agir en conséquence sont choses tout à fait différentes. L'insolente satisfaction de Pack déambulant aux côtés de Miss Hollis, et le soudain soulagement du foie de Churton, sitôt le Bisara disparu, décidèrent L'Homme à intervenir. Il exposa son point de vue à Churton, et Churton commença par en rire, parce que toute son éducation l'empêchait de croire qu'un cadre de l'Armée, au service de l'État, pût commettre un vol — tout au moins un petit vol, un larcin. Mais la miraculeuse métamorphose de Miss Hollis, en face de ce minable fantoche de Pack, l'incita, effleuré par le doute, à prendre des mesures à tout hasard. Il protesta qu'il voulait seulement découvrir où avait bien pu émigrer sa boîte en argent parsemée de rubis. On ne peut accuser ouvertement de vol un gradé serviteur de l'État ; ça ne se fait pas. Et si l'on pille sa chambre, on devient soi-même un voleur. Toujours est-il que Churton, vivement poussé à l'acte par L'Homme Qui Savait, se décida au cambriolage. S'il ne trouvait rien dans la chambre de Pack... mais mieux vaut ne pas penser à ce qui aurait pu en ce cas se passer.

Pack se rendit à Benmore, où c'était jour de

danse, et il effectua quinze valses sur vingt-deux avec Miss Hollis — Benmore était Benmore à l'époque, pas encore converti en bureaux. Churton et L'Homme, eux, firent main basse sur toutes les clefs qu'ils purent trouver, et gagnèrent la chambre de Pack à l'hôtel, certains que les serviteurs seraient absents ; Pack était mesquin et radin. Il n'avait pas acheté un solide coffret de bonne fabrication pour y conserver ses papiers, mais une de ces imitations indigènes qu'on se procure pour une dizaine de roupies. La première clef venue l'ouvrit sans problème, et là, tout au fond, sous la police d'assurance de Pack, reposait paisiblement le Bisara de Pooree !

Churton jura, pesta contre Pack avec virulence, fourra le Bisara de Pooree dans sa poche, et partit résolument pour la danse avec L'Homme. Tout au moins arriva-t-il, en fin de compte, à temps pour le dîner ; à temps pour voir poindre dans les yeux de Miss Hollis le commencement de la fin. Elle piqua une crise de nerfs après le dîner et fut emmenée loin des regards par sa maman.

A Benmore, en descendant vers la vieille patinoire, Churton, ayant en poche l'abominable Bisara, se tordit le pied sur une des marches et dut être ramené chez lui, geignant et maugréant, dans un pousse-pousse. Cette maléfique manifestation ne le fit pas croire davantage au Bisara de Pooree, mais il prit Pack à part et le gratifia de quelques affreux qualificatifs, celui de « voleur » étant le moins déplaisant. Ces qualificatifs, Pack les accueillit avec le sourire contraint d'un petit homme mortifié qui s'efforce de faire bonne figure sous l'insulte, et il s'esquiva. Il n'y eut pas scandale public.

Une semaine plus tard, Pack se vit définitivement rejeté par Miss Hollis. Il y avait eu erreur dans le placement de son affection, déclara-t-elle. Il partit en conséquence pour Madras, où il ne pourra pas causer grand dommage, même s'il vit assez vieux pour devenir colonel.

Churton insista auprès de L'Homme Qui Savait pour qu'il prenne le Bisara de Pooree à titre de récompense. L'Homme le prit, fonça tout droit à la Route des Carrioles, trouva un poney attelé nanti d'un ample et gros collier en verroterie bleue, blottit le Bisara de Pooree au sein du collier, en l'attachant avec un bout de lacet à chaussure, et rendit grâce au Ciel d'être ainsi à l'abri du danger. Au cas où par hasard vous le trouveriez, ce Bisara de Pooree, rappelez-vous que vous ne devez pas le détruire. Pour l'instant, je n'ai pas le temps de vous expliquer pourquoi, mais sachez bien que c'est dans le petit poisson en bois que réside son pouvoir. M. Gubernatis ou Max Müller pourraient vous éclairer là-dessus ; ils en savent plus que moi.

Vous allez me dire que toute cette histoire est pure invention. Fort bien. Si jamais vous tombez sur une petite boîte en argent truffée de rubis, de sept huitièmes de pouce de long et de trois quarts de large, contenant un poisson en bois brun enveloppé dans un morceau d'étoffe dorée, gardez-la. Gardez-la trois ans, et vous découvrirez alors par vous-même si mon histoire est vraie ou fausse.

Mieux encore, faites comme Pack, volez-la, et vous regretterez de ne pas vous être tué pour commencer.

The Bisara of Pooree.
Traduction de Philippe Kellerson.

HUIS CLOS

par JOHN LUTZ

Par-delà le mur de trois mètres de haut au sommet hérissé de tessons de bouteilles, au-dessus des hauts peupliers frémissant sous le vent, fièrement juchée sur une éminence trônait la résidence des Masters avec ses tourelles et ses combles en dos d'âne. Semblant défier les rafales de pluie, elle constituait en cette nuit le décor idéal pour le meurtre parfait qui allait y être commis.

Adrian Masters était seul dans cette demeure et dix-huit pièces réparties sur trois étages représentaient beaucoup d'espace pour y être seul. C'était le jour de congé de Margaret, la vieille gouvernante, et absents aussi étaient les autres domestiques partis ici ou là. Masters ne voyait aucun inconvénient à être seul, sauf celui de devoir se servir lui-même.

Après avoir dîné de bonne heure, il s'en fut à l'autre bout du grand hall, dans l'immense cuisine, préparer son thé du soir. Margaret avait eu l'attention de disposer sur la table tout ce qu'il fallait pour cela. Masters garnit la bouilloire et la posa sur le fourneau ; après quoi il éteignit dans la cuisine et gagna son bureau. A peine en eut-il ouvert la porte qu'un grognement sourd s'éleva et tandis que Masters actionnait le commutateur, Major, l'énorme berger allemand, se dressa d'un bond mais, reconnaissant son maître, s'étendit de nouveau contre la bibliothèque pour reprendre son somme interrompu.

Masters lui sourit tout en gagnant sa table à écrire. Il l'avait eu tout chiot et, depuis douze ans, l'animal lui était d'un attachement à toute épreuve, ne reconnaissant aucune autre autorité que la sienne. A présent, Major passait le plus clair de son temps à somnoler, mais n'en demeurait pas moins un excellent chien de garde comme il venait encore de le prouver. Masters aimait les bêtes mais se méfiait des gens. En sus du haut mur d'enceinte et de la présence de Masters, il avait tenu à ce que les portes extérieures de sa vaste demeure fussent équipées de serrures à toute épreuve. Et quand sa femme et lui se retiraient pour la nuit, Masters branchait un système d'alarme extrêmement perfectionné. Tout cela afin de protéger l'énorme fortune qui, au long de quelque cinquante années, était venue accroître encore celle qu'il avait héritée de ses parents.

Rabattue par le vent, la pluie cinglait les vitres obscures. Depuis le matin il n'avait cessé de pleuvoir, ce qui ajoutait au sentiment d'indicible ennui qu'éprouvait Masters. En allant fermer les rideaux il considéra son reflet dans la vitre, se trouva encore belle allure sous ses cheveux gris, et redressa instinctivement les épaules pour paraître encore plus imposant. En se rejoignant au milieu de la fenêtre, les lourdes draperies cramoisies escamotèrent le reflet, comme des rideaux de scène se refermant devant un acteur.

Assis à son bureau au centre de la grande pièce

lambrissée de chêne, Masters se mit à jouer distraitement avec un coupe-papier. De quelque part dans la maison, lui parvint le bruit d'un craquement, mais jugeant que ce devait être l'œuvre du vent, il n'y prêta pas autrement attention. Après quelques minutes, il laissa tomber le coupe-papier sur le bureau et, se levant, se dirigea vers un panneau de chêne jouxtant la bibliothèque. Sa main s'y plaqua, le fit glisser de côté sur d'invisibles rails, démasquant ainsi la porte d'acier d'une chambre forte.

Après avoir manipulé les boutons de la combinaison, Masters tira sans effort la porte parfaitement équilibrée et pénétra dans le caveau. Cet espace de deux mètres sur trois avait ses parois garnies de tiroirs et de casiers. Dans un de ceux-ci, Masters prit un dossier qu'il se mit à feuilleter, en quête du rapport Summers, lorsque le sifflet de la bouilloire lui déchira les oreilles.

Comme il reposait le dossier en pestant, Masters éprouva une soudaine angoisse car un déplacement d'ombre dans le bureau lui faisait brusquement comprendre que quelqu'un avait mis à profit le sifflement strident pour couvrir le bruit de son approche. Il vit pivoter la lourde porte qui se referma dans un claquement de pênes, avant que l'obscurité et le silence ne le submergent.

Tout au long de sa vie, Masters n'avait jamais connu la panique, mais jamais non plus il n'avait eu plus de mal à la vaincre qu'en cet instant. Nul ne devait être de retour dans la maison avant le lendemain matin, lorsque Margaret arriverait pour préparer le petit déjeuner. Or on l'avait délibérément enfermé dans un local hermétique, pour qu'il y meure asphyxié. Habitué à regarder les choses en face, Masters conclut qu'il n'avait pratiquement aucune chance de s'en tirer et pouvait déjà se considérer comme mort. Le seul espoir eût été qu'il s'agisse d'une farce, mais on ne faisait pas de farce à quelqu'un comme Adrian Masters.

Sachant son sort réglé, Masters considéra froidement sa position et estima qu'il lui restait de deux à six heures avant de mourir par manque d'oxygène dans ces complètes ténèbres. Il regrettait maintenant de ne pas avoir jugé utile de faire installer l'électricité à l'intérieur de la chambre forte parce que, quand la porte était ouverte sur le bureau éclairé, il y voyait suffisamment pour chercher ce dont il avait besoin.

A tâtons, il gagna un des angles, et se laissa glisser contre la paroi pour s'asseoir par terre. Il savait devoir respirer de façon régulière en évitant de remuer, afin de ménager la provision d'oxygène.

Une heure passa ainsi avec une rapidité surprenante, puis une deuxième heure. Sa respiration commençait à être râpeuse.

Une seule curiosité subsistait en lui : qui l'avait tué ?

Pour s'arracher à l'horreur de sa situation, le cerveau discipliné de Masters se concentra sur cette question.

Des ennemis, il en avait des quantités car une position comme celle qu'il occupait dans le monde des affaires, on ne peut l'atteindre qu'en se montrant sans pitié à l'égard des autres. Il se sentit désemparé en constatant que la liste des suspects possibles était trop longue pour qu'il pût espérer identifier le coupable.

Soudain il se surprit à sourire malgré lui. Un détail rétrécissait singulièrement le champ de ses recherches. Pour l'enfermer là, son assassin avait dû pénétrer dans le bureau où Major montait la garde. Il fallait donc que ce fût une des rares personnes dont le chien était habitué à tolérer la présence. Et Masters se mit à en dresser la liste fort brève.

Lynette, sa femme... Oui, elle avait un mobile : recouvrer sa liberté dans le même temps qu'elle s'appropriait la fortune de son mari. De vingt ans plus jeune que lui, Lynette était une très belle femme et depuis longtemps Masters n'ignorait rien de ses aventures extra-conjugales. Deux jours auparavant, il était allé la conduire à l'aéroport afin qu'elle aille passer quelque temps avec sa sœur, une actrice qui s'était fait un petit nom en jouant des pièces d'avant-garde à Broadway. Lynette devait donc se trouver à des milliers de kilomètres.

Neville, le frère cadet de Masters... D'avant-garde lui aussi, mais comme peintre, il était apprécié des critiques ; toutefois son art ne lui rapportait guère et il avait grand besoin pour vivre de la rente mensuelle lui venant de la tante qui les avait élevés, Adrian et lui. Là, le mobile était indubitablement l'argent, Neville n'ignorant pas que, aux termes du testament de leur tante, en cas de décès d'un des deux frères, le capital permettant de servir ses rentes reviendrait en totalité au survivant.

Certes, Masters et son frère s'étaient apparemment toujours bien entendus... Mais sait-on jamais ce qui se cache derrière les apparences ? Masters était conscient de certaines choses enfouies au plus profond de lui-même dont son artiste de frère ne se serait sûrement jamais douté.

Ce matin-là, Masters avait justement téléphoné à Neville pour l'inviter à déjeuner. Il avait dû le réveiller car, à l'autre bout du fil, Neville lui avait paru comme éteint et n'avait formulé aucune de ses plaisanteries habituelles. Il avait décliné l'invitation parce que, la veille, il avait remarqué à proximité de bungalows en construction, un champ de tournesols qu'il désirait peindre avant que les promoteurs ne le détruisent. Neville était coutumier de ce genre d'impulsions. Il avait ajouté que si quelque chose l'empêchait de mettre ce projet à exécution, il donnerait un coup de fil à son frère pour qu'ils se retrouvent quelque part en ville. Neville ne l'avait pas rappelé.

Le troisième suspect était Dwayne Rathman, l'associé de Masters et le vice-président de la compagnie. Masters mort, Rathman aurait la haute main sur la prospère entreprise. Mais il était censé se trouver à St. Louis pour y négocier un accord avec une firme de textiles. Donc, tout comme Lynette, il était très loin de là.

Masters ne voyait personne d'autre qui fût suffisamment intime pour venir souvent en visite et être connu de Major. Certes, il y avait Nathalie, sa première femme, mais elle avait fait un autre riche mariage et la mort de Masters ne pouvait lui apporter qu'une petite satisfaction d'amour-propre.

Lequel des trois ?

Masters sentait l'air s'épaissir et il avait presque l'impression de respirer du liquide. Il se rendait compte que ses facultés diminuaient et qu'il disposait de moins de temps qu'il ne l'avait cru tout d'abord. Se forçant au calme, il se concentra de nouveau sur le problème qui lui permettait de ne pas trop penser à l'inévitable.

Lynette lui avait téléphoné dans la matinée, de chez sa sœur à New York. Elle aurait eu le temps de prendre un avion pour venir commettre son forfait et être de retour avant que le corps — son corps ! — ne soit découvert.

A supposer même qu'elle soit allée jusqu'à New York, car il ne s'agissait pas d'un vol sans escale.

Mais Masters se souvint alors que, le matin, il avait aussi échangé quelques propos avec Anne, la sœur de Lynette. Lynette était donc bien à New

York et chez sa sœur. Il lui aurait alors fallu mettre Anne au courant, car elle ne pouvait s'absenter aussi longtemps sans que sa sœur flaire quelque chose d'anormal. Et puis, des trois suspects, Lynette était celle dont le mobile s'avérait le plus faible, car même si la mort de son mari lui eût apporté encore plus d'argent, elle nageait dans l'aisance en comparaison de la vie qu'elle menait lorsqu'il l'avait épousée et qu'elle était barmaid.

Entre Neville et Rathman, c'était vraiment à pile ou face. Les airs blasés que Neville affectait à l'égard des biens matériels n'avaient jamais abusé Masters le moins du monde. Nul n'était insensible à l'attrait d'une grosse fortune lorsqu'on la sentait à portée de la main. Et Rathman, lui, était un homme d'affaires de la même trempe que Masters. C'était bien pour cela qu'ils s'étaient associés !

Sur quoi Masters se rappela lui avoir demandé certains chiffres concernant cette firme de textiles. Au téléphone, Rathman avait promis de le rappeler à neuf heures du soir pour les lui donner. Masters regarda le cadran lumineux de sa montre : 8 h 52. Tout comme Master, Rathman était d'une extrême ponctualité. Si le téléphone sonnait à neuf heures précises, ce serait presque sans aucun doute Rathman rappelant pour lui donner les chiffres demandés, et donc téléphonant de St. Louis. Il n'avait aucune raison de feindre d'appeler de St. Louis, s'il savait que Masters se trouvait déjà dans la chambre forte, en train de s'asphyxier.

Seulement Masters parviendrait-il à entendre la sonnerie à travers l'épaisse porte d'acier ? Il estima que oui si, comme c'était probable, l'assassin avait laissé le panneau de chêne poussé de côté afin de faire croire que son décès avait une cause accidentelle.

A neuf heures moins cinq exactement, Masters

tâtonna dans les ténèbres et colla son oreille contre la fente de la porte d'acier.

Si le téléphone ne sonnait pas à neuf heures, il aurait toutes les raisons de penser que son assassin était Rathman. S'il sonnait...

C'est alors que ténue, presque imperceptible, la sonnerie du téléphone posé sur son bureau lui parvint au sein des ténèbres.

Neuf heures moins une ; Rathman était homme à préférer avoir une minute d'avance plutôt que de courir le risque du moindre retard.

Masters s'écarta de la porte ; sa respiration devenait de plus en plus laborieuse. Sous l'effet de la tension nerveuse ou du manque d'oxygène ? Il se garda bien d'approfondir la question.

En frappant contre le mur du fond, pouvait-il espérer attirer l'attention de quelqu'un hors de la maison ? Rampant sur le sol métallique, il atteignit les étagères, fit tomber les dossiers qui les chargeaient et plaqua son oreille contre la paroi. Aucun bruit ne lui parvint de l'extérieur. De toute façon, c'eût été une bien grande coïncidence que quelqu'un se trouvât suffisamment près de la maison pour percevoir d'aussi faibles efforts... Il n'y avait pas une chance sur cent que quelqu'un — Margaret revenant chercher quelque chose qu'elle aurait oublié ? — puisse l'entendre. Lui-même, l'oreille collée à la paroi d'acier n'arrivait pas à détecter le bruit de la pluie cinglant le mur... Mais pleuvait-il encore ?

Masters redressa brusquement le buste, sans même sentir le choc de sa tête contre une des étagères. Il savait !

Depuis le matin la pluie n'avait cessé de tomber, et Neville lui avait dit se proposer d'aller peindre un champ de tournesol... Impossible par un tel temps ! Neville n'avait pas rappelé comme convenu, pour lui donner rendez-vous dans un restaurant de la ville, et pourtant il n'avait pu passer sa journée à peindre dehors. Mais, à la réflexion, son frère pouvait très bien dormir encore à demi quand il lui avait parlé au bout du fil, et avoir complètement oublié la chose lorsqu'il s'était réveillé ensuite.

Il n'en restait pas moins que Rathman se trouvait à St. Louis et Lynette à New York. Ce ne pouvait donc être que Neville.

Masters éprouva plus de satisfaction d'avoir réussi à tirer la chose au clair que de colère envers Neville. Avec la franchise d'un homme se sachant près de mourir, il comprenait, excusait même, le geste de son frère... Tant d'argent était en cause !

Mais Neville ne profiterait pas de cet argent. Dans tous les jeux de leur adolescence, Masters avait toujours fini par vaincre son frère. Aussi l'unique chose qui lui importât désormais, était-elle que sa mort ne demeure pas impunie.

Palpant ses poches, il vérifia qu'il avait son stylo-bille. Pour s'éclairer, il disposait de son briquet. Il n'ignorait pas que la flamme de celui-ci consumerait du précieux oxygène et abrégerait encore sa vie. Mais il se devait d'agir quand même. Sa respiration se fit saccadée tandis qu'il raflait un classeur sur une étagère, le posait par terre, faisait saillir la pointe du stylo-bille puis, de la main gauche, allumait le briquet.

Ce fut l'affaire d'une demi-minute.

Soigneusement, il écrivit sur le dessus vierge du dossier : « C'est Neville mon assassin. Je l'ai vu fermer la porte. »

La peine de mort avait été rétablie pour les meurtres avec préméditation. Par l'effet de ces six derniers mots, Neville mourrait comme Masters, asphyxié dans une minuscule cellule hermétiquement close.

Tandis que Masters griffonnait sa signature la flamme du briquet vacilla en faisant tourbillonner des ombres, puis mourut.

***

— En voyant ouvert le panneau qui masquait la porte de cette chambre forte, vous avez jugé cela insolite et vous nous avez téléphoné ? résuma patiemment le lieutenant Garr en regardant Margaret.

La vieille gouvernante hocha affirmativement la tête, avant d'ajouter :

— Mais pas seulement à cause de ça, monsieur. M. Masters était toujours dans son bureau quand je descendais le matin pour préparer le petit déjeuner. Je lui demandais ce qu'il voulait prendre, afin de le servir à huit heures pile. Il n'y avait pas plus ponctuel que M. Masters.

La matinée était grise, avec un ciel bas et la pluie qui tombait toujours. A présent, les rideaux étaient ouverts, tout comme la porte d'acier de la chambre forte ; les photographes de la police achevaient de prendre des clichés du corps de Masters, de son ultime message, et de l'intérieur du coffre. Ayant dûment constaté le décès, le médecin-légiste était allé prendre une tasse de café.

Margaret pleurait en silence tandis que les techniciens de la police terminaient leur travail. Lorsqu'on emporta le corps de son maître, la vieille femme, les épaules voûtées par le chagrin, suivit la civière, regarda les porteurs ouvrir la porte du perron et gagner vivement l'ambulance qui attendait. Major en profita pour se glisser hors de la maison, car il n'avait pas encore eu la possibilité de faire sa promenade matinale.

L'énorme chien contourna la maison en courant

pour aller jouer sur la grande pelouse, mais avec moins de vigueur qu'à l'ordinaire, car il lui fallait ménager sa patte arrière droite, douloureuse depuis que le brusque sifflement de la bouilloire l'avait fait se dresser d'un bond, en heurtant avec force la porte d'acier si parfaitement équilibrée.

A l'intérieur de la maison, le lieutenant Garr demanda à Margaret :

— Qui est Neville ?

Dead man.

Traduction de Maurice B. Endrèbe.

NATURE MORTE

par VINCENT MCCONNOR

Assommant, ce vieux Tourade ; il était de nouveau là, dans la pénombre, sous le porche, guettant son passage au retour du restaurant. Voici qu'il apparaissait en plein soleil à présent, maniant un antique balai à faisceau de brindilles, prétendant balayer un trottoir déjà nettoyé par ses soins le matin même. Il lui tournait le dos, comme s'il ignorait que quelqu'un approchait. Là-bas, au fin fond de la place Dauphine, le feuillage vert tendre des arbres se détachait sur la masse de pierre grise du Palais de Justice.

Irait-il la voir aujourd'hui, cette fichue peinture, pour se délivrer une bonne fois de la corvée ? .Et du pénible vieux bonhomme par la même occasion !

Jules Charmet jeta un coup d'œil à son poignet : une heure et demie seulement ; et la rituelle pancarte accrochée à sa porte annonçait que la Galerie Charmet rouvrirait à deux heures. Aucun touriste américain ne venait flâner place Dauphine durant la pause du déjeuner.

Son propre déjeuner avait été bref et succinct — une assiettée de moules marinière avec un verre de vin blanc, suivie d'un impeccable camembert — à sa table habituelle, au *Petit Dauphin*, entouré de représentants de la Loi venus de la proche préfecture de Police, tous des habitués, ayant leurs tables réservées. Le *Petit Dauphin* s'était d'abord appelé Maison Lavoisier, mais l'établissement avait dû fermer après le malencontreux trépas de son propriétaire, mort empoisonné. Six mois s'étaient écoulés avant la réouverture sous une nouvelle direction. Précédemment, Charmet s'en souvenait, les locaux, avant leur conversion en restaurant, avaient été occupés par un marchand de tableaux (la Galerie du Vert-Galant), lequel s'était retiré des affaires, ne s'intéressant qu'à un genre de peinture peu susceptible d'allécher les touristes qui foisonnaient dans l'île de la Cité durant l'été.

Cet après-midi, il téléphonerait à Mme Woodson, une riche Américaine de Boston, qui envisageait d'acheter cette malheureuse toile dont il n'arrivait pas à se débarrasser depuis trois ans.

Elle avait été peinte à la manière d'Utrillo par un jeune artiste sans talent ; l'Américaine, dodue et transpirante, avait plusieurs fois fait le tour de sa galerie avant de la sélectionner parmi tout un lot de peintures bien supérieures. Avec ces touristes, c'était presque toujours comme ça. On pouvait leur proposer une excellente affaire, ça ne les intéressait pas ; il fallait qu'ils fassent par eux-mêmes une « trouvaille », de préférence dans quelque recoin obscur.

Tourade pivotait lentement à mesure que Jules approchait. Le vieux lèverait les yeux juste avant qu'il n'arrive à sa hauteur et ferait son numéro, feignant la surprise.

Oui, peut-être valait-il mieux en finir et aller voir cette satanée toile aujourd'hui même. Cela faisait plus d'un an que Tourade le tannait pour qu'il vienne inspecter son trésor. Au moins une fois par mois, le même manège recommençait.

Et voilà ! Cessant de balayer, le concierge levait la tête.

— Monsieur Charmet. Je ne vous avais pas vu ! Mille excuses ! Si par inadvertance je vous ai envoyé de la poussière dans les yeux...

— Non, pas du tout.

— Vous avez fait un bon déjeuner ? (La barbe blanche s'élevait et s'abaissait ; parler nourriture semblait l'inciter à mastiquer.)

— Un modeste négociant ne peut s'offrir le genre de déjeuner qu'il souhaite, par les temps qui courent. Les prix ont sensiblement grimpé depuis l'an dernier.

— Oui, c'est un scandale, monsieur. Mais enfin, grâce à votre excellente Galerie...

— Les touristes n'achètent pas. Ils veulent bien regarder, mais sans rien dépenser.

— Bah ! nous ne sommes qu'en juin. La saison ne fait que commencer. (Les yeux bleus usés par l'âge s'allumèrent, vaguement malicieux.) Monsieur n'a pas oublié, j'en suis sûr, qu'il m'a promis d'examiner cette toile que j'ai chez moi ? Pour me dire sa valeur exacte ?

— Eh bien, mais oui, je vais le faire.

— Merci infiniment, monsieur ! Quand puis-je espérer avoir l'honneur de votre visite ?

— Tout de suite.

— Pardon, monsieur ?

Les yeux chassieux se voilaient, le temps d'assimiler ces paroles inattendues.

— Avant d'ouvrir à nouveau ma galerie, je dispose d'une demi-heure.

— C'est parfait, monsieur ; par ici, monsieur. (Le vieil homme réintégra l'ombre fraîche sous la voûte.) Vous voudrez bien pardonner l'état de mon appartement ? Quand on a perdu sa femme, il est difficile de veiller à l'entretien d'un immeuble comme celui-ci et de vaquer en même temps aux tâches ménagères dans son propre logis.

Tout en parlant, il avançait, suivi de Charmet, au long du passage dallé aboutissant à une petite cour, d'où partait un escalier de pierre menant aux étages.

Charmet n'avait jamais pénétré dans ce bâtiment. En vingt ans, depuis l'ouverture de sa galerie place Dauphine, il avait rarement visité les immeubles d'alentour ; et pour cause : aucun de ses clients ne demeurait dans le voisinage, la plupart étant de passage. Certes, il connaissait chaque concierge, comme le vieux Tourade, au moins de vue ; ils le saluaient parfois quand il passait. Tous savaient, bien entendu, qu'il était le propriétaire de la Galerie Charmet, bien qu'aucun d'entre eux n'y eût jamais mis les pieds. La concierge de son propre immeuble, une vieille femme acariâtre, passait le plus clair de son temps à épier les menus événements quotidiens de la place derrière ses blancs rideaux de fausse dentelle.

— Pardon, monsieur.

Tourade ouvrit une porte dans le passage, à côté d'un œil-de-bœuf par où il pouvait repérer toute personne, inconnue ou non, pénétrant dans la cour.

— Permettez-moi. Je vais faire de la lumière.

Il s'enfonça dans l'obscurité. Charmet franchit le seuil, sensible à l'atmosphère confinée, se demandant ce qu'il allait bien pouvoir trouver là. En général, ces prétendus trésors, religieusement conservés, s'avéraient être d'affreuses croûtes, peintes par quelque ami de la famille. Tourade disait qu'on avait donné cette toile à sa mère ; l'œuvre ne datait donc pas d'hier, le vieux bonhomme devant approcher les quatre-vingts ans. Un jour, lointain déjà, sa propre concierge lui avait confié que Tourade vivait seul depuis la mort de sa femme durant l'Occupation.

Tourade déclencha un commutateur et une petite ampoule prit vie au sein d'un abat-jour de soie rose, au-dessus d'une table ronde au centre de la pièce, révélant des assiettes portant les traces d'un repas récent. Plusieurs grosses mouches rôdaient sur la nappe souillée.

— Mon dîner d'hier soir, monsieur, pardonnez-moi. C'est difficile quand il n'y a pas de femme au logis.

— Vous n'avez jamais songé à vous retirer ? A la campagne peut-être ?

— Jamais ! Tout au long de ma vie, je n'ai jamais été malade, pas un seul jour ! Loin de Paris, je ne pourrais pas survivre. Je suis né ici et ici je mourrai !

— Où est-elle, cette peinture dont vous m'avez parlé ?

— Elle est pendue au-dessus de mon lit. Je vais vous l'apporter. (Il clopina en direction d'une porte au fond.) Mettez-vous à l'aise, s'il vous plaît, monsieur, en attendant.

Le vieux disparut et Charmet s'assit, avec une certaine réticence, sur une des frustes chaises en bois. Les meubles, pauvres et disparates, semblaient avoir été abandonnés là, pour s'en débarrasser, par de précédents occupants. Dans un coin, un évier vétuste voisinait avec un réchaud où le vieux faisait sa cuisine. D'autres assiettes et des plats sales étaient empilés dans l'évier.

— Nous voici, monsieur !

Tourade réintégrait la pièce en se déplaçant de côté, tel un crabe, une grande toile sans cadre sous le bras et tournant le dos à Charmet.

— C'est très aimable à monsieur d'avoir pris le temps de venir...

Jules nota que l'envers de la toile était terni par

l'âge. Au moins, elle était vieille ! Plutôt prometteur, ça.

— Vous allez me dire ce qu'elle vaut, monsieur ? (Les yeux du vieux lascar luisaient d'impatiente espérance.) Ce que je pourrais espérer en obtenir si je la vendais ?

— Bien entendu ! Mais il me faut d'abord la voir.

— Certes.

Tourade retourna la toile.

Une nature morte ! Des fruits disposés sur une table. Des pommes et des poires... Dieu du Ciel ! Ce fascinant assemblage de superbes couleurs, faisant de ces fruits autant de pierres précieuses ; c'était un Cézanne ! Il ne fallait pas que Tourade remarque sa réaction ; il ne devait rien laisser transparaître. La signature familière était tracée au pinceau dans un coin, à peine visible, avec la date : 1891.

— Eh bien, monsieur ? (La barbe de Tourade frémissait d'impatience.) Qu'est-ce que ça peut valoir à votre avis ?

— Je vous en prie ! Laissez-moi l'étudier.

— Certainement.

Le vieux installa la toile sur une chaise et sous la lumière.

— C'est fort intéressant...

Que pouvait-il dire ? Si c'était un authentique Cézanne, cela valait une fortune. Il fallait dissimuler, prétendre que le tableau ne valait que quelques centaines de francs, et puis réussir à l'enlever au vieux. Offrir de l'acheter, obtenir un acte de vente en prévision d'éventuelles contestations.

— Vous pouvez en estimer la valeur, monsieur ? s'enquit anxieusement Tourade.

— Seulement après l'avoir examinée de plus près. Permettez-moi... (Il saisit la toile, la souleva et fit mine de la scruter attentivement.) Dites-moi, depuis combien de temps avez-vous ça ?

— Pratiquement depuis toujours, monsieur. Elle était suspendue dans notre salon quand j'étais enfant ; je m'en souviens bien. Ma mère travaillait pour de nombreux artistes de Montmartre. Vers la fin du siècle dernier.

— Elle posait comme modèle ?

— Oh, non ! Pas du tout, monsieur. Elle faisait le ménage dans leurs ateliers, et cuisinait pour eux. C'est un de ces peintres qui la lui a donnée.

— C'est lui qui l'avait peinte ?

Peut-être le vieux savait-il que l'auteur du tableau s'appelait Cézanne.

— Non, monsieur. Cette toile avait été peinte par un de ses amis. Il ne l'aimait pas trop, mais ma mère, elle, l'admirait beaucoup ; alors, quand elle a été sur le point de se marier, il la lui a donnée comme cadeau de mariage. Ma sœur non plus ne l'aimait pas ; alors, une fois que mes parents sont morts, elle m'est revenue. Et je l'ai conservée.

— Votre sœur vit encore ?

Charmet reposa la toile sur la chaise.

— Hélas, monsieur ! Ça fait longtemps qu'elle est morte.

— Vous avez des enfants ?

— Ma femme et moi avions un fils, mais il a été tué à la guerre.

Pas de parents ; pas d'obstacle de ce côté-là. Il allongerait à Tourade quelques centaines de francs — pas trop, sinon le vieux birbe aurait la puce à l'oreille — et le Cézanne serait à lui.

— Quant à ce tableau, vous ne savez pas qui l'a peint ; vous n'en avez aucune idée ?

— Non, monsieur. Il y a bien le nom dessus, mais je n'ai jamais pu le déchiffrer ; ça ne me dit rien. Seulement la date : 1891 ! Presque aussi vieux que moi, monsieur. Ça doit sûrement lui donner plus de valeur, d'être aussi âgé.

Le vieux bonhomme, bien entendu, n'avait jamais entendu parler de Cézanne. Tous ces chefs-d'œuvre du Jeu de Paume, à quelques rues de là pourtant, appartenaient à un monde ignoré de ce minable petit vieux inculte et casanier. Au fil des ans, il ne s'était probablement jamais aventuré au-delà de son quartier, pas même jusqu'à la place de la Concorde. Si par hasard il passait devant le Jeu de Paume, il n'aurait pas pour autant la moindre idée des inestimables trésors exposés à l'intérieur.

— Il vous est arrivé de le montrer à certains de vos locataires ?

— Certainement pas ! Ils n'entrent jamais dans mon chez moi.

— A vos amis ?

— Qui a des amis, monsieur, dans mon métier ? (Il se pencha vers Charmet par-dessus la toile.) Alors, à combien estimez-vous ça ? (Un filet de salive s'écoulait dans la barbe blanche.) Dites, combien ?

— Certains marchands pourraient vous en donner un millier de francs.

— Mille ? C'est bien ! Moi, j'espérais que ça pourrait valoir cinq cents. Mille, c'est deux fois plus. Merci, monsieur ; je vous suis très reconnaissant.

— En fait, c'est moi qui vais vous les donner, ces mille francs, aujourd'hui même.

— Oh ! non monsieur ! Je n'accepterais jamais...

— Mais je vous assure que j'aurai plaisir à vous verser cette somme. (Il sortit son portefeuille.) Je la revendrai à un de ces touristes américains qui passent à ma galerie. Avec un léger bénéfice, bien sûr ; peut-être cinquante francs.

— Impossible, monsieur !

— Que voulez-vous dire ?

— Cette peinture n'est pas à vendre. Elle ne sera jamais à vendre. A aucun prix.

*
* *

La Galerie Charmet fut silencieuse cet après-midi-là. Sa porte restait grande ouverte sur la place Dauphine ensoleillée, mais son propriétaire demeurait assis à son bureau dans une petite pièce assez obscure nichée à l'arrière du magasin. Là, dans l'ombre, sans être vu des visiteurs, il pouvait observer dans son intégralité la longue galerie aux murs tendus de velours.

Au cours de l'après-midi, seulement deux touristes, allemands, se montrèrent ; un blond et une blonde, visiblement mari et femme. Tout en échangeant des propos sarcastiques sur la décadence française, ils firent scrupuleusement un tour complet, mais Charmet ne daigna pas déclencher l'éclairage spécial au-dessus des tableaux.

Jules Charmet ruminait son problème : trouver le moyen, coûte que coûte, d'entrer en possession du Cézanne.

Dès son retour à la galerie, il s'était empressé de compulser un amas de récentes coupures de presse pour finalement tomber sur un compte rendu de la dernière vente aux enchères d'un Cézanne à Londres. Un courtier d'outre-Atlantique, représentant un collectionneur anonyme, avait acquis une aquarelle de Cézanne pour l'incroyable somme de quatre cent soixante mille dollars.

Combien cela faisait-il en francs ? Il le calcula fébrilement sur un bout de papier. Près de deux millions et demi de francs ! Il en lâcha son stylo, les doigts soudain gourds et glacés. D'ici la fin de ses jours, sa galerie ne rapporterait jamais autant.

Trouver un trésor dans quelque grenier ou débarras, c'était le rêve de tout marchand de tableaux. A Paris, cela arrivait encore à peu près une fois par an ; mais il s'agissait rarement de l'équivalent d'un

Cézanne. Si cette aquarelle avait atteint un tel prix à Londres, il devrait pouvoir vendre cette huile pour deux fois plus. Oui, peut-être cinq millions de francs.

Charmet avait fini par proposer deux mille francs au vieux, mais Tourade était demeuré inflexible. La toile n'était pas à vendre.

Charmet était si préoccupé qu'il en oublia de téléphoner à la riche Bostonienne, Mme Woodson, pour lui demander si elle avait enfin pris une décision au sujet de la toile qu'elle envisageait d'acheter la semaine précédente.

Les somptueuses couleurs du Cézanne dansaient comme des flammes dans sa tête ; un authentique chef-d'œuvre, cette nature morte, de la dernière période du grand impressionniste, vers la fin du dix-neuvième, où son génie avait atteint sa plénitude. Dire qu'elle était demeurée là durant toutes ces années, dans la chambre obscure du vieux Tourade, à l'abri des regards, déployant inutilement sa splendeur, et ce bien avant que Charmet n'ait ouvert sa galerie à quelques pas de là.

Il aurait pu la détruire, ce Tourade ! Il frémissait à cette pensée. Ne soupçonnant pas sa valeur, le vieil imbécile aurait pu brûler la toile ou la bazarder pour quelques francs au Marché aux Puces. Au fond, c'était un peu comme si ce chef-d'œuvre, séquestré, impuissant, résigné, avait tout ce temps attendu qu'il vienne le découvrir et le délivrer. Oui ! Après tout, il lui revenait presque de droit, ce Cézanne.

Et s'il n'était pas allé la regarder aujourd'hui, cette toile ? Il en frissonnait à présent. Voilà un an qu'il évitait de la voir, un an pour le moins que l'horripilant vieillard l'avait abordé pour la première fois, le priant mielleusement de bien vouloir venir évaluer une peinture qui se trouvait en sa possession. Quelqu'un d'autre aurait pu l'examiner et déceler ce qu'elle était !

Charmet ferma sa galerie plus tôt qu'à l'ordinaire et gagna à pied, d'un pas pressé, le petit appartement assez proche, sur l'île voisine, l'île Saint-Louis, où il se rendait presque chaque après-midi entre cinq et sept. Un trajet de routine, qu'il effectua machinalement sans prêter attention à ces spectacles familiers : un car de police convoyant une fournée de prisonniers au Palais de Justice ; des touristes errant en bande comme des moutons égarés, tournant tous la tête dans la même direction ; des religieuses en robes noires entassées dans un bus en route vers la cathédrale. Il passa devant le Marché aux Fleurs sans s'arrêter pour y choisir le rituel bouquet de roses pour Solange, franchit hâtivement le petit pont et remonta le Quai d'Orléans sans accorder un regard aux péniches descendant paresseusement la Seine.

— Tu arrives de bonne heure aujourd'hui ! dit Solange, levant les yeux de son roman tandis qu'il ôtait la clef de la serrure, la remettait dans sa poche et fermait la porte.

— Pas de clients ; calme plat.

Il jeta son chapeau sur une chaise et se pencha pour embrasser les lèvres parfumées.

— Sers-toi un apéritif.

Elle déposa son livre et arrangea les plis de son peignoir blanc et rose.

— Je ne peux pas rester longtemps cet après-midi. Seulement quelques minutes.

— Pourquoi donc, mon chéri ?

— Madame Charmet donne un de ses grands dîners.

En présence de Solange, il usait toujours de cette formule pour désigner sa femme.

— Encore une de ses assommantes réunions ?

Qui a-t-elle invité cette fois-ci ? La même bande de raseurs ?

— Je n'ai pas demandé. (Il haussa les épaules et s'approcha des fenêtres ouvertes.) Mais elle fait toujours la tête si je ne rentre pas à temps pour me changer.

— Je suis sortie cet après-midi. J'ai fait un peu de shopping. J'ai vu des nouveaux modèles absolument enchanteurs ! J'ai dit à la vendeuse que je commanderai peut-être une garde-robe complète pour l'été la semaine prochaine, surtout si nous allons en Suède en août.

Charmet se retourna pour la dévisager. La Suède en août ! Solange devenait aussi exigeante que sa femme. Il avait évoqué la possibilité de vacances scandinaves comme ça, en passant, et voilà qu'elle transformait l'hypothèse vague en certitude. Son constant besoin d'argent, toujours croissant, n'était pas loin de l'excéder. Cet après-midi, elle paraissait plus âgée sous un éclairage peu flatteur, rendu légèrement verdâtre par la réverbération de la lumière sur les arbres tout proches. Quel âge avait-elle à présent ? Au moins trente-quatre ans, et elle s'empâtait un peu, prenait du poids. Elle forçait de nouveau sur le maquillage et pour ses cheveux, teints en blond, elle avait adopté une coiffure qui eût mieux convenu à une adolescente.

Prudence ; il ne devait surtout pas dévoiler la découverte du Cézanne, ni laisser entendre qu'il pourrait bientôt toucher la grosse somme. Sinon, la suite était prévisible. Solange voudrait encore plus d'argent, un appartement plus grand et plus chic, probablement une voiture personnelle avec, pourquoi pas, un chauffeur anglais ; des fourrures, des bijoux...

Non ! Pas question de se permettre la moindre allusion au prochain pactole. Ni maintenant ni plus tard, il n'en dirait rien ; ni à sa maîtresse ni à sa femme.

***

Charmet observait Hélène, de l'autre côté du salon, tandis qu'elle versait le café dans les fines tasses en Limoges ; il l'examinait, sans nullement prêter l'oreille aux propos échangés avec ces casse-pieds qui l'entouraient. Sa femme, à la différence de Solange, avait conservé sa ligne. Bien qu'elle eût mis deux enfants au monde, elle était à présent plus mince que lorsqu'il l'avait épousée. Elle était aussi plus froide et plus arrogante. Son élégance, qui l'avait si fort impressionné, quand ils s'étaient connus tous deux à la Sorbonne, avait fait place à un brillant factice et une attitude dominatrice qui avaient éloigné d'eux leur fils et leur fille ; installés chacun, depuis longtemps, dans leurs propres appartements.

Hélène, à l'opposé de Solange, était typiquement brune. Ce soir, elle portait une robe longue vert et argent. Son long cou et ses cheveux disposés en couronne, lustrés, presque noirs, avec un soupçon de violacé, lui donnaient un curieux aspect égyptien.

Il la détestait ainsi que ses deux enfants, lesquels, d'ailleurs, devaient l'exécrer tout autant qu'ils abhorraient leur mère. Il détestait également cet hôtel particulier du Faubourg Saint-Germain qu'elle avait hérité de son père ; une sorte de musée sans attrait, austère et réfrigérant, encombré d'insipides tableaux de famille.

Certes non, il ne confierait pas à Hélène que la chance, une chance inouïe, pourrait lui sourire. Sans plus attendre, elle entreprendrait des démarches pour obtenir l'autorisation de restaurer une aile du bâtiment qui était condamnée ; ils n'avaient jamais été en mesure de financer les amples travaux nécessaires pour la rendre habitable. Hélène dilapiderait tout l'argent que pourrait rapporter le Cézanne, s'il lui en donnait la possibilité.

Pour une fois dans sa vie, il allait faire ce qu'il fallait — pour être seul maître de ses gains. Ces cinq millions de francs, il en disposerait comme il l'entendrait ; sa femme et sa maîtresse seraient maintenues dans l'ignorance et à l'écart — mais d'abord, évidemment, il fallait s'emparer du tableau.

Jour après jour, assis à son bureau, au fond de la galerie, morose, maussade, Charmet se morfondit, s'ingéniant vainement à trouver le moyen d'enlever le Cézanne à Tourade. Un moyen légal, licite, était absolument hors de question ; duper la vieille tête de mule, l'amener par quelque ruse à lui remettre la toile, il n'y fallait pas songer.

Quand des touristes venaient faire le tour de sa galerie, il ne se donnait plus la peine d'éclairer les tableaux. Quand ils s'enquéraient des prix et faisaient mine d'en discuter, il les évinçait sèchement, frisant même la grossièreté. Quand Mme Woodson téléphona, se disant prête à acheter cette superbe peinture (ce médiocre navet) s'il lui consentait un tout petit rabais, Charmet lui déclara tout de go que la toile avait été vendue à quelqu'un d'autre ; et comme elle tentait de protester, il lui raccrocha au nez.

Ce fut cet après-midi-là qu'il prit sa décision. Tant que Tourade serait en vie, il ne pourrait jamais mettre la main sur le Cézanne ; pour posséder cette peinture, un seul moyen : tuer Tourade.

Oui, il devait le tuer, mais en procédant de façon telle qu'aucun soupçon ne se puisse porter sur lui. Le mieux serait que la mort du vieux paraisse naturelle et qu'il n'y ait donc pas d'enquête, pas de policiers fouineurs et poseurs de questions. Personne ne connaissait l'existence du Cézanne. Il l'ôterait tout simplement du mur et l'emporterait à sa galerie, où il le dissimulerait parmi d'autres toiles dans sa réserve. Il lui faudrait agir de nuit, à une heure où personne, y compris sa concierge, ne remarquerait ses allées et venues, ne le verrait entrer ou sortir.

Désormais, il évita Tourade. On ne devait pas même soupçonner qu'ils se connaissaient. En allant déjeuner ou en revenant, Charmet empruntait l'autre côté de la place Dauphine, presque tous les jours, mais il lui arrivait d'oublier. Le vieux lui faisait alors de profondes salutations. Charmet inclinait à peine la tête et s'éloignait rapidement.

Patiemment, il échafaudait des plans pour se débarrasser de l'encombrant vieillard. Cela occupait toutes ses pensées le jour et le tenait éveillé la nuit. Solange se plaignait un peu de lui voir l'air absent, l'esprit ailleurs, quand ils se retrouvaient. Sa femme, en revanche, ne remarquait rien. Ils étaient déjà si étrangers l'un à l'autre que sa préoccupation croissante passait inaperçue.

Il se rendit compte qu'en fait Hélène ne se souciait vraiment pas de ce qu'il faisait, et qu'au fond sa maîtresse ne s'en souciait guère plus. Ceci l'amena à prendre une autre décision.

Il les quitterait, toutes les deux. Une fois vendu le Cézanne, il déposerait tout l'argent dans une banque suisse, sur un de ces comptes numérotés impossibles à détecter. A Zurich, il s'arrangerait pour obtenir une nouvelle identité, transformer son apparence, et acheter un autre passeport. Il existait des endroits pour ça ; il suffisait d'avoir assez d'argent, et il aurait cinq millions de francs. Muni d'un nouveau nom et d'un physique modifié, il irait s'installer en Amérique du Sud ou aux États-Unis ;

peut-être ouvrirait-il une petite galerie, pour meubler ses loisirs, et il s'offrirait les faveurs d'une charmante et jolie fille.

En attendant, comment éliminer Tourade ? En le tuant, bien sûr, mais comment faire pour qu'il n'y ait pas présomption de meurtre ?

Il continuait d'aller quotidiennement déjeuner au *Petit Dauphin*. Il trouvait quelque amusement à nourrir sa personne et ses projets de meurtre tout en prêtant l'oreille aux propos des policiers attablés à proximité. C'est ainsi qu'un beau jour il capta une fascinante conversation. Deux inspecteurs d'âge moyen parlaient meurtre.

— ... et il est pratiquement impossible, déclarait l'un d'eux (tandis qu'il soumettait à un minutieux examen sa coquille Saint-Jacques), de déterminer s'il y a eu meurtre ou suicide quand on a affaire à des somnifères.

— C'est vrai ! (L'autre inspecteur, lui, disséquait une truite.) J'ai toujours dit qu'à Paris, chaque année, il y a bien une douzaine de meurtres qui sont catalogués suicides ; affaire classée. Comment savoir si la victime n'a pas voulu se supprimer ? On n'a aucun indice permettant de conclure au meurtre. Rien qu'un petit flacon de comprimés qu'on trouve maintenant partout, dans la plupart des foyers.

Des comprimés de somnifère ! C'est comme ça qu'il le tuerait, l'odieux vieillard !

Dans le courant de l'après-midi, il mit son plan au point. Pas question d'utiliser les comprimés bleus qu'il gardait dans son bureau, dans une boîte en plastique. Non, il prélèverait plusieurs comprimés jaunes dans le flacon de cristal que Solange conservait toujours garni dans son armoire à pharmacie bourrée de médicaments, et puis il en prélèverait d'autres, des blancs ceux-là, dans la boîte ancienne en argent que sa femme plaçait sur sa table de nuit à côté du thermos. Il n'était pas versé en la matière, mais deux genres de comprimés mélangés à du cognac, cela devrait sûrement, pensait-il, dérouter la police, au cas où la mort de Tourade éveillerait des soupçons — et la nature des comprimés ne permettrait pas de remonter jusqu'à lui.

Comprimés jaunes et comprimés blancs furent glanés le soir même. Il les rassembla dans une boîte d'allumettes vide, qu'il glissa dans sa poche le lendemain avant de se rendre à la galerie ; une fois là, il fourra la boîte tout au fond du tiroir de son bureau.

Il avait rendez-vous avec un peintre de Montmartre, ce matin-là ; il alla donc visiter son atelier. Après quoi, près de Pigalle, dans un magasin de spiritueux où on ne le connaissait pas, il acheta une bouteille de cognac ; d'excellente qualité, pour être à peu près sûr que le vieux en voudrait un second verre. De retour à la galerie, il casa le cognac dans un tiroir à côté des comprimés, puis partit déjeuner au *Petit Dauphin*.

En passant, il ne vit pas Tourade ; probablement occupé à quelque tâche dans les étages. Plusieurs jours s'écoulaient, parfois, sans qu'il aperçoive le vieux.

En cours de repas, il fixa à la nuit suivante la réalisation de son projet. Demain, il faudrait qu'il pense à prendre ces vieux gants, dans sa voiture, et à les enfiler au bon moment pour éviter de laisser des empreintes. Il dormit à peine, cette nuit-là, vérifiant et revérifiant son plan ; finalement, il le jugea tout à fait satisfaisant ; ça devait marcher.

Le lendemain matin, à la galerie, il eut à subir une série de questions oiseuses concernant plusieurs des tableaux exposés ; de la part d'un stupide Anglais qui était manifestement entré là pour tuer le temps, sans nulle intention d'acheter.

Le déjeuner au *Petit Dauphin* fut paisible ; aucun signe de Tourade, à l'aller comme au retour. En fin de journée, il passa une heure avec Solange, sans oublier d'apporter les roses, cette fois-ci ; mais sa maîtresse était de méchante humeur. Elle pestait contre la chaleur, et se lamentait parce que sa nouvelle garde-robe requérait des retouches et des réajustements imprévus. En l'écoutant geindre et maugréer, il se dit que ne plus la voir serait tout compte fait une bénédiction.

Au dîner, sa femme annonça qu'elle projetait de passer le week-end à la campagne chez une de ses assommantes relations. Il s'empressa d'accepter de l'accompagner ; il faudrait faire comme si de rien n'était, comme si rien d'extraordinaire ne s'était produit. Les tracas quotidiens et la pesante monotonie de son existence ne prendraient fin qu'après la vente du Cézanne, lors d'une de ces grandes enchères internationales, probablement, et une fois l'argent déposé en Suisse ; alors, quasiment de but en blanc, Jules Charmet disparaîtrait.

Après le dîner, il gagna sa chambre et s'étendit sur son lit.

La chambre d'Hélène se trouvait de l'autre côté du large corridor. En général, après s'être retirée, elle s'endormait au bout d'une heure. En attendant, il se changea : chemise grise, costume gris foncé, cravate noire. L'heure largement écoulée, il éteignit et franchit à pas de loup le corridor. La porte s'ouvrit sans bruit ; il pénétra dans la chambre et avança prudemment sur l'épaisse moquette jusqu'au lit. A la lueur de la veilleuse, il distinguait son visage, tout luisant de crème grasse, et le masque ridicule qui lui couvrait les yeux. Répugnant ! Et elle ronflait, avançant et rentrant les lèvres comme un poisson.

Hélène lui fournirait un alibi, si besoin était. Elle

affirmerait qu'il dormait tranquillement de l'autre côté du corridor. Il fit demi-tour et sortit aussi silencieusement qu'il était entré.

***

La grande porte en bois sous l'arche de pierre était évidemment fermée. Charmet parcourut la place Dauphine du regard. Personne en vue ; par-ci par-là, aux étages supérieurs, des fenêtres allumées.

Il pressa le bouton qui devait déclencher la sonnerie près du lit de Tourade ; il le pressa aussitôt une seconde fois, certain que le vieux dormait. Puis il saisit la poignée de la petite porte interne et, dès le déclic, poussa la porte, se glissa dans le passage dallé. La porte à peine refermée, il gagna promptement l'extrémité du passage et, levant la tête, examina les rangées de fenêtres surplombant la cour ; pas de lumières, tout le monde dormait.

Charmet pivota et s'approcha de la porte de Tourade ; l'œil-de-bœuf, à côté, s'éclairait. Il faudrait qu'il pense à tirer et fermer le rideau, qu'on ne puisse pas voir ce qui se passait à l'intérieur. Il frappa, quelques coups légers.

— Qui est-là ?

La voix de Tourade paraissait vaguement lointaine. Charmet ne répondit pas ; il sortit de sa poche la bouteille de cognac et frappa de nouveau.

La porte s'ouvrit ; silhouette sombre, éclairé par derrière, Tourade apparut, ajustant sa robe de chambre.

— Qu'est-ce que vous voulez ? Il est deux heures passées.

— ... Ah ! Monsieur Charmet !

— J'ai travaillé tard à la galerie, et, avant de rentrer chez moi, je me suis dit que, peut-être, il ne vous déplairait pas de prendre un verre avec moi.

(Il brandit la bouteille de cognac.) De déguster du bon cognac en parlant encore une fois de votre si intéressante peinture...

— Entrez, monsieur. Entrez donc.

Tourade s'effaça pour laisser passer Charmet et referma la porte.

Charmet posa la bouteille sur la table.

— J'ai parlé de votre toile à un de mes clients et il serait tout prêt à l'acheter.

— Cette toile n'est pas à vendre, monsieur. Tant que je vivrai, je ne la vendrai pas. (Tout en parlant, il tira le rideau pour masquer l'œil-de-bœuf.) Avoir un millier de francs pendu au-desssus de son lit, ça n'est pas donné à tout le monde. Ça me réconforte ; ça m'aide à dormir la nuit.

— Vous avez des verres ?

— Certainement, monsieur.

Il prit deux verres à vin sur une étagère.

— Promettez-moi une chose, dit Charmet, ouvrant la bouteille tandis que le vieux plaçait les verres sur la table. Si jamais vous décidez de vous séparer de cette toile, chargez-moi de vous représenter pour la vente.

— Je vous le promets, monsieur ; vous avez ma parole. Asseyez-vous, je vous en prie.

Charmet s'assit sur une des dures chaises en bois et versa du cognac dans les verres, généreusement ; aucune trace visible des comprimés qu'il avait fait dissoudre dans une tasse emplie de cognac, puis reversée dans la bouteille.

Tourade s'assit en face de lui, plein de convoitise, de l'autre côté de la table ; ses lèvres s'agitaient spasmodiquement. Il tendit une main avide, saisit son verre et le leva en inclinant la tête.

— A votre santé, monsieur !

— A votre santé !

Charmet leva son verre lui aussi et fit semblant

de boire, lorgnant avec satisfaction le vieux bonhomme qui avalait son cognac presque d'un trait.

— C'est rudement bon, monsieur. Un excellent cognac...

Ses yeux demeuraient fixés sur la bouteille. Charmet enveloppait son verre de sa main, comme pour réchauffer le cognac, dissimulant ainsi le niveau inchangé.

— Versez-vous donc un autre verre, mon ami.

— Merci, monsieur.

Le vieux rafla la bouteille et s'octroya une ration encore plus copieuse, qu'il fit derechef disparaître en deux grandes gorgées.

Charmet l'observait avec attention. Apparemment, les comprimés n'avaient pas altéré le goût du cognac. Rien, chez le vieux, n'indiquait qu'il fût un tant soit peu intrigué. Il léchait même, sous sa lèvre, une goutte de cognac égarée dans sa barbe. Et voici qu'il reluquait encore une fois la bouteille.

— Allez-y, servez-vous, mon ami.

— Merci, monsieur. (La main veinée de bleu s'empara de la bouteille.) C'est bien agréable d'être en compagnie d'un ami, tranquillement, comme ça.

Il se versa une nouvelle dose, identique et aussitôt engloutie.

— J'ai eu une vie dure, monsieur. Toujours à la tâche. Pas le temps de se faire des amis. Mais vous êtes un véritable ami, vous, monsieur ; vous n'avez pas hésité à me révéler la vraie valeur de ma peinture. Un autre à votre place, aurait dit qu'elle ne valait que vingt francs et aurait essayé de me l'acheter à ce prix-là.

Se montrerait-il sarcastique, ce vieux birbe, par hasard ? Soupçonnerait-il...

— Mais vous, monsieur, vous m'avez dit... qu'elle pourrait... valoir un millier de francs... deux fois plus... que je n'osais... l'espérer...

Sa diction se faisait pâteuse, non ? Ou était-ce une illusion ? Les yeux usés, chassieux, semblaient s'étrécir, se fermer légèrement.

— ... et cette nuit... vous venez ici... m'offrir... boire... avec moi...

Les paupières ridées s'abaissaient, masquaient entièrement les yeux ; le buste du vieil homme s'inclina soudain en avant et s'écroula sur la table.

Charmet tira aussitôt les gants de sa poche, les enfila, porta les deux verres à l'évier, versa son cognac inentamé dans le trou d'écoulement et lava consciencieusement les verres. Après les avoir séché avec un torchon un peu douteux, il les remit en place sur l'étagère, essuya ses gants humides après le torchon et laissa couler le robinet pour rincer à fond l'évier.

Puis il passa dans la chambre. Il y faisait assez sombre, mais il pouvait quand même voir le Cézanne suspendu au-dessus du lit. Il le décrocha et le porta dans l'autre pièce, où il le déposa délicatement, appuyé contre une chaise.

Quoi d'autre ? Il n'avait touché à rien ; aucune surface à nettoyer pour effacer ses empreintes. Si, la bouteille de cognac ! Il la reboucha et la fourra dans sa poche.

Le vieux respirait bruyamment, émettant un son rauque qui semblait envahir la pièce. Combien de temps mettrait-il à mourir ? Pas question d'attendre pour le savoir.

Y avait-il quelque chose qui pût paraître suspect à la police ? Sa chaise ! Elle pourrait laisser supposer que quelqu'un avait été assis à la table en compagnie du vieux. Il la plaça contre le mur.

Il souleva le Cézanne et éteignit la lumière. Puis, dans le noir, il tira de côté le rideau couvrant l'œil-de-bœuf. Aucune lueur ne parvenait du dehors ;

dans l'obscurité, la respiration du vieux semblait encore plus sonore.

Charmet gagna la porte, l'ouvrit, puis s'aventura d'un pas hors de la loge. Il ne percevait aucun bruit en provenance de la cour ou de la rue. Fermant la porte, il s'enfonça dans le passage. Toujours pas le moindre bruit. Il ouvrit la petite porte interne, frotta de ses doigts gantés la poignée extérieure de métal, la tira à lui et referma la porte. S'il avait laissé une empreinte sur le bouton de sonnette, une douzaine d'autres doigts la brouilleraient avant qu'on ne découvre le corps.

Jules hésita un instant, dans l'ombre épaisse sous le porche, fouillant du regard la place Dauphine. Personne en vue, et toutes les fenêtres sans exception étaient sombres à présent. Longeant au plus près les immeubles, il se hâta vers sa galerie. Encore dix minutes et il monterait dans sa voiture, garée sur la rive droite, et filerait chez lui.

En déverrouillant la porte de sa galerie, il entendit au loin sonner une horloge : trois heures ; mission accomplie.

*
* *

La place Dauphine, inondée de soleil, était paisible. Dans sa galerie ombreuse, Charmet, nerveux, allait et venait, de son bureau à la devanture, d'où il pouvait observer l'extérieur sans être vu, dissimulé derrière les rideaux de velours.

Ce ne fut qu'en fin de matinée qu'un jeune agent apparut du côté de la préfecture, pressant le pas ; il s'engouffra dans l'immeuble de Tourade. A voir sa célérité, son allure vive et décidée, il était plus que probable que quelqu'un avait téléphoné pour signaler que le concierge ne répondait pas et n'ouvrait pas sa porte ; mais Charmet dut attendre dix minutes avant d'entendre une clameur et des cris de femme. On avait donc ouvert la porte et trouvé le corps. Une demi-heure s'écoula encore avant que ne surgisse une voiture, d'où descendirent deux hommes, en civil, mais manifestement des policiers qui pénétrèrent à leur tour dans le passage.

Charmet déjeuna comme d'habitude au *Petit Dauphin*. Son serveur lui annonça ce qui s'était passé de l'autre côté de la place. Le concierge, le vieux Tourade, était mort pendant la nuit. On disait que son cœur avait flanché.

Jules s'offrit un copieux repas qu'il mangea de bon appétit. De retour à la galerie, il s'abstint d'aller contempler le Cézanne. Le matin, en arrivant, c'était la première chose qu'il avait faite, mais désormais il le laisserait caché dans la réserve, parmi les toiles entassées là, et ne l'en retirerait que pour le mettre en vente, lors d'une de ces grandes enchères publiques. Il prétendrait qu'un de ses clients, détenteur d'une importante collection privée, désirait le vendre.

Allant de nouveau guetter à la devanture, il constata qu'une sorte d'ambulance stationnait sous la voûte chez Tourade. On devait s'apprêter à évacuer le corps du vieux. Inutile d'assister à ça ; il retourna dans son antre, s'assit à son bureau et se relaxa.

Tout était en ordre ; tout se passait bien. Il n'avait oublié qu'une seule chose, la nuit dernière : la bouteille de cognac, avec le reste de la mixture mortelle. Sous tension, et dans sa hâte d'en finir, il l'avait laissée sur son bureau, où il l'avait retrouvée le matin ; il s'était empressé d'en verser le contenu dans le lavabo, au fond, derrière le paravent. La bouteille une fois rincée, il l'avait logée dans une caisse de bouteilles vides, que sa propre concierge avait déjà remise au type qui faisait la collecte de ce genre de rebut.

Tiens ! Voici qu'un touriste pénétrait dans la galerie silencieuse. Charmet s'arracha de son fauteuil, contourna son bureau et alla sans empressement à sa rencontre ; il n'était guère d'humeur à parler peinture et à faire l'article en un tel moment. L'homme s'éventait avec son chapeau. De forte carrure, le teint fleuri, il n'avait pas l'air d'un touriste américain, plutôt d'un homme d'affaires français, peut-être en quête d'un cadeau à faire à sa femme.

Charmet s'inclina.

— Monsieur ?

— Vous êtes le propriétaire ?

L'homme sortait son portefeuille.

— Jules Charmet, à votre service.

— Inspecteur principal Damiot. (Il ouvrit le portefeuille.) Police judiciaire.

— Qu'est-ce à dire ?

Jules était si surpris qu'il ne regarda même pas la carte exhibée.

— Je crois que vous connaissez ce concierge, un peu plus haut sur la place, qui a été trouvé mort ?

— J'ai appris ça, oui, au restaurant où je déjeune. Le vieux Tourade, n'est-ce pas ? Triste chose.

— Vous le connaissiez, monsieur ?

— Nous le connaissions tous, je suppose ; je veux dire, tout le monde place Dauphine.

— Avez-vous jamais parlé avec lui ?

— Quelques mots à propos du temps, sans plus ; en passant, quand il balayait le trottoir. Le garçon, au *Petit Dauphin*, disait qu'il était mort du cœur ; une attaque.

— Ça, je ne le saurai qu'après l'autopsie.

— L'autopsie ?

— On pratique toujours une autopsie dans un cas comme celui-ci, de mort subite et solitaire, à moins qu'il n'y ait un dossier médical ; mais d'après les locataires de son immeuble, ce Tourade n'a jamais été malade ou souffrant, pas même un seul jour.

— Peut-être était-ce un suicide.

— Pourquoi dites-vous ça ?

— Pour rien. J'imaginais simplement que, si ce n'était pas le cœur, ça pourrait être quelque chose comme ça.

— Le suicide est hors de question.

— Hors de question ?

— Il n'y avait pas le moindre médicament chez lui. S'il s'agissait d'un suicide, il y aurait un flacon de comprimés vide, quelque chose de ce genre.

— Peut-être des comprimés de somnifère ?

— Un concierge ne prend jamais de somnifère. Il doit avoir le sommeil léger, être prêt à s'éveiller à toute heure de la nuit, pour laisser entrer les locataires une fois la porte d'entrée fermée. Non, les somnifères sont à exclure. (Le policier balaya la galerie du regard.) Ce vieil homme possédait un tableau...

— Un tableau ?

— Une grande toile qui était suspendue au-dessus de son lit. Elle n'est plus là. (Le policier cessa d'inspecter la galerie pour le fixer à nouveau.) Mais il y en a la marque sur le mur, où le tableau est demeuré accroché durant de longues années. Nous en avons pris les mesures. Avez-vous jamais vu ce tableau, monsieur ?

— Jamais. (Où diable voulait-il en venir ?)

— Chez le vieux, dans ses affaires, nous avons trouvé un papier écrit de sa main.

— Une lettre de suicide ?

— Oh ! non, pas du tout. Tourade a écrit ça il y a plusieurs semaines. Il s'agit d'un legs, à vous destiné, monsieur. Tourade y stipule qu'au cas où il décéderait ce tableau doit devenir la propriété de son aimable et bon ami — ce sont ses propres termes — Monsieur Jules Charmet, propriétaire de la Galerie Charmet. Il l'a signé, ce papier ; il est donc parfaitement légal, j'imagine. Mais le tableau a disparu. Je pensais que, peut-être, le vieux aurait pu vous dire ce qu'il en avait fait.

— Absolument pas. J'ignorais qu'il possédait un tableau.

— Peut-être l'a-t-on volé. Le papier en question en donne la description détaillée ; ce serait une huile, une toile sans cadre, représentant des fruits, une nature morte, quoi, valant un millier de francs.

Se détournant, il se dirigea placidement vers la porte d'entrée.

— Nous ne tarderons pas à savoir ce qu'il en est advenu, monsieur, dès que nous saurons de quoi et comment le vieux est mort. On a fort bien pu s'emparer de cette toile la nuit dernière après sa mort ; c'est même probable.

— Pourquoi ? Qu'est-ce qui vous fait croire ça ?

— Parce que, chez lui, aucune ampoule n'était allumée. Quand, assis à table, on subit une attaque cardiaque, on ne se lève pas pour éteindre la lumière. (Le policier ouvrit la porte et lâcha sans se retourner :) Bien le bonjour, monsieur Charmet.

Il sortit sous le radieux soleil, refermant la porte derrière lui ; Charmet crut entendre — en un lointain écho — se refermer une autre porte, la porte d'une cellule.

Nature Morte.

Traduction de Philippe Kellerson.

PRIS ENTRE DEUX FEUX

par Carroll Mayers

La soudaine averse au milieu de la matinée amena pas mal de personnes dans la petite librairie de Howard Tyson pour y trouver un abri provisoire. Howard ne se sentait pas trop bien ce matin-là ; s'étant disputé avec sa femme Blanche au petit déjeuner — elle insistait pour qu'il lui achète une étole en vison — il se retrouvait avec un terrible mal de tête. Mais ces gens venus simplement pour regarder seraient peut-être susceptibles de devenir des clients et Howard se rendait compte de la valeur de ces ventes possibles.

Bien sûr tous ceux qui s'abritaient de la pluic n'achèteraient pas. Par exemple, ce petit bonhomme râblé qui portait sous le bras une serviette de cuir bien sanglée. Son costume, sans aucun doute d'un bon faiseur, prouvait une certaine richesse mais l'expression dure et stupide de son visage lourd indiquait que ses lectures n'avaient jamais dû dépasser le stade des bandes dessinées ou des magazines légers.

L'ayant jugé de la sorte, Howard s'occupa d'autres

personnes. Il y avait là une femme d'âge mûr qui paraissait très intéressée par le dernier roman à la mode, et un étudiant qui parcourait attentivement un traité de mathématiques.

La pluie cessa aussi rapidement qu'elle était venue. Ayant pu conclure ces deux ventes, plus une troisième avec une jeune femme à laquelle il n'avait pas *a priori* prêté attention, Howard fut très content de voir partir tout ce monde. Il se tenait près du seuil, un sourire impersonnel aux lèvres, tandis que sa boutique se vidait. Mais, son sourire se figea quand il remarqua de nouveau le bonhomme râblé.

L'inconnu s'était posté à proximité de la vitrine afin de pouvoir juger de la pluie extérieure. A l'instant, tandis que les autres commençaient à sortir, il s'avança, s'arrêta brusquement et porta les mains à sa poitrine. Ses traits épais se tordirent ; ses grosses lèvres s'entrouvrirent comme pour essayer d'aspirer plus d'air ; puis il tituba contre un des comptoirs et s'écroula par terre.

Crise cardiaque ! Le pouls d'Howard s'accéléra à cette idée. Il s'agenouilla à côté de l'homme qui maintenant semblait respirer difficilement, le visage gris.

— Ne le bougez pas ! dit Howard aux quelques clients ahuris qui étaient encore dans le magasin ; puis il se redressa et se précipita au téléphone. L'ambulance arriva très rapidement, mais même les dix minutes qu'il lui fallut étaient de trop. L'interne en blouse blanche qui fit le diagnostic avec un détachement tout professionnel se borna à secouer la tête. Cinq minutes après le corps était dirigé sur la morgue. Les vivants reprirent le cours de leurs occupations.

C'était quand même une expérience fort désagréable et Howard se sentit très secoué. Sa migraine qui avait un peu passé pendant qu'il était occupé à ses ventes reprit le dessus et ce n'est que vers midi, après qu'il eut pris plusieurs aspirines et fait un sérieux effort pour recouvrer son calme qu'il commença à se sentir mieux.

En général, Howard fermait la boutique entre une heure et deux heures, afin de rentrer chez lui déjeuner. C'est juste avant une heure qu'il s'avisa d'une incidence des événements du matin. En se rappelant la vitesse et la précision des brancardiers pour enlever le corps, il se rendit compte que, à aucun moment, il n'avait vu la serviette que portait le petit homme.

Une vérification rapide lui permit de constater qu'en effet la serviette n'avait pas quitté les lieux. Quand la victime l'avait lâchée, elle avait glissé sous l'un des comptoirs où personne ne l'avait remarquée dans l'affolement du moment.

Howard ramassa la serviette, un peu ennuyé qu'elle ait été oubliée, mais conscient de sa responsabilité. Entre autres choses Howard se considérait comme un homme intègre ; il allait prendre la serviette et la déposer au commissariat de police en revenant de déjeuner.

Il ne lui était pas tellement agréable de rentrer chez lui après la dispute qu'il avait eue le matin. Non que ces disputes fussent rares ; en fait, elles avaient été monnaie courante depuis que, veuf solitaire et cherchant à trouver un autre intérêt dans la vie que sa librairie, il avait épousé Blanche. Au début, ses exigences pour des dépenses au-dessus de leurs moyens n'avaient fait l'objet que de légères discussions qu'il devait supporter et il les satisfaisait chaque fois que cela lui était possible.

Un an après leur mariage, Howard se rendit compte que la cupidité de sa femme était incorrigible, et que son mariage avait été une grave erreur. Les requêtes perpétuelles de Blanche avaient pris des proportions gigantesques pour lui, ainsi qu'en témoignaient ses horribles migraines.

Aujourd'hui, toutefois, il n'aurait pas dû s'inquiéter de voir ressurgir la querelle du matin. Pour le moment Blanche semblait avoir oublié l'étole, et être préoccupée par tout autre chose. Sous ses paupières bouffies, ses yeux verts étaient tout excités, et sans perdre un instant elle aborda le sujet qui l'intéressait dès qu'Howard arriva.

— Quelle histoire, Howard ! Un homme qui meurt juste dans ta boutique !

Les sourcils d'Howard se baissèrent tandis que, d'ennui, les coins de sa bouche s'affaissaient.

— Tu es au courant ?

— On en a parlé à la radio. Raconte-moi tout !

Le regard sombre, il hocha la tête.

— Blanche, je ne considère pas la mort comme spécialement anecdotique.

— Mais c'était un gangster ! C'est lui qui encaissait pour le Syndicat !

Howard la regarda fixement, n'arrivant pas encore à bien comprendre.

— Un encaisseur du Syndicat ?

— Oui, confirma Blanche, la police l'a identifié.

Elle n'en trouvait presque plus sa respiration.

— Pense donc, il aurait très bien pu se trouver en possession de milliers de dollars !

Howard se sentit les jambes molles et s'écroula dans un fauteuil. L'hypothèse de Blanche l'avait secoué, lui qui savait où se trouvait la serviette en ce moment. Il entrelaça ses doigts et ne fit aucun commentaire.

Elle l'examina d'un œil aigu ayant tout de suite senti sa gêne.

— Qu'y a-t-il ? demanda-t-elle.

— Oh rien, Blanche. Je suis simplement... fatigué.

Elle pinça les lèvres.

— Je veux savoir ce qu'il y a.

Il poussa un grand soupir. Il n'avait jamais été de taille à se mesurer avec Blanche. Elle allait le harceler jusqu'à ce qu'il le lui dise.

— Peut-être en effet transportait-il beaucoup d'argent, finit par dire Howard. Si c'est le cas, c'est moi qui l'ai.

Ses yeux s'agrandirent.

— Toi ?

— Il portait une serviette, compléta Howard lentement. Au milieu de toute l'excitation, personne n'y a fait attention. Je l'ai ramassée plus tard.

Il se remit brusquement sur pied, le regard brillant de Blanche ne lui disant rien qui vaille.

— Je vais la porter à la police, ajouta-t-il d'un ton ferme.

Blanche fit comme si elle n'avait pas entendu.

— Où est-elle ?

— C'est sans importance. (Il eut un geste implorant.) Qu'elle contienne de l'argent ou autre chose, il faut que je remette cette serviette à la police.

Blanche tapa du pied.

— Encore une fois, où est-elle ?

Howard se rassit, sentant la migraine gagner sa nuque. Il se rendait bien compte des intentions de Blanche, mais savait qu'il n'y aurait pas moyen de raisonner avec elle.

— Dans la voiture, dit-il d'une voix sourde.

Il ne fallut pas beaucoup de temps à Blanche pour rapporter la serviette. Ses gros doigts tremblaient tandis qu'elle défaisait les courroies, ouvrait la serrure et retournait le contenu sur le canapé. Une douzaine, ou plus, de liasses de billets en tombèrent.

— Oh... regarde !

La voix de Blanche était étranglée, presque respectueuse, tandis qu'elle considérait l'argent, tout en gros billets.

Howard fit un nouvel effort.

— Blanche, cet argent ne nous appartient pas et il a probablement été... volé. Il faut que je le rende.

Elle ne prêta pas attention à ce qu'il disait, trop occupée à compter les billets.

— Il y a au moins cinquante ou soixante mille dollars, murmura-t-elle.

— Mais ils ne sont pas à nous...

Ses yeux verts étaient on ne peut plus froids quand elle tourna enfin son regard vers lui.

— Maintenant ils sont à nous, lui dit-elle carrément. Avec un peu de cran nous pouvons garder tout cet argent.

— Non, Blanche.

— Si ! répéta-t-elle, tenace. Comme tu l'as dit toi-même, de toute façon, c'est probablement de l'argent volé. Ou des recettes de salles de jeu clandestines.

Howard se mordit les lèvres ; en dehors de l'aspect moral de la question, il y avait le risque de représailles.

— C'est de l'argent du Syndicat, s'écria-t-il. Ils ne l'oublieront pas. Quand ils auront enquêté sur les faits et gestes de leur encaisseur, ils sauront bien où il se trouvait la dernière fois qu'il détenait encore l'argent.

Elle eut un regard rusé.

— Ils pourront s'en douter, dit-elle, mais ils ne le *sauront* jamais avec certitude. Leur homme aurait pu faire n'importe quoi de cette serviette. C'est à ça que je pensais en parlant de cran. Si tu retournes à la boutique et agis normalement, quoi qu'il arrive, nous pouvons nous en tirer.

Des deux mains il se serra les tempes ; son crâne battait horriblement.

— Je... je ne peux pas.

Blanche se pencha sur lui et approcha du sien, son visage congestionné.

— Maintenant, écoute-moi, Howard. Je ne laisserai pas passer une chance pareille en te permettant de porter cet argent à la police. Tu dois retourner à la boutique et si quelqu'un — n'importe qui — te pose la moindre question au sujet d'une serviette que cet homme aurait peut-être eue avec lui, tu ne te rappelles rien. Tu as compris ?

— Mais...

— *As-tu compris ?*

Howard se passa la langue sur les lèvres ; il avait tellement mal à la tête qu'il sentait la souffrance jusqu'à l'intérieur de ses yeux. Il savait que Blanche ne le lâcherait pas qu'il ne lui ait cédé. D'une voix faible, il acquiesça. « D'... d'accord. »

Elle se redressa, un petit sourire triomphant aux lèvres.

— Bien. A titre de précaution, je crois que nous ferions mieux de sortir l'argent de la maison ; je vais le cacher dans le garage, et ensuite je préparerai ton déjeuner. Ne traîne pas. Je dois prendre le thé chez Mrs. Golding.

Contrairement à l'habitude, le lunch que Blanche prépara n'était pas mauvais du tout mais Howard se sentait l'estomac serré et ne l'apprécia guère. En vérité, ce n'est qu'au milieu de l'après-midi, quand son travail à la librairie l'eut forcé à sortir de ses pensées, qu'il se sentit moins mal à la tête, et retrouva un peu de calme. L'après-midi se déroulant sans ennuis, il commença à respirer plus librement. Si rien ne se produisait...

C'est alors qu'il vit la fin de son rêve quand un homme à la figure fermée et aux paupières lourdes fit irruption dans la boutique au moment où il n'y avait plus personne. Pas besoin d'y regarder à deux fois. Le Syndicat était sur les traces de l'argent.

L'approche de l'homme fut on ne peut plus banale.

— Monsieur Tyson ?

Déjà, le cœur d'Howard battait plus vite ; il parvint à esquisser un sourire en souhaitant désespérément qu'il ne parût pas trop artificiel.

— Oui ?

— Je m'appelle Smith, dit l'homme avec aisance. J'aimerais parler affaire avec vous si vous avez un moment.

— Bien sûr.

Howard réussit à garder le sourire et montra le chemin vers le réduit qui lui servait de bureau.

— Voulez-vous vous asseoir ?

Smith prit le siège et son expression sembla quelque peu s'adoucir. D'un air très aimable, il demanda :

— Où est l'argent, Tyson ?

Le cœur d'Howard manqua un battement à cette soudaine mise au pied du mur. On en était à la minute de vérité. Il n'avait qu'à avouer ce qu'il avait fait, dire où était l'argent et, vraisemblablement on le laisserait tranquille. Pas d'ennuis. Plus question de vengeance de la part du Syndicat. Rien... sinon le mépris de Blanche pour sa faiblesse, mépris qu'elle exprimerait jour après jour jusqu'à lui rendre la vie infernale et que ses maux de tête deviennent tels qu'il se sentirait comme fou... Il n'avait pas le courage d'affronter ça.

Howard respira profondément et se força à regarder le gangster en face. Il dit :

— Quel argent ?

Smith ne perdit rien de son amabilité.

— L'argent qui se trouvait dans la serviette que

vous avez récupérée après le triste accident de ce matin.

— Je... ne comprends pas, dit Howard. Quelle serviette ?

Smith soupira : il avait encore son sourire aux lèvres mais celui-ci ne s'étendait pas à ses yeux.

— Ne vous risquez pas à ce petit jeu, Tyson. Vous n'êtes pas à la hauteur.

Howard étendit les mains.

— Je suis désolé. Je ne vois pas de quoi vous voulez parler.

Le gangster se leva, toute trace de courtoisie effacée de son visage, le regard dur :

— Vous savez que l'homme qui est mort ici ce matin transportait soixante-quatre mille dollars. Les ambulanciers n'ont rien ramassé. C'est vous qui l'avez fait. Nous voulons que vous nous la rendiez.

— Nous ?

Smith eut comme un tressautement dans la joue gauche.

— Ne faites pas le malin, monsieur. Vous pourriez vous retrouver bel et bien mort.

Cet affrontement commençait à engourdir Howard ; ses aisselles étaient moites et ses jambes tremblaient. Mais il parvint à maintenir son attitude de totale incompréhension.

— Je suis désolé, répéta-t-il, mais si ce pauvre homme avait une serviette, je ne m'en suis pas aperçu. Et elle n'est sûrement pas ici maintenant.

Smith proféra un juron et attrapa Howard par le devant de sa chemise.

— Écoutez, Tyson...

Le grincement de la porte de la boutique indiqua qu'un ou plusieurs clients venaient d'entrer. Le gangster relâcha Howard, se recula, le regard toujours dur, mais conscient qu'il pouvait être observé.

— Ainsi donc, telle est votre version ?

La façon dont Howard haussa les épaules impliquait son assentiment.

— Qu'est-ce que je pourrais vous dire d'autre ?

Smith s'empara d'un petit bout de papier et rapidement y inscrivit un numéro de téléphone.

— Peut-être vous rappellerez-vous quelque chose, suggéra-t-il. Si oui, appelez-nous.

Howard empocha le papier.

— J'en serais ravi, dit-il, mais comme je vous l'ai dit...

— Vous avez une gentille petite librairie ici, l'interrompit Smith. Un charmant petit bungalow également. Ce serait dommage qu'il arrive quelque chose à l'une ou l'autre.

Il marcha vers la porte du bureau, et s'arrêta.

— A propos de ce coup de téléphone, ajouta-t-il. Nous attendrons jusqu'à six heures, pas plus tard.

Sur quoi, il disparut.

La menace implicite du gangster eut un effet désastreux sur le moral d'Howard. Ils avaient donc enquêté sur lui, savaient où il habitait ! Sa répugnance à suivre les conseils dictés par Blanche commençait à faiblir. Blanche avait peut-être raison ; le Syndicat ne *savait* rien, n'avait aucune *preuve* de qui détenait cet argent. Mais ils avaient des soupçons. Assez de soupçons pour proférer des menaces, et peut-être même les mettre à exécution.

Il se débarrassa des deux clients qui étaient entrés et ferma la librairie de bonne heure. Il arriva chez lui peu après cinq heures et demie. Blanche n'était pas encore rentrée, ce qui accrut le découragement de Howard. Il allait de nouveau devoir discuter avec elle...

La demi-heure qui suivit fut très pénible pour Howard qui tantôt s'asseyait, tantôt faisait les cent pas dans le salon tout en surveillant la pendule. Smith avait bien dit : six heures dernière limite.

Plus l'heure avançait, plus il devenait nerveux. Mais quand la pendule marqua six heures, puis six heures cinq, puis dix sans que rien ne se produisît, sa terrible tension sembla diminuer. Après tout, peut-être avait-il eu tort de craindre des représailles. Les menaces de Smith n'étaient probablement qu'un moyen de l'impressionner pour l'obliger à avouer.

C'est alors que la sonnette de la porte d'entrée se fit entendre et provoqua un frisson le long de sa moelle épinière. Il n'avait d'autre ressource que d'aller ouvrir. Quand il le fit, Smith, accompagné d'un collègue au teint basané, s'introduisit sans façon dans le bungalow.

— Nous n'avons pas eu de vos nouvelles, dit Smith en jetant un coup d'œil significatif à la pendule. Sa voix était calme, indifférente.

Le cœur d'Howard battait fort. Une fois encore il se trouvait placé devant le choix. Et une fois encore l'idée de la colère de Blanche l'empêcha de céder. Il tendit les mains en avant tout en se forçant à sourire.

— Mais je n'avais rien à vous dire, protesta-t-il. Vous ne comprenez pas...

D'un revers de main, Smith sembla lui couper la parole.

— Ce que vous ne comprenez pas, vous, Tyson, c'est que nous n'avons pas pour habitude de donner une seconde chance.

— Mais j'ignore tout de cet argent !

Le regard de l'homme du Syndicat se fit glacial.

— Vous m'avez déjà dit ça.

— Bien sûr, s'exclama Howard, puisque c'est vrai !

Le regard de Smith soutint le sien un long moment ; puis il fit un bref signe de la tête à son compagnon.

— Vas-y, Al.

L'associé au teint basané se mit à l'action. Très

méthodiquement il entreprit une fouille en règle, le salon, tiroirs, sièges, coussins, rideaux, placards, tout y passa. De là il se rendit à la chambre, la salle de bain, la cuisine et la cave. Vingt minutes plus tard, le bungalow ressemblait à un chantier.

En revenant dans le salon, Al fit un signe de la tête à Smith et déclara :

— Il n'y a rien ici.

Pendant toute la fouille, Howard avait souffert en silence. Il arriva enfin à regarder Smith en face.

— Je... je vous l'avais bien dit, protesta-t-il.

Le gangster ne sembla pas l'entendre. D'un air renfrogné il regarda la pendule.

— Fini de jouer, Tyson, dit-il. Je vous donne encore une chance — jusqu'à sept heures — pour nous appeler et nous dire ce que vous avez fait de l'argent. Sinon...

D'un bref signe Smith indiqua à Al de le précéder, et quitta le bungalow, où sa menace resta suspendue dans l'air. De nouveau seul, Howard ne savait plus très bien à quoi s'en tenir ; il était à la fois soulagé du départ des deux hommes et terrorisé par l'ultimatum de Smith. Ce dernier sentiment prenait rapidement le dessus et Howard était malade de peur quand Blanche rentra.

— Qu'est-ce qui s'est passé ? demanda-t-elle en écarquillant ses yeux verts à la vue du désordre.

— Tout ! lâcha Howard qui commençait à sentir une douleur à la nuque lui indiquant que sa migraine revenait. Blanche... le Syndicat sait tout ! L'un d'eux est venu à la boutique cet après-midi. J'ai cru que je pourrais m'en débarrasser, mais il est revenu ici ce soir avec un autre de la bande et ils ont tout démoli dans la maison sous prétexte de la fouiller.

Elle lança aussitôt :

— Pas le garage au moins ?

Il secoua doucement la tête.

— Non, mais il ne s'agit pas de cela. Ils savent que je me suis emparé de la serviette.

— C'est idiot. Ils ne peuvent pas savoir. (Elle lui jeta un regard pénétrant.) A moins que tu n'aies été assez bête pour leur dire quelque chose ?

— Non ! Absolument pas, je n'ai rien dit, protesta Howard en esquissant une grimace tant son mal de tête le reprenait. Mais ils m'ont fait une menace précise. Ils agiront si nous ne leur rendons pas l'argent.

— Ils bluffent, rétorqua Blanche. Crois-tu qu'ils seraient partis comme cela s'ils étaient sûrs de ce qu'ils avancent ?

Howard dut fermer les yeux tant son mal de tête empirait à mesure qu'il se rendait compte qu'il ne pourrait faire entendre raison à sa femme. Il prit une grande aspiration et parvint à dire :

— Blanche, je vais appeler la police. J'aurais dû le faire aussitôt que j'ai découvert l'argent. Il se dirigea vers le téléphone.

Blanche lui barra le chemin.

— N'imagine pas une seconde que je vais te laisser abandonner cet argent. Ils bluffent, te dis-je !

Howard se massa les tempes ; son crâne était près d'éclater.

— Je t'en prie, dit-il, n'essaie pas de m'en empêcher.

Elle eut une moue méprisante !

— Espèce de lâche. Tu n'appelleras personne. Tu as compris ?

— Boucle-la, Blanche.

Howard dit cela calmement, sans bien se rendre compte des mots qu'il prononçait, simplement conscient que son mal de tête devenait insupportable et que Blanche essayait de se mettre en travers de ce qu'il avait à faire.

— Je ne me tairai pas. Espèce de lâche. Idiot !

Howard l'attrapa par le bras. Il avait le corps trempé de sueur, la gorge serrée et la tête de plus en plus douloureuse.

— J'ai dit : *boucle-la,* Blanche.

Elle se débattit, essayant de lui faire lâcher prise. Il resserra son étreinte. Tout à coup, comme elle continuait à l'injurier, il serra ses deux mains autour de son cou. Plus elle luttait, plus ses doigts s'enfonçaient dans la chair tendre.

Soudain tout fut terminé. Howard tituba en arrière, à bout de souffle. Le corps de Blanche s'écroula par terre, les traits tordus dans une horrible grimace, la gorge marquée par les doigts d'Howard.

Ses pensées tourbillonnaient tandis qu'il s'agenouillait près d'elle et cherchait désespérément si son cœur battait encore. Il ne put détecter le moindre battement et un sanglot lui échappa. De l'eau... il allait chercher de l'eau...

D'un pas mal assuré il retourna à la cuisine et ouvrit le robinet. Juste à ce moment, il entendit un bruit de moteur au-dehors, immédiatement suivi d'un bruit d'explosion et de vitres brisées. Le bungalow tout entier trembla sur ses fondations et le salon éclata littéralement de toutes parts. Howard vacilla ; une poutre l'assomma en tombant. Il eut encore conscience un instant d'une âcre odeur de fumée et d'objets qui dégringolaient. Puis ce fut le vide...

***

Comme Howard ouvrait difficilement les yeux, il se rendit compte soudain que les ombres mouvantes au-dessus de lui formaient le visage d'un homme, et une voix calme dit :

— Monsieur Tyson, je suis le lieutenant Maddock. Ne vous inquiétez de rien ; vous allez vous en tirer.

Howard sentit qu'il avait un pansement autour de la tête et comprit qu'il était à l'hôpital. Il se raidit, reprenant ses esprits. Ainsi le Syndicat n'avait pas bluffé ; ils avaient plastiqué le bungalow. Il avait dû avoir une commotion ; quelque chose lui était tombé dessus. Blanche avait dû être mise en pièces.

Reprenant totalement conscience, la mémoire lui revint. Howard toussota, l'angoisse l'étranglant.

— Blanche, cria-t-il. Je... je l'ai tuée...

Une infirmière l'empêcha de s'agiter. Le lieutenant dit d'une voix apaisante :

— Du calme, monsieur Tyson. Vous n'avez pas à vous sentir coupable.

— Mais je l'ai tuée !

Le lieutenant Maddock hocha la tête.

— Le Syndicat local est mis hors d'état de nuire, dit-il. Ses hommes de main ont eu un accident avec la voiture, après avoir plastiqué votre domicile. Nous les avons tous arrêtés, et nous avons appris l'histoire.

Sa voix restait calme.

— Vous aviez affaire à une sale organisation qui vous menaçait de représailles, monsieur Tyson ; c'est compréhensible que vous ayez eu peur de faire appel à nous. C'est regrettable, bien sûr, mais vous n'avez pas à vous reprocher la mort de votre femme.

Les paroles du lieutenant étaient fermes, rassurantes. Howard les entendit clairement et en comprit toute la signification. Sa première impulsion fut de protester et de répéter ses premiers aveux. Peu à peu cette impulsion s'éteignit. Il était de nouveau libre. Il n'aurait plus à s'endetter cruellement, plus de récriminations à entendre sans cesse, plus de maux de tête. Il n'avait pas besoin de soixante-quatre mille dollars pour le moment, mais si la police classait l'affaire...

Howard Tyson, honnête homme par excellence,

soupira profondément, s'enfonça dans ses oreillers et ferma les yeux.

Man of integrity.
Traduction de A. Decloux.

LE PERFECTIONNISTE

par HELEN NIELSEN

Il n'était pas loin de deux heures du matin quand Claudia Shane quitta nonchalamment le dernier carré de fidèles plongés dans la célébration du culte au bar du Country-club de Solimar Point et, sous le prétexte de se rendre aux toilettes, se faufila vers la porte du bureau du gérant. Claudia avait trente et un ans ; elle était mince et avait une démarche élégante. Elle frappa vivement, et, commandée de l'intérieur, la porte s'ouvrit.

Il y avait deux hommes dans la pièce : Pete Kelly, un Irlandais qui, sous ses cheveux blancs, avait une tête de bébé rose et joufflu ; il tenait un porte-document noir serré contre son smoking. Alex Ward, lui, sans être beau, avait le charme et l'autorité d'un homme habitué à commander et réussir. Avant même de l'avoir vue, il avait su immédiatement que c'était Claudia qui arrivait, comme s'ils avaient été mystérieusement reliés par des fils électriques.

Pete Kelly était sur le point de partir. Agitant son porte-document, il vint à la rencontre de Claudia et lança avec emphase :

— Qu'est-ce que vous dites de ça ? Alex monte la fête anniversaire du Jour du Fondateur, et on ramasse trois cents dollars de bénéfice ! C'est la première fois que ça arrive dans les annales de la boîte. Ce type est tout simplement génial !

— Vous venez seulement de vous en apercevoir ? lui reprocha Claudia d'un ton affecté. Bonne nuit, Peter, très cher.

Elle le poussa doucement dehors, avec la grâce d'une reine reconduisant un visiteur importun tout en lui laissant croire qu'elle ne se consolerait jamais de son départ. Puis, elle ferma la porte à clef et, se retournant vers Alex, se blottit dans ses bras comme s'ils avaient été dans l'intimité du home.

— Claudia, que le temps m'a paru long ! soupira-t-il.

— Deux semaines seulement, rétorqua-t-elle.

— Deux siècles ! Ne me fais plus jamais ça. Plus de séparations — que ce soit pour une épreuve ou pour autre chose.

— Tu es convaincu alors ?

— Tu le sais bien ! Tu le savais sans doute des mois avant d'aller à Palm Springs.

— Mais maintenant nous en sommes sûrs tous les deux, n'est-ce pas ?

Elle fit un pas en arrière et se laissa admirer, certaine que tout ce qu'elle offrait au regard d'Alex ne pouvait que lui plaire. Le bronzage qu'elle avait ramené de son séjour à la station était merveilleusement mis en valeur par une robe de cocktail très simple, un fourreau qu'elle avait acheté dans une des boutiques de prêt-à-porter locales. Une femme qui a de la classe peut se passer de faire les frais d'un grand couturier. Veuve à vingt-six ans, Claudia Shane avait continué à faire marcher l'agence d'assurances de son mari, et prospéré parallèlement au boom de Solimar Point. L'énergie qu'elle aurait dépensée à tenir sa maison et élever des enfants s'était exercée dans une autre direction, mais pas au détriment de sa féminité.

— Maintenant que nous avons éliminé le dernier doute, ajouta-t-elle, il ne reste plus qu'une seule question : quand vas-tu m'épouser ?

— Bientôt, répondit Alex.

— Chéri, j'ai horreur d'avoir l'air pressée, mais nous avons si peu de temps ! J'ai raté déjà une trop grande partie de ma vie. Et toi aussi. Je veux t'épouser tout de suite, vivre avec toi, pouvoir faire l'amour avec toi sans être obligée de fermer les portes à clef et de tirer les rideaux...

— Tu n'as aucune pudeur, s'offusqua Alex.

— Pour certaines choses, oui. Alors, Alex, quand ?

Il manifesta soudain un vif intérêt pour sa montre-bracelet et s'exclama :

— Deux heures passées ! Toute la soirée j'ai essayé de trouver cinq minutes pour être seul avec toi, et maintenant il faut que j'aille fermer la boîte. L'équipe du traiteur a été payée pour rester seulement jusqu'à deux heures et demie. Il ne faut pas gaspiller les bénéfices ; c'est trop précieux. Si nous déjeunions ensemble demain ?

Claudia protesta :

— Je parle sérieusement, Alex. Il faut que ce soit bientôt, ou alors, tirons un trait. Je ne suis pas une poule !

— Demain à une heure. A l'endroit habituel. On fixera la date. C'est promis.

Claudia quitta le bureau. Alex attendit cinq minutes, puis sortit à son tour. La piste de danse était déserte, à présent. Les musiciens du brillant orchestre de jazz que le comité d'organisation du Jour du Fondateur n'avait consenti à faire venir de Londres qu'après maintes lamentations, étaient en train de remballer leurs instruments et se préparaient à partir. Ils s'étaient un tout petit peu trop déchaînés, au gré des membres âgés du comité d'organisation, mais les cadres se sentaient rajeunir en pareille occasion, et ceux que la danse n'intéressait pas s'étaient rabattus sur le bar, dont ils avaient fort opportunément asséché les réserves, faisant ainsi du bal annuel une affaire d'or pour ceux qui encaissaient les bénéfices. Simple question de logique. Alex Ward avait fait un million de dollars au cours des cinq dernières années, en usant simplement de logique et en dirigeant son affaire avec un flair rigoureux. Ce n'était pas une question de chance, mais de jugement, d'organisation et de culot. Rien d'autre que l'art du perfectionnisme.

C'était aussi parce que son mariage l'avait fait hériter de la direction des affaires immobilières d'Harry Dragerman, quand le vieux avait cassé sa pipe cinq ans plus tôt, tout en lui imposant le seul véritable obstacle qui empêchait Alex de jouir parfaitement de cette opulence bien gagnée : sa femme, Phyllis.

Quand la salle de danse fut entièrement évacuée, Alex donna l'ordre au personnel de tout nettoyer, puis il sortit et se rendit au parking. La fourgonnette de l'orchestre, un camion de service et sa propre voiture étaient les seuls témoins qui restaient d'une soirée réussie. Alex se dirigea vers sa conduite intérieure et se glissa au volant. Phyllis, emmitouflée dans son vison, était recroquevillée sur le siège arrière. Elle se redressa, et la lumière du tableau de bord la fit cligner des yeux.

— Tu te sens mieux ? demanda-t-il.

La voix geignarde qui lui était familière répondit :

— J'ai dormi un peu, mais je suis frigorifiée.

— Je t'avais dit d'appeler un taxi et de retourner à la maison.

— Seule la nuit ? Tu sais comme je suis nerveuse

depuis que la fille Dorrit a été étranglée sur la plage.

— Ça s'est passé à plusieurs kilomètres, et il y a près d'un mois, fit remarquer Alex.

— Mais la police n'a pas trouvé le coupable. Alex, pourquoi as-tu été si long ? Tu savais pourtant que j'avais la migraine.

Alex mit le moteur en marche et sortit du parking. Il n'y avait pas de circulation dans le coin. Tout ce qui était encore éveillé et éclairé à Solimar Point s'étalait sous leurs yeux tandis qu'ils roulaient vers les résidences des collines. C'étaient des terrains qu'Harry Dragerman louait en pâturages jusqu'à ce qu'Alex prenne l'affaire en mains et en fasse des lotissements pour résidences de luxe avec vue imprenable. Tout en conduisant, Alex observait Phyllis dans le rétroviseur. Elle avait le teint blême, et son visage était devenu bouffi avec l'âge. En dépit du vison et de la robe de Paris, elle était mal fagotée. Ce n'avait jamais été une beauté. Du moins, autrefois, avait-elle été gentille et pas compliquée. Mais la vie, elle, n'est pas si simple. Maintenant qu'il avait réussi, Alex réclamait autre chose d'une femme. Tout au fond d'elle-même, Phyllis était restée la petite fille d'Harry Dragerman, et rien n'était plus irritant qu'une gamine de trente-cinq ans.

— Je croyais que le docteur Kuperman avait dit que ces maux de tête étaient guéris, dit Alex. Psychosomatiques et guéris, Dieu sait que nous l'avons payé assez cher pour cela !

— Ne parlons pas de ça, dit Phyllis. Ça ira mieux dès que j'aurai pu prendre un bain chaud. C'est la foule et cette horrible musique...

— C'est actuellement l'orchestre numéro un.

— Je sais. Tu as toujours raison quand il s'agit des affaires, Alex.

Pathétique ! Claudia avait dansé avec les meilleurs musiciens mais, si elle n'avait pas aimé l'orchestre, elle le lui aurait dit carrément malgré son absence totale de compétence. Phyllis, elle, n'avait plus rien dans le ventre. Elle était aussi dépassée que les conceptions commerciales qui avaient permis à son père de survivre seulement de façon précaire pendant ses cinquante années de vie professionnelle.

— Phyllis, dit-il brusquement, je crois que Kuperman a raison. Ces migraines sont d'origine psychosomatique, et je sais d'où ça vient. C'est dû à notre mariage. Ça ne marche pas ; alors conduisons-nous en gens civilisés et finissons-en. Séparons-nous.

Il savait comment Phyllis réagirait. Elle était sans surprise.

— Non, Alex ! Ne recommence pas avec ça, implora-t-elle.

— Pourquoi pas ? Nous savons que c'est la vérité. Divorçons, Phyllis. Tu verras que tu te sentiras mieux après.

Phyllis serra le vison contre son visage. Elle était faible, désemparée, infantile et cependant implacable : c'est elle qui détenait les meilleures cartes, et elle savait comment les jouer.

— Claudia Shane, n'est-ce pas ? C'est à cause d'elle que tu m'as laissé geler dans la voiture. Tu étais avec elle. Je l'ai vue sortir...

— Phyllis, ne mêle pas Mrs. Shane à tout cela. Cette affaire ne concerne que nous deux !

Dans le rétroviseur, le visage blême eut un sourire entendu.

— Bon, d'accord. Si ça ne concerne vraiment que nous deux, je t'accorderai le divorce, dit Phyllis, mais tu n'auras rien de plus. Rigoureusement rien. Est-ce assez clair ?

Les mains d'Alex se crispèrent sur le volant. Son pied écrasa l'accélérateur, faisant bondir la voiture, comme si la vitesse avait eu le pouvoir de l'éloigner de cette voix pleurnicharde et enrhumée qui lui parvenait du siège arrière.

— Je sais que tu penses que c'est injuste, dit-elle. Je suis consciente que c'est à toi que nous devons notre fortune... Mais tu n'aurais pas connu cette réussite sans l'affaire que j'ai héritée de papa. Elle est toujours à moi, Alex...

— Phyllis, tais-toi !

— Tu sais parfaitement qu'elle est à moi. Tu connais la loi. Pourras-tu refaire un autre million de dollars avec rien, Alex ? Es-tu sûr que Claudia voudra de toi si tu n'y parviens pas ? Es-tu bien sûr de pouvoir t'introduire dans son univers sophistiqué si tu n'as pas la grosse galette ?

— Phyllis, si tu ne te tais pas...

Le ton d'Alex était menaçant... Mais un cri aigu jaillit des lèvres de Phyllis. Instinctivement, le pied d'Alex enfonça la pédale du frein. Ils venaient de passer une courbe en trombe ; un feu rouge clignotait dans le pinceau des phares ; une ambulance était garée au débouché d'une large allée, et un gros homme en veste de cuir se dressait devant la conduite intérieure qui s'immobilisa après avoir freiné dans un hurlement de pneus.

— Alex Ward ? cria l'homme. C'est vous ?

Le capitaine Jimmy Collins, de la police de Solimar Point s'approcha de la portière et passa la tête dans l'ouverture de la glace.

— Bon sang, Alex, vous avez bien failli télescoper ma voiture de police ! Je devrais vous coffrer pour conduite imprudente, mais je n'ai pas le temps. Contournez doucement l'ambulance et rentrez chez vous.

L'ambulance était maintenant baignée de lumière. Les portes arrière étaient ouvertes, et deux infirmiers en blouse blanche sortirent de l'allée en portant un brancard couvert.

— C'est la maison des Sanderson, dit Phyllis. Qu'est-il arrivé, capitaine ?

Collins hésita. Policier peu bavard, il était visiblement mécontent que l'opération se déroule sous les yeux de curieux sans fonction officielle. Mais il ne pouvait faire semblant d'ignorer la civière ; elle était trop proche. Et, pour couronner le tout, un type efflanqué, tête nue, qui portait un vieux trench-coat et des lunettes à doubles lentilles couvertes de buée, émergeant de l'allée, tapa sur l'épaule du capitaine.

— On a relevé les empreintes et tout passé au peigne fin, annonça-t-il d'une voix nasillarde. Je doute qu'on trouve beaucoup plus d'indices que dans l'affaire Dorrit, mais passez donc me voir au labo dans une heure ou deux pour vous en assurer.

— L'affaire Dorrit ? répéta Phyllis.

— Ennis, boucle-la ! ordonna Collins.

Il était trop tard. Wesley Ennis constituait à lui seul tout l'effectif du laboratoire du commissariat de police de Solimar Point. C'était un passionné, un as des enquêtes criminelles, qui avait fait des conférences pour toutes les associations qui le lui avaient demandé à cent kilomètres à la ronde.

Sa présence chez les Sanderson ne pouvait signifier qu'une seule chose, et Collins se résigna à raconter le drame. A leur retour du bal des Fondateurs, les Sanderson avaient trouvé morte Angie Parsons, la jeune fille âgée de dix-sept ans qui gardait leurs enfants. Elle avait été étranglée avec un de ses propres bas de soie — la même technique que celle qui avait servi à tuer la fille Dorrit dans la villa de la plage.

Phyllis se mit à gémir dans le fond de la voiture et, cette fois, Alex ne put le lui reprocher. Il éprouvait exactement la même sensation qu'elle :

une peur bleue. Ennis prit un mouchoir dans sa poche, ôta ses lunettes, et les essuya soigneusement. Ses cheveux ondulés, d'un gris d'acier, étaient humides de brouillard, et il courbait le dos sous la morsure du froid. Après avoir essuyé ses lunettes, il les remit sur son nez et étouffa un bâillement.

— Je me demande pourquoi les assassins ont l'habitude de faire leur coup à des heures impossibles, se plaignit-il. A plus tard, capitaine.

Il était sur le point de traverser le faisceau lumineux des phares, lorsqu'un cri retentit dans l'obscurité de l'allée, suivi par un coup de feu et le bruit d'une galopade.

— Arrêtez-le ! Arrêtez cet homme !

Au même instant, une mince silhouette masculine en blue jeans et blouson de cuir surgit dans la lumière des phares. Momentanément aveuglé, l'homme hésita. Ennis resta comme paralysé, mais la réaction de Collins fut immédiate. Plaquant le fugitif aux jambes, il l'envoya s'étaler en arrière dans les bras du policier qui le poursuivait.

Se débattant, l'autre hurla :

— Je n'ai rien fait ! je n'ai rien fait de mal !

Ce n'était plus qu'un gamin fou de terreur. Luttant pied à pied, il réussit à se traîner jusqu'à la voiture, et ses mains gantées s'agrippèrent comme des serres à la portière d'Alex.

— Nous l'avons trouvé dans le garage, expliqua l'agent.

— J'avais sommeil, j'avais froid. Le garage était ouvert. Alors je suis entré et je me suis endormi. J'ai entendu des sirènes... Aidez-moi, M'sieur ! Je n'ai rien volé ! Je n'ai fait de mal à personne ! Aidez-moi, M'sieur, je vous en prie...

Collins tira le suspect en arrière et lui fit lâcher la portière. Puis il le poussa au milieu d'un groupe de policiers, mais non sans qu'Alex Ward ait eu le temps de fixer dans sa mémoire le visage de l'homme qui allait lui rendre sa liberté.

***

Une société civilisée ne peut être fondée que sur la loi. Le capitaine Collins en était conscient ; mais, comme tous les bons officiers de police, les limites étroites que la Justice lui imposait de ne pas dépasser le faisaient souvent grincer des dents. Le rôdeur au blouson de cuir s'appelait Arne Farmer. Il avait sur lui un mince portefeuille contenant douze dollars qui, prétendit-il, étaient ce qui lui restait de sa dernière paie comme vendeur de hamburgers sur la plage. Il s'était fait mettre à la porte. Pour une question de politique, déclara-t-il, ce que Jimmy Collins traduisit par instabilité émotionnelle. Farmer était un impulsif. Il déclara avoir son domicile à San Diego, et être orphelin. Il ne pouvait fournir la moindre référence, et Collins était bien parti pour le faire avouer, quand Alex Ward fit son apparition au commissariat de police dans un rôle assez inattendu.

Avant d'épouser l'agence immobilière d'Harry Dragerman, Ward avait pris le temps et la peine de passer une licence en droit. En tant que membre de plusieurs sociétés civiques, il déclara que son devoir était de veiller à ce que le suspect bénéficie, conformément à la loi, des conseils d'un défenseur.

Collins fulminait quand Wesley Ennis émergea de son laboratoire et se mit à observer la scène d'un air perplexe. Il avait troqué son trench-coat contre une blouse blanche et, derrière les verres épais de ses lunettes, ses yeux étaient aussi ronds que ceux d'un hibou.

— Monsieur Ward, dit-il, je n'imaginais pas qu'un homme comme vous pouvait se soucier à ce point de la justice. Je croyais que seul l'argent vous intéressait.

— Il n'y a pas de mal à gagner de l'argent, répliqua Alex.

— Non, en effet. Ni le capitaine ni moi n'avons malheureusement beaucoup d'expérience dans ce domaine, mais notre travail nous vaut quand même quelques compensations. Naturellement, l'intérêt du capitaine est de procéder à une arrestation et trouver tout ce qui peut la justifier. L'opinion publique lui tombe dessus s'il ne fait pas les miracles qu'on attend de lui. Mais, en ce qui me concerne, je ne m'intéresse qu'à l'aspect scientifique de la question : c'est-à-dire aux preuves matérielles de culpabilité. J'ai le regret de dire, capitaine, que nous n'avons pas de preuve matérielle. Je n'ai pas trouvé d'empreintes dans la maison, pas d'effilochures provenant des vêtements de Farmer, même pas, collé à ses chaussures, un fragment provenant du sol du garage où il a été découvert.

Alex Ward pesa la chose.

— Alors, ce sont les déclarations d'Arne Farmer contre...

— ... les circonstances de l'arrestation, acheva Ennis.

— Dans ce cas, il n'y a pas d'inculpation possible.

— Non, pas sans aveux, soupira Collins, et pourtant, il est aussi coupable que le diable lui-même. J'en suis certain. Il reconnaît être dans le coin depuis un mois. Il a travaillé à la plage, et a donc pu voir la fille Dorrit s'y balader en bikini...

— Jeanne Dorrit n'a pas été violée, coupa Ennis avec vivacité.

— Est-ce que la fille Parsons l'a été ? questionna Alex.

— Non.

— Et pourtant, réfléchit Alex, il s'agit d'un crime

sexuel, n'est-ce pas ? Le fait que le meurtrier se soit servi d'un bas de la fille ; il me semble...

— Vous êtes observateur, remarqua Ennis. Vous avez probablement noté aussi que Farmer portait des gants quand il s'est agrippé à votre voiture, la nuit dernière. Cependant, même ce détail ne prouve pas qu'il soit entré dans la maison des Sanderson, et le capitaine est réduit à l'impuissance. Farmer sera remis en liberté.

— Pour qu'il tue de nouveau, grommela Collins.

— C'est très probable, fit Ennis. Si c'est lui l'étrangleur, il tuera encore. C'est une impulsion irrésistible. Voilà qui n'est pas une perspective bien favorable pour les spéculations immobilières, n'est-ce pas, monsieur Ward ?

— Ce n'est pas une perspective agréable non plus pour les femmes de Solimar Point, rétorqua Alex.

Arne Farmer resta emprisonné trois jours, jusqu'à ce que ses déclarations aient pu être vérifiées, et ses empreintes contrôlées à Washington. Il n'était pas recherché et son casier judiciaire était vierge. Faute d'aveux, le capitaine Collins ne pouvait que relâcher son suspect, en lui conseillant de mettre le maximum de distance entre lui et Solimar Point. Il conduisit Farmer à la gare routière pour l'expédier à San Diego par le premier bus ; mais là, Collins fut rejoint par Alex Ward, qui avait téléphoné au commissariat et eu connaissance des intentions du capitaine. Il s'était livré à quelques réflexions au sujet d'Arne Farmer, expliqua-t-il ; et il ne lui semblait pas judicieux, tant dans l'intérêt du jeune homme que dans celui de la communauté de le chasser ainsi de la ville en lui laissant si peu de chances pour l'avenir.

— Vous avez maintenant les empreintes et la photo de Farmer. Je parie que vous avez prévenu la police de San Diego de son arrivée. A la minute même où il essaiera de trouver du travail, une note sera envoyée sur ses antécédents, et il se fera vider. Qui voudrait embaucher un homme soupçonné d'avoir un meurtre sur la conscience ?

— Alors, qu'est-ce que je peux faire ? lança Farmer d'un ton de défi. Me suicider ?

— Je t'ai aidé la nuit de ton arrestation, dit Alex, et je me sens encore responsable. J'ai ouvert un nouveau lotissement à quelques kilomètres d'ici, dans les collines. La construction est suspendue à cause des difficultés de financement, mais le bureau de vente est terminé, l'eau et l'électricité y sont branchées. J'ai besoin d'un veilleur. Qu'est-ce que tu dirais de cinquante dollars par semaine, logé et nourri ? Le poste est à toi aussi longtemps que tu pourras le tenir. D'ici là, le capitaine Collins aura peut-être trouvé l'étrangleur, et tu seras lavé de tout soupçon.

— Vous prenez de gros risques, lança Collins.

Alex l'entraîna à l'écart.

— Ne vaut-il pas mieux savoir où est Farmer aussi longtemps qu'il reste suspect ? Des preuves décisives peuvent être déccuvertes, et San Diego est bien près de la frontière mexicaine.

En considérant la situation sous cet angle, Collins fut d'accord. Quant à Farmer, il n'avait pas le choix. Il passa de la voiture de police dans celle d'Alex Ward, et celui-ci roula en direction du lotissement. Farmer trouva la grosse conduite intérieure à son goût. Il étendit les jambes et resta les yeux fixés sur ses chaussures pendant quelques minutes. Puis il commença à fourrager dans ses poches, à la recherche d'un paquet de cigarettes. Alex lui présenta son propre étui ouvert. Un billet de cinquante dollars tout neuf était plié à l'intérieur du couvercle.

— Vas-y, prends-le, dit-il. Il n'est pas marqué.

— C'est pour quoi faire ? demanda Farmer avec méfiance.

— Une avance sur ton salaire, mais je te conseille de ne pas retourner en ville le dépenser. Les gens sont très montés à propos de ces meurtres.

Rassuré, Farmer fourra le billet dans la poche de son blouson. Il prit ensuite une cigarette dans l'étui et l'alluma à l'allume-cigare du tableau de bord. Ce faisant, ses yeux tombèrent sur une plaque d'identité chromée qui proclamait : « Cette voiture a été carrossée spécialement pour Alex Ward ».

Farmer émit un rire haut perché.

— Alex Ward — grosse légume ! lâcha-t-il. Maintenant que le flic n'est plus là, si vous me disiez à quoi ça rime au juste, tout ça ?

— Ça te plairait de gagner un petit assortiment de vingt billets de cinquante dollars comme celui-ci ? demanda Alex. Et une bonne planque en Amérique du Sud dans une société de construction ?

— Qu'est-ce qui se passera si ça ne me plaît pas ?

— Rien — à moins que quelqu'un n'échauffe suffisamment les esprits à Solimar Point pour que les gens viennent une nuit au bureau du lotissement et fassent en sorte d'être sûrs qu'il n'y ait plus de meurtre au bas de soie.

Après cette mise au point, Alex et Arne Farmer se comprirent à la perfection. Le bureau était équipé d'un réchaud, d'un lit de camp et de couvertures, et il y avait assez de conserves pour que Farmer puisse rester à l'écart de la circulation pendant au moins une semaine. Le temps, expliqua Alex, de prendre ses dispositions pour faire faire un passeport et prendre un billet d'avion pour l'Amérique du Sud. Le jeune gars comprit et se montra disposé à suivre les instructions. Une seule chose tracassa Alex, tandis qu'il retournait à Solimar Point : que l'envie de dépenser le billet de cinquante dollars soit trop forte pour Farmer avant que l'heure ne vienne pour l'étrangleur de frapper à nouveau.

***

Le *Red Sails* était un bar-restaurant élégant sur le nouveau port de plaisance. La voiture de sport de Claudia était au parking quand Alex arriva. Il se dépêcha d'entrer et la trouva qui attendait à leur place habituelle, devant leurs cocktails favoris. Il jeta un coup d'œil à sa montre. Par un hasard assez curieux, il était exactement cinq heures.

— Me voilà comme promis, dit-il.

— Fort bien, mais il n'y a pas que ça, fit remarquer Claudia. Tu m'as posé un lapin au déjeuner. Ce genre de chose est un peu vexant.

— Mais tu sais bien ce qui s'est passé. C'est cette horrible histoire chez les Sanderson. Je suis tombé droit dessus au plus mauvais moment, en retournant chez moi après avoir quitté le club.

Claudia savait tout cela, naturellement. Les journaux et la radio en étaient pleins, et la rumeur publique avait fait des heures supplémentaires.

— Ils ont relâché le suspect, dit-elle. J'en ai la chair de poule. Je crois que je vais acheter un chien de garde, ou quelque chose pour me défendre.

— N'en fais rien. J'ai déjà posé ma candidature pour te protéger.

— Tu as des références ?

— Les meilleures.

— Alex, vraiment ? Est-ce que Phyllis a finalement...

— Oui, Phyllis a finalement accepté de divorcer. Maintenant, bois ton verre comme une gentille future épouse. Tout est arrangé.

Claudia était Claudia, et trop sophistiquée pour

pleurer, mais ses yeux étaient humides et sa voix avait baissé d'au moins une octave quand elle dit :

— Comment ? Quand ? Je veux dire : comment as-tu fait, chéri ?

— Je suis un magicien, plaisanta Alex. Sérieusement, Phyllis a fini par admettre que nous sommes tous deux des gens civilisés, et que les gens civilisés ne se détruisent pas mutuellement de façon délibérée. Elle l'a plutôt bien pris, à vrai dire. Bien entendu, tu le comprends, elle gardera la maison, et il y aura un arrangement financier. Quiconque m'a supporté pendant quinze ans mérite mieux qu'une petite tape sur la tête en guise d'adieu.

— Alex, comment peux-tu dire ça ? Elle qui était si mauvaise et ne voulait pas du divorce !

Alex se pencha par-dessus la table et la fit taire avec un baiser.

— La rancune étouffe, dit-il. A notre nouvelle vie ?

Ils choquèrent leurs verres, et Alex la regarda boire. Il n'avait pas besoin d'un stimulant. Quelque chose d'électrique s'était déclenché en lui au moment où il avait ramassé Arne Farmer à la gare routière. C'était quelque chose d'excitant, comme se lancer dans une nouvelle spéculation, ou voir des actions mal cotées démarrer soudain pour monter en flèche. Pendant le restant de l'après-midi, il jouirait de la présence de Claudia, l'écouterait et bavarderait avec elle, mais la part active de son esprit serait ailleurs, vérifiant et revérifiant son plan pour parer à tous les pépins possibles. Il n'y avait rien de morbide dans son comportement. Pour lui, Phyllis était déjà devenue un objet sans âme. Elle n'existait plus qu'en tant que personnage principal d'une pièce dont la représentation allait bientôt avoir lieu : le drame de sa mort.

Le lendemain après-midi, Alex se présenta au

commissariat de police pour déclarer un revolver calibre .38 à canon court. Le capitaine Collins était dans le bureau, et sa réaction ne laissa place à aucune équivoque.

— Allons, qu'est-ce qu'un homme intelligent comme vous peut bien vouloir faire d'un ridicule pistolet de détective privé ? demanda-t-il. Tout le monde en achète, d'accord, mais je n'aurais pas cru que vous en feriez autant. Avez-vous la moindre idée du nombre de gens qui se tuent chaque année avec ce genre d'arsenal domestique ?

— C'est Phyllis qui a eu cette idée, expliqua Alex. C'est un vrai paquet de nerfs depuis que la fille Parsons a été tuée. Ça s'est passé pas très loin de chez nous.

Collins haussa les épaules.

— Bon, d'accord, je ne peux pas vous empêcher de détenir un revolver. Mais je dois faire appel à votre bon sens, et vous conseiller de prendre des précautions avec cet engin. Remplissez la demande.

Alex mentait, bien entendu. Il possédait déjà un pistolet de guerre, mais il avait besoin d'un prétexte pour revenir au commissariat afin de faire savoir à Collins que le meurtre avait rendu Phyllis très nerveuse et qu'il avait l'intention de faire son devoir de mari pour la protéger contre une éventuelle agression. Il cherchait aussi une occasion de revoir Wesley Ennis afin de s'assurer que les policiers ne gardaient pas pour eux un détail essentiel sur la technique de l'étrangleur.

Le labo n'était fermé que lorsqu'Ennis travaillait à ses analyses. Les pièces à conviction se rapportant à des affaires en cours d'enquête ou de jugement étaient sous clef, à l'abri des regards indiscrets et des mains trop fureteuses. L'homme qui représentait à lui seul le service de criminologie tenait dans ses bras un volume d'une taille impressionnante quand Alex entra ; il le ferma aussitôt, apparemment ravi d'avoir une visite.

Comme tous les hommes, Ennis avait une faiblesse pour son ego. Alex l'appâta discrètement et le flatta jusqu'à ce qu'Ennis ouvre les classeurs où se trouvaient les pièces à conviction concernant les deux meurtres récents par strangulation, et l'arme du crime : un simple bas de soie, dans les deux cas.

— Tous les assassins ont une signature, fit-il remarquer. Nous savons que la fille Dorrit et la fille Parsons ont été tuées par le même homme, grâce à un petit détail révélateur de sa technique personnelle. Nous ignorons comment il s'y est pris, au départ, pour aborder les filles. Peut-être ont-elles crié, mais la villa de la plage, où le premier meurtre a été commis, était isolée, et celle des Sanderson est à flanc de colline, à un endroit ou les voitures qui approchent roulent le plus souvent à bonne vitesse ou rétrogradent.

— Et les Sanderson étaient absents pour la soirée, ajouta Alex. Il fallait que le tueur le sache.

Wesley Ennis fronça le sourcil derrière le scintillement pénétrant de ses verres à double foyer. Il était dans son élément et entendait mener le dialogue.

— Je présume que notre tueur, aux aguets à proximité, avait pu s'en assurer. La jeune Parsons habitait plus loin au pied de la colline. Sanderson était descendu la chercher en voiture et l'avait amenée chez lui aux environs de sept heures et demie. Rien de caché dans tout cela. Mais ceci est à côté de la question. Quoiqu'il ait pu se passer avant que les jeunes filles soient étranglées, — et les meurtrissures dont elles étaient marquées montrent qu'elles se sont défendues — ce qui est intéressant c'est que le meurtrier, tout en ne faisant pas subir de violences sexuelles à ses victimes, leur a enlevé une seule chose : une paire de bas.

Alex tenait les pièces à conviction dans ses mains, chacun des nylons dont s'était servi l'étrangleur soigneusement enveloppé dans un sachet de plastique scellé.

— Vous avez parlé d'une *paire* de bas, fit-il remarquer. Il n'y a ici que deux bas.

— Exact, répondit Ennis. C'est une des raisons pour lesquelles Farmer a été relâché. Il n'avait pas le deuxième bas sur lui, et les hommes de Collins ne l'ont pas trouvé dans le garage des Sanderson. Nous pensons qu'il a caché les deux autres bas quelque part, peut-être même avec d'autres provenant de crimes dont nous ne savons rien. Cela fait penser à des trophées de fétichiste. Auquel cas, il retournera les chercher. Où pensez-vous qu'il les ait cachés, monsieur Ward ?

Alex était mal à l'aise. Ennis paraissait prendre trop de plaisir à sa macabre profession et ses yeux de hibou avaient une façon de l'observer qui lui donnait l'impression que son subconscient était mis à nu.

— Si vous cherchez à me flanquer la frousse, dit Alex, c'est gagné. J'ai déjà une peur bleue.

Et il sourit faiblement.

— C'est normal. Avez-vous déjà vu une femme étranglée ? J'ai ici quelques photos...

Alex recula instinctivement. Un crime passionnel ne peut être accompli qu'à chaud, sans s'attarder à en contempler les conséquences macabres, tel le visage horriblement convulsé d'une victime.

— Pas très joli, n'est-ce pas ? fit remarquer Ennis. J'ai toute une collection de ces photos. Victimes de coups de revolver, de coups de couteau, et même de coups de hache. Nous vivons à une époque de violence, monsieur Ward. C'est dans l'air, et vous savez combien les jeunes gens se laissent gagner facilement par ce genre d'ambiance. En ce qui me concerne, étrangler quelqu'un me paraît être l'acte le plus cruel et le plus primitif que l'on puisse commettre. La victime a le temps de comprendre ce qui lui arrive, comme vous pouvez le voir à la terreur peinte sur les visages déformés.

— Excusez-moi, dit Alex, il faut que j'aille chercher Mrs. Ward au centre médical.

— Vraiment ? fit Ennis en reposant les photos à regret. Rien de sérieux, j'espère.

— C'est son imagination qui travaille, répondit Alex. Vous savez comment sont les femmes.

— Je ne suis pas marié, monsieur Ward, si ce n'est avec ma profession. N'hésitez pas à revenir quand vous aurez un peu plus de temps. J'ai d'intéressantes diapositives en couleurs, vraiment très intéressantes.

Alex brûla deux feux rouges sur le trajet du centre médical. Ou bien Ennis prenait un plaisir sadique à bouleverser ses interlocuteurs, ou bien il était tellement absorbé dans son travail qu'il ne se rendait pas compte de la sensibilité des autres. Lorsqu'il arriva au parking, Alex avait le visage couvert de sueur, et ses mains étaient collées au volant par la transpiration. Il demeura assis dans sa voiture, sous le soleil éclatant de l'après-midi, essayant de réfléchir calmement à la question du meurtre.

Il avait aimé Phyllis. Ce n'est pas la minable petite agence immobilière du vieux Dragerman qui avait été à l'origine du mariage. Il avait épousé Phyllis pour la raison qui pousse toujours les hommes à prendre femme. Mais, à présent, il voulait se débarrasser d'elle. Seulement, il n'avait pas envie de lui voir la même tête que celle des victimes sur les photos de la collection d'Ennis. Il essaierait encore une fois de la convaincre.

Phyllis émergea du cabinet du docteur Kuperman, promena son regard dans le parking, et se dirigea vers la voiture. Elle était visiblement trop grosse, et avait le don de s'habiller d'une façon qui soulignait son aspect bovin ; mais, à cet instant, Alex n'était pas conscient de ces défauts. Il la revoyait comme elle était quinze ans plus tôt : douce, féminine, et ayant terriblement besoin de s'appuyer sur un homme. Une vague de tendresse oubliée l'envahit. Il sauta hors de la voiture et lui tint la portière ouverte pour la faire monter.

Phyllis lui jeta un regard furieux.

— Qu'est-ce que ça signifie ? demanda-t-elle. Serait-ce que le docteur t'a téléphoné ? Ne prends donc pas tant de peine, Alex. Je peux très bien vivre encore quarante ans. Je ne doute pas que tu sois ravi de l'apprendre !

Les rêves d'Alex partirent en fumée :

— Pourquoi le docteur m'aurait-il appelé ? demanda-t-il.

— Peu importe. S'il a estimé que mon état n'est pas assez grave pour t'en parler, ça m'est égal. Fais donc exécuter cette ordonnance à la pharmacie en revenant à la maison, et garde-toi de freiner brutalement, pour ne pas me secouer, comme le soir où tu as presque tamponné cette ambulance. J'ai une vertèbre déplacée... Alex ? Tu m'écoutes ?

Alex n'écoutait pas. Il se demandait quelle serait la meilleure méthode pour faire agir Arne Farmer.

Tout d'abord, il faudrait lui donner un plan de la maison indiquant l'emplacement de la chambre de Phyllis et le chemin à suivre pour y accéder. Farmer n'était pas très fûté, le croquis devrait être simple.

La visite au laboratoire d'Ennis avait été une expérience pénible, mais, grâce à elle, Alex avait appris le détail des bas fétiches. Il en prit discrètement une paire dans le cabinet de toilette de Phyllis.

Se conformant exactement aux recommandations du médecin, elle s'était mise au lit dès son retour. Le remède qu'il lui avait ordonné pour son cœur était sur sa table de chevet. Alex ne la dissuada pas de se conduire en malade. Elle n'en était ainsi que davantage à sa merci. Au cours des années qui avaient suivi la mort de son père, Phyllis s'était découvert presque toutes les maladies connues, et même quelques-unes non encore répertoriées. Un malaise de plus ne gênerait pas son plan.

Le point le plus important consistait à ne laisser aucune trace qui pût permettre de remonter jusqu'à lui. Un jour, il fit un saut à l'aéroport international de Los Angeles où prétextant un appel téléphonique, il demanda à un voyageur de lui acheter un aller simple pour Buenos-Aires. Il prit dix-neuf billets de cinquante dollars dans le coffre de son bureau, afin qu'aucun retrait n'apparaisse sur son compte en banque puis, muni d'un petit appareil photographique, il se dirigea vers le bureau du lotissement dans les collines.

Il trouva Arne Farmer vautré sur le lit de camp, et faisant durer ce qui restait d'une bouteille de soda. Il avait confectionné un avion en papier avec le billet de cinquante dollars, et le faisait voler d'une main à l'autre pendant qu'Alex étalait le croquis et lui expliquait son plan. A sept heures et demie le lendemain soir, Alex partirait de chez lui pour se rendre à une réunion d'affaire au centre civique de Solimar Point. Il s'arrangerait pour que la porte de service ne soit pas fermée à clef. Il n'y avait pas de domestique à demeure ; Phyllis serait seule. Farmer irait directement à sa chambre (elle gardait toujours une veilleuse allumée) et ferait son travail aussi rapidement que possible.

Alex sortit les bas.

— J'en ai acheté une paire, dit-il. Je ne veux pas

que tu fouilles partout après avoir fait le coup. Tu pourras ajouter le deuxième bas à ta collection.

Farmer prit les bas sans aucun commentaire. Il les tint suspendus devant ses yeux pendant un instant, puis les fourra dans la poche de son blouson.

— Comme vous voudrez, patron, dit-il avec indifférence.

— Maintenant, assieds-toi. Je vais te prendre en photo. J'ai un passeport valide qu'un copain pourra maquiller pour qu'il corresponde à ton signalement.

Alex s'efforça de prendre des clichés naturels et ressemblants. Farmer n'avait jamais vu de passeport. Entre chaque pose, il l'examinait avec attention.

— Quand est-ce que je touche le fric ? demanda-t-il.

— Demain soir, lorsque tu auras fait le travail. Je quitterai la réunion à dix heures précises. Il me faut un quart d'heure pour revenir à la maison. Attends-moi à dix heures un quart dans le patio de derrière, celui qu'il te faut traverser pour entrer dans la maison. Je te donnerai l'argent, le passeport, le billet, et une bonne longueur d'avance. Je ne découvrirai pas le corps avant le lendemain matin. Je dirai à la police que j'ai frappé à la porte de ma femme quand je suis rentré. N'ayant pas obtenu de réponse, j'en avais conclu qu'elle dormait. Avant qu'on apprenne qu'une troisième femme a été étranglée, tu seras dans un avion quelque part au-dessus du Mexique.

Farmer tripota le passeport.

— Je veux d'abord voir le fric, fit-il.

Alex s'était préparé à cette éventualité. Il sortit une longue enveloppe de la poche intérieure de son veston, et laissa Arne Farmer en examiner le contenu : les dix-neuf coupures de cinquante dollars et le billet d'avion. Mais, dans l'ouverture du veston, Farmer vit luire le revolver dans son étui sous l'aisselle d'Alex.

— Le flingue, c'est pour quoi faire ? demanda-t-il.

— Pour me défendre. J'ai pas loin d'un millier de dollars d'argent liquide sur moi.

Un instant, Alex craignit que Farmer ne finisse par piger. Il compta l'argent avec soin, examina le billet d'avion. Quand Alex tendit la main, Farmer lui rendit l'argent mais garda l'enveloppe et le billet.

— Juste au cas où vous essayeriez de me doubler, dit-il.

— Ne sois pas si soupçonneux, Arne, répliqua Alex. Je te donne un coup de main et tu m'en donnes un. Nous avons besoin l'un de l'autre. Maintenant, jetons encore un coup d'œil à ce plan.

Quand Alex regagna sa voiture, il mit l'argent dans sa poche, puis plaça le passeport et l'appareil photo dans la boîte à gants qu'il ferma soigneusement à clef. Ils avaient préparé leur affaire comme des professionnels, et il ne serait pas nécessaire d'y revenir. Il avait laissé Farmer garder le billet d'avion, qui ne pouvait lui être d'aucune utilité sans le passeport, afin de lui donner un sentiment de sécurité.

Le lendemain après-midi, Alex entra dans la chambre de Phyllis avant de partir pour sa réunion. Elle était assise dans le lit, adossé à des oreillers, une boîte de chocolats ouverte sous une main et un magazine de la presse du cœur dans l'autre. La vue de sa femme ne fit qu'accroître son impatience de voir enfin exécuté le plan prévu.

— J'ai cru que tu ne viendrais jamais, gémit-elle. C'est l'heure de mon médicament, et la carafe est vide. Tu devrais engager une infirmière pour me soigner, Alex. Le Dr Kuperman a dit qu'il ne fallait jamais me laisser seule.

— Le docteur Kuperman aurait dû dire aussi que les chocolats font grossir, ce qui est mauvais pour les gens ayant une maladie de cœur, rétorqua Alex. Il ne doit pas tellement s'inquiéter. Quant à te laisser seule, je crois que tu aimes bien tout cet argent que je ramasse pour toi, hein ? Tu l'aimes sans aucun doute, ou alors tu ne ferais pas tant de difficultés pour que je m'en aille avec ma part.

La pointe resta sans réponse. Alex prit le flacon de médicament et se dirigea vers la salle de bain d'un air narquois, mais ses nerfs étaient plus tendus qu'il n'affectait de le croire. La bouteille lui glissa des mains, tomba dans le lavabo, et tout le coûteux remède du docteur Kuperman glouglouta dans le tuyau d'évacuation. C'était un liquide aussi clair que l'eau du robinet. Sans hésiter, Alex mit quelques gouttes d'élixir dentaire dans le flacon pour lui donner un goût pharmaceutique, et le remplit au robinet. Il l'apporta ensuite à Phyllis qui prit sa potion sans protester. Reposant le flacon sur la table de nuit, Alex partit pour sa réunion.

Il fit plus vite qu'il ne l'avait promis à Arne Farmer. A neuf heures et demie il s'excusa en prenant prétexte de la santé délicate de sa femme, et revint chez lui. Éteignant ses phares il se rangea à faible distance de sa maison, puis marcha jusqu'au patio. Aucune lumière, sauf dans la chambre de Phyllis, et le bruit de la porte de service battant au gré du vent nocturne lui apprit qu'Arne Farmer était déjà là. Sortant le revolver de son étui, il attendit. Les choses se passèrent plus vite qu'il ne l'escomptait. Il entendit un hurlement aigu, puis la porte de derrière s'ouvrit à toute volée et Farmer se rua sauvagement à travers le patio.

— Farmer ! cria Alex. Je suis là !

Le jeune homme fit volte-face. Quand il vit Alex, ses mains se tendirent vers lui comme des griffes.

— Donnez-moi le fric ! jeta-t-il en haletant, le fric et le passeport !

— Est-elle morte ?

— Tout ce qu'il y a de plus morte ! Vérifiez vous-même. Et maintenant, donnez-moi ce que vous me devez.

— D'accord, dit Alex.

Et il lui tira une balle dans la tête.

Farmer s'écroula. Alex se pencha sur lui et lui tâta le pouls jusqu'à ce qu'il eût la certitude qu'il était bien mort. La longue enveloppe contenant le billet d'avion sortait à demi d'une des poches du blouson de cuir. Alex la mit dans une de ses poches intérieures, puis pénétra dans la maison et suivit le couloir qui conduisait à la chambre de Phyllis. Un seul regard lui apprit tout ce qu'il avait besoin de savoir. Il entra dans son cabinet de travail et téléphona au capitaine Collins.

Un peu plus tard, au commissariat de police, Alex fit une déclaration détaillée.

— J'ai quitté la réunion plus tôt parce que ma femme devenait nerveuse quand elle restait seule à la maison le soir. Je suis revenu chez moi et j'ai rangé ma voiture au-delà de l'allée qui conduit à mon garage, parce que quelque chose m'a paru louche. J'avais laissé les lumières du patio allumées. Or, elles étaient éteintes. Je me suis dirigé vers la maison en passant par-derrière. Là, j'ai vu qu'il y avait de la lumière dans la chambre de Phyllis, et que la porte de service, par où Farmer avait dû entrer, était ouverte. J'ai entendu un cri et Farmer est sorti en courant. Il m'a vu et a hurlé : « Elle est morte ! J'ai tué votre femme ! » Il avait l'air complètement fou, et je crois que j'ai moi-même perdu la tête. J'ai tiré sur lui.

Le sténo de la police s'arrêta de noter. Derrière son bureau, le capitaine Collins regardait fixement Alex. Ennis, les yeux invisibles derrière la lumière qui se reflétait dans les verres de ses lunettes, était avachi contre le distributeur d'eau glacée. Alex se tenait assis avec raideur dans une chaise à dossier droit.

C'est Collins qui finit par reprendre la parole.

— Je me demande pourquoi Farmer vous a dit avoir tué votre femme. Il a pourtant dû s'apercevoir qu'elle était déjà morte quand il lui a enroulé un bas autour de la gorge.

— Déjà morte ?

Alex passa sa langue sur ses lèvres soudain desséchées.

— Mais c'est impossible ! J'ai vu...

— Êtes-vous entré dans la chambre de votre femme avant de m'appeler ?

— Non... réfléchit Alex. J'ai regardé de la porte, et je l'ai vue pendant hors du lit, un bas noué autour du cou. J'ai voulu éviter de toucher à quoi que ce soit.

— En quoi, vous avez bien fait. Mais ce bas n'était pas assez serré pour étrangler quelqu'un, Alex. Votre femme est morte d'une crise cardiaque. Pas étonnant que Farmer soit sorti en gueulant. Nous n'en aurons jamais la certitude, mais il se peut qu'elle l'ait entendu entrer, ait senti venir la crise et tenté de prendre sa potion. Nous avons trouvé le bouchon sur la table de chevet, et le flacon vide sur la moquette. Le docteur Kuperman a vérifié son ordonnance, mais ce que nous n'arrivons pas à comprendre, c'est pourquoi la tache de liquide sur la moquette ne contenait pas la moindre trace du remède prescrit. C'était seulement de l'eau aromatisée.

— Je peux vous l'expliquer, dit Alex. J'ai renversé

le flacon par mégarde avant de partir pour ma réunion. Il était trop tard pour faire renouveler le médicament. C'est pourquoi j'ai rempli le flacon avec de l'eau. Je ne voulais pas qu'elle puisse s'inquiéter, et j'ai pensé que la potion n'avait pas grande importance. Elle souffrait d'hypocondrie depuis des années. C'était une malade imaginaire.

Collins écoutait, le visage impénétrable. Mais, quand Alex eut terminé, il demanda :

— Il va falloir que vous me donniez votre revolver, Alex.

— Mon revolver ?

— Je peux vous retenir sous l'inculpation de port d'arme prohibée jusqu'à ce que je trouve quelque chose de plus solide. Ce reçu que je vous ai donné était seulement un enregistrement, pas un permis de port d'arme.

Collins fit un pas rapide en direction d'Alex et écarta le revers de sa veste. Il tira vivement le .38 de l'étui et, du même mouvement, fit jaillir la longue enveloppe de la poche intérieure d'Alex.

— Tiens, tiens, qu'est-ce que nous avons là ? s'exclama-t-il.

Alex resta muet, mais dut bien admettre que c'était un billet d'avion quand Collins l'eut extrait de l'enveloppe. L'empreinte d'un pouce sale sur le billet amena une intense expression de jubilation sur le visage d'Ennis. Alex n'avait rien de plausible à opposer aux conclusions qu'Ennis rapporta de son laboratoire. Il ne pouvait pas non plus expliquer valablement pourquoi il y avait, dans l'appareil-photo que Collins trouva dans la boîte à gants de sa voiture, un rouleau de pellicule garni de clichés de Farmer, ni pourquoi il y avait des empreintes de ce dernier sur le passeport. Finalement, quand Ennis lui montra un gros plan qu'il avait pris de Phyllis sur son lit de mort, Alex avoua tout.

Après l'avoir écroué, Collins félicita Ennis de son flair.

— Je n'aurais jamais pensé à analyser cette tache sur la moquette, ni à fouiller Alex pour trouver des preuves, déclara-t-il. Vous devez être devin.

— Pas devin : consciencieux, expliqua Ennis. Les criminels ont tous leur signature, comme je vous l'ai souvent expliqué. Les deux premières victimes de l'étrangleur aux bas de soie étaient des jeunes filles dans toute la fraîcheur de leur beauté. J'ai jeté un coup d'œil dans la chambre et j'ai pu me rendre compte que Mrs. Ward n'en était plus à ce stade.

Collins ne poussa pas la discussion plus loin, ce qui valait autant.

Ennis retourna dans son laboratoire et mit le bas qui avait *failli* servir à étrangler Mrs. Ward dans une pochette en plastique. Ce n'était pas vraiment l'arme du crime, mais il méritait quand même de faire partie de la collection de l'étrangleur. Avec un grognement de mauvaise humeur, car c'était vraiment une chose détestable de la part d'un homme que de voler le style d'un autre, il examina le deuxième bas, qu'ils avaient trouvé sur le corps de Farmer, puis il le plia doucement et le mit dans la poche de sa veste. Bien que ce fût un faux trophée, il l'emporterait chez lui pour le placer dans le tiroir où se trouvaient déjà les bas qu'il avait pris sur les filles Dorrit et Parsons après les avoir étranglées avec l'habileté d'un perfectionniste ne craignant nullement de laisser des indices dangereux que lui seul, en faisant son travail, découvrirait plus tard.

The perfectionist.
D'après la traduction de Jean Goimard.

KORDA

par Al Nussbaum

J'étais assis sur une caisse vide devant la boutique de mon père, un ancien magasin qu'il avait transformé en atelier de ferblantier-zingueur. Il devait arriver d'un instant à l'autre de Chicago et je l'attendais pour l'aider à décharger le camion. Il avait pris la route pour l'Illinois tôt dans la matinée afin d'aller chercher deux juke-boxes d'occasion et il était maintenant près de six heures du soir.

C'est dans ces circonstances que je fus probablement la première personne en ville — à part le shérif, bien entendu — à accorder quelque attention à Léonard Korda. Quand je l'aperçus, il arrivait de l'avenue conduisant à la gare routière et tenait à la main une sacoche en toile. Il avait les cheveux roux, en bataille, et une barbe de trois jours, rousse également, qui lui mangeait les joues et lui donnait l'allure d'un marin irlandais qui vient de débarquer de son chalutier après une dure campagne de pêche. Il marchait d'un pas léger et avait une allure dégagée, sportive.

Il n'était pas très grand, à peu près de la taille

que j'avais alors. Je venais d'avoir quatorze ans et je mesurais un mètre soixante-sept ou soixante-huit pour une soixantaine de kilos. Même aujourd'hui, cependant, où j'ai atteint ma taille définitive, c'est-à-dire un mètre quatre-vingt-trois, je ne dirais pas que Korda était petit. Trapu, ramassé, seraient des adjectifs qui conviendraient mieux pour le décrire. L'an dernier, j'ai vu un gymnaste japonais à la télévision qui m'a tout de suite fait penser à Lenny Korda.

Il était presque arrivé devant moi, lorsque la voiture du shérif apparut au bout de la rue, ralentit, s'approcha du trottoir et s'arrêta à sa hauteur.

— Hé, vous ! l'interpella le shérif Masters en mettant lourdement pied à terre et rajustant sa casquette.

En chemisette et pantalon kaki, il arborait un pistolet à crosse de nacre, perché très haut sur une hanche rebondie.

Korda s'arrêta et se tourna vers lui avec un large sourire. En apparence, il était très détendu et la vue du policier ne lui inspirait aucune inquiétude, mais, au fond de ses yeux, une lueur disait que, en fait, il n'était pas si rassuré que cela et se tenait sur ses gardes.

— Oui ?

— Vous venez de descendre du car de six heures, n'est-ce pas ?

Korda posa sa sacoche à ses pieds et jeta un coup d'œil à sa montre bracelet.

— C'est exact, acquiesça-t-il sans cesser de sourire.

Le shérif mesurait plus d'un mètre quatre-vingt-dix et il était obligé de renverser la tête pour le regarder dans les yeux.

— Où comptez-vous aller comme ça ? questionna le shérif, le sourcil froncé.

Korda hésita pendant une fraction de seconde.

— A New York, répondit-il finalement. Ou plus loin, si une fois arrivé là-bas, l'envie me prend de repartir.

— Vous avez un billet ?

— Euh... Oui.

— Montrez-le-moi. Ainsi que vos papiers d'identité, par la même occasion.

La main de Korda se dirigea vers sa poche-revolver et, aussitôt, le shérif posa la sienne sur la crosse de son pistolet. Devinant son inquiétude, Korda ralentit son geste et se tourna légèrement pour que le policier puisse voir que ce n'était pas une arme, mais un portefeuille qu'il prenait dans sa poche. Il l'ouvrit et prit quelques papiers qu'il tendit au shérif — un billet de la compagnie de transports routiers, une carte de sécurité sociale toute neuve et un permis de conduire, émis, je crois, par l'État de Californie.

— Ce permis n'est plus valable, constata le shérif.

Korda haussa les épaules.

— Je vous ai posé une question, insista le shérif sur un ton agacé.

Korda sourit.

— Je n'ai pas besoin d'avoir un permis de conduire en règle, puisque je ne suis pas au volant d'une voiture, fit-il observer.

Le shérif grimaça et lui rendit ses papiers d'un geste brusque.

— Je n'aime pas les types qui s'amusent à jouer au plus fin avec moi, Korda, déclara-t-il sans la moindre aménité. Vous êtes ici dans ma juridiction et j'ai le droit, le devoir même, de vous demander où vous allez.

Korda haussa à nouveau les épaules.

— Oh ! je faisais simplement une petite promenade. Le chauffeur du car nous a dit que l'arrêt ici durerait environ une heure et je suis descendu pour marcher un peu. Il y avait près de dix heures que j'étais assis et je commençais à avoir des fourmis dans les jambes.

— D'accord, monsieur Korda, acquiesça le shérif, mais laissez-moi vous donner un conseil. Ne ratez pas ce car. Vous avez une allure de faiseur d'ennuis et par ici nous n'aimons guère les gens comme vous.

Sur ces mots, il remonta dans sa voiture de patrouille, fit demi-tour brutalement et repartit en direction de la gare routière. Il surveillait toujours particulièrement la gare, car la plupart des délits commis à Livingston étaient le fait de gens de passage.

Korda suivit le gyrophare des yeux, puis se tourna vers moi, un sourire amusé sur les lèvres.

— Vous avez un shérif qui ne plaisante pas, déclara-t-il tout en remettant son portefeuille dans sa poche-revolver.

— Mais c'est un bon shérif, répondis-je, répétant ainsi ce que mon père disait chaque fois que quelqu'un critiquait Masters.

Korda hocha la tête.

— Je n'en doute pas.

A cet instant, mon père arriva. Il s'arrêta le long du trottoir, puis manœuvra pour rapprocher le plus possible l'arrière de son vieux camion-benne de l'entrée de l'atelier. Il rapportait deux juke-boxes en état, quoique visiblement d'un certain âge. Leurs chromes, leurs décorations en plastique et en verre brillaient de mille feux dans le soleil couchant et ils ressemblaient beaucoup aux deux appareils qui avaient été endommagés quelques jours plus tôt.

— Tu viens m'aider, Bobby ? appela mon père en enlevant la ridelle arrière et calant deux madriers sur le pare-chocs en guise de rampe de déchargement. Et puis, demande à ton copain de nous donner un coup de main ! Nous ne serons pas trop de trois pour descendre ces satanées machines.

Korda lui tournait le dos et comme il était à peu près de ma taille, il n'était pas étonnant que mon père ne se soit pas rendu compte qu'il était beaucoup plus âgé que moi.

Nous fîmes glisser les juke-boxes le long des madriers et les portâmes à l'intérieur de l'atelier. Les appareils étaient plus lourds qu'ils n'en avaient l'air et, pendant que mon père et moi reprenions notre souffle, Korda regarda autour de lui, embrassant d'un coup d'œil les machines à cintrer, les cisailles et tous les outils que mon père utilisait pour exercer sa profession.

— Pardonnez-moi, je vous ai pris pour un camarade d'école de mon fils, s'excusa mon père en se rendant compte de sa méprise. Et merci pour votre aide...

Il lui tendit une main calleuse et Korda la serra chaleureusement, avec un sourire qui n'avait rien de factice, à l'inverse de celui avec lequel il avait salué le shérif.

— Je viens d'arriver à Livingston et je passais par hasard, expliqua-t-il. Je m'appelle Léonard Korda. Lenny, pour les intimes.

Montrant d'un geste circulaire, les outils et le matériel hétéroclite autour de nous, il ajouta d'une voix intriguée :

— Ces boîtes à musique ne sont guère à leur place ici...

— Elles constituent le début d'une nouvelle affaire que je suis en train de monter, expliqua mon père de sa voix calme. Mon fils voudrait faire des études de médecine et cela demande plus d'argent que ce que je gagne en ce moment.

Se tournant vers la vitrine, Korda s'approcha du

panneau « embauche immédiate d'un collaborateur sérieux » que mon père y avait apposé.

— J'ai besoin de travailler, déclara-t-il. Le poste est encore libre ?

— Vous connaissez le métier de ferblantier ? questionna mon père.

— J'ai appris à travailler le métal sous toutes ses formes et je ne crois pas avoir trop oublié, affirma Korda. Je pense même être encore capable de calculer les degrés de courbure et les contraintes maximales de la plupart des matériaux.

Je ris malgré moi.

— C'est plus que ce que nos quatre derniers employés étaient capables de faire et...

Je m'interrompis et me mordis les lèvres. J'avais trop parlé et Korda, immédiatement saisit la balle au bond.

— Vous avez eu des difficultés avec mes prédécesseurs ? Pour quelle raison ?

— Euh... D'abord, il y a le salaire, expliqua mon père après m'avoir jeté un regard noir. Je ne puis me permettre de donner beaucoup plus que le minimum légal. Et puis, il y a cette nouvelle affaire que je suis en train de monter. Elle me pose pas mal de problèmes.

— Quel genre de problèmes ?

— Oh... Je m'étais dit qu'en plaçant chez les commerçants de la région des machines à sous et des juke-boxes, je pourrais gagner l'argent dont mon fils aura besoin pour ses études. Le rendement n'est pas mauvais et c'est un travail que je peux faire en supplément, après mes heures normales à l'atelier. L'ennui, c'est qu'il y a un syndicat. Je n'ai pas son agrément et les types qui le dirigent veulent à tout prix conserver leur monopole. Ils disent aux commerçants de ne pas utiliser mes services et chaque fois que j'ai essayé d'embaucher des gars, ils sont partis au bout de quelques jours. Je suppose que quelqu'un les a menaçés, leur a fait peur. Voici peu, une bande de voyous s'est attaquée à deux de mes juke-boxes à coups de barre à mine. J'ai acheté ces deux-là pour les remplacer.

— Pourquoi n'avez-vous pas adhéré au syndicat ? s'étonna Korda. Cela vous aurait évité la plupart de de ces ennuis.

Mon père soupira.

— J'ai essayé. Ils m'ont répondu que c'était impossible car tout ce secteur avait déjà été attribué à un certain Clyde Anderson qui habite Brady, une petite ville à l'ouest d'ici. Par la suite, j'ai appris qu'il était également le président du syndicat.

Korda se caressa le menton d'un air pensif.

— Cela ferait un bon sujet d'enquête pour un journaliste, murmura-t-il. La Mafia des machines à sous...

— Je suis donc toujours à la recherche de quelqu'un qui connaît le métier de la ferblanterie, poursuivit mon père. Si vous désirez ce travail et n'êtes pas du genre à vous laisser impressionner, je ne serai que trop content de vous prendre avec nous.

— Je ne suis pas particulièrement téméraire, répondit Korda, mais quand j'ai envie de faire quelque chose, je n'aime pas que quelqu'un cherche à m'en empêcher. Ma réponse est donc oui.

Mon père conduisit alors Korda à la gare routière, où il réussit à récupérer sa malle, juste avant que le car de New York ne démarre. Il s'agissait d'une grosse malle métallique verte ; après s'être fait rembourser le reste de son billet, il nous rejoignit et la chargea dans la benne de notre camionnette. Pendant toute la durée de l'opération, le shérif le surveilla du coin de l'œil, mais ne descendit pas de sa voiture.

***

Mon père et moi habitions dans un appartement derrière l'atelier. Ma mère était morte quand j'étais encore en bas âge et nous n'étions donc que tous les deux. Nous avions une chambre libre et mon père l'offrit à Korda en attendant qu'il trouve un logement indépendant. Nous n'utilisions pas cette chambre et il pouvait donc y rester aussi longtemps qu'il le désirait.

Le lendemain et le surlendemain, mon père nettoya puis révisa complètement les juke-boxes, tandis que Korda, de son côté, donnait maintes preuves de sa connaissance approfondie des métiers de ferblantier et de zingueur. Il semblait ne rien avoir besoin d'apprendre, était capable de lire n'importe quel plan ou croquis et exécutait les commandes des clients avec le même soin et la même efficacité que mon père.

Le samedi suivant, je me levai tard, comme chaque fois que je n'avais pas école ; après m'être habillé et avoir déjeuné, je me rendis à l'atelier. Mon père et Korda s'y trouvaient déjà. Ils avaient chargé l'un des juke-boxes sur la benne de la camionnette et je leur donnai un coup de main pour charger le deuxième. Une fois les deux appareils solidement arrimés, mon père ferma l'atelier et nous montâmes tous les trois à l'avant de la camionnette.

Les deux appareils qui avaient été brisés à coups de barre à mine, avaient été installés dans deux restaurants de routiers sur la grande route, distants, l'un de l'autre, de trois kilomètres environ.

Quand nous arrivâmes au premier, mon père s'arrêta sur le parking et nous allâmes d'abord au bar avec l'intention de boire un café avant de commencer à décharger.

La première chose que nous vîmes en entrant, fut un juke-box flambant neuf qui trônait contre le mur de la salle, à l'emplacement exact où avait été celui de mon père.

Nous allâmes nous asseoir au comptoir, commandâmes trois cafés à la serveuse et, lorsqu'elle nous eut servis, mon père lui demanda si M. Allen était là.

— Charlie ! appela la jeune femme en se tournant à demi. Il y a quelqu'un qui veut te parler !

Presque aussitôt, un petit homme rond, un tablier blanc immaculé noué autour de la taille, apparut sur le seuil de la cuisine. Son visage rougeaud et jovial laissait supposer qu'il avait un caractère à être toujours de bonne humeur, mais quand il vit mon père son sourire disparut instantanément.

— Je croyais que vous deviez continuer d'utiliser mes services, monsieur Allen, s'étonna mon père, après lui avoir serré la main.

Le patron du motel grimaça.

— Euh... oui, c'est exact, acquiesça-t-il. Je vous l'avais promis, mais — euh — une semaine sans musique, c'est difficile dans ce métier. Aussi, lorsqu'un représentant est passé et m'a proposé de m'installer ce juke-box tout neuf avec plus de deux cents titres récents, aux mêmes conditions que les vôtres, je me suis laissé tenter.

— Nous avions un contrat, monsieur Allen, fit observer mon père sans se fâcher.

— Certes, admit Allen, mais ces voyous qui sont venus tout casser dans ma salle n'avaient pas été prévus dans les clauses. Je suis un commerçant et je n'ai aucun goût pour la bagarre, surtout lorsqu'elle ne me concerne pas. Ce juke-box a reçu l'approbation du syndicat et ne me causera aucun ennui.

Mon père soupira, conscient de sa défaite.

— Comme vous voudrez, murmura-t-il. Vous avez le droit de refuser de prendre un tel risque. D'ailleurs, moi non plus, je n'aime pas la bagarre et je préférerais que ces types me laissent gagner ma vie tranquillement.

Voyant que mon père ne prenait pas les choses trop mal, Allen se détendit ; retrouvant son sourire, il posa devant nous une corbeille de croissants et de brioches.

— Je vous en prie, servez-vous. C'est moi qui offre...

Il s'apprêtait à nous resservir en café, lorsque brusquement, il s'immobilisa, le bras en l'air.

Nous nous retournâmes d'un bloc tous les trois pour suivre la direction de son regard. Une grosse limousine noire s'était arrêtée à côté de notre camionnette et deux hommes en descendaient. Ils portaient des costumes sombres, leurs visages dissimulés par des feutres au bord baissé et des lunettes de soleil.

Le plus grand des deux eut un geste en direction de notre camionnette et dit quelque chose, tandis que l'autre contournait leur voiture pour le rejoindre.

— Ce sont les types qui ont démoli votre jukebox, murmura Allen, le visage blême.

Sans un mot, mon père se leva, s'essuya les mains sur le devant de sa chemise à carreaux et sortit. Je me levai également et le suivis, mais Korda resta en arrière. Sans doute, me dis-je, n'avait-il pas envie, lui non plus, de se mêler d'une querelle qui ne le concernait pas.

— Vous cherchez quelque chose ? questionna mon père dès qu'il fut à portée de voix des deux hommes.

— Cela dépend, répondit le plus grand des deux. Cette camionnette est à vous ?

— Oui, elle est à moi, acquiesça mon père.

— Ces juke-boxes n'ont pas été approuvés par le syndicat, fit observer son interlocuteur. Mon ami et moi, nous n'aimons pas que des types installent des appareils qui n'ont pas l'étiquette du syndicat.

— N'avez-vous pas fait déjà assez de mal comme cela ?

Entre-temps, l'autre individu était monté sur la benne de la camionnette et testait les cordes qui amarraient les juke-boxes.

— De quoi nous accusez-vous exactement, l'ami ? questionna-t-il en se redressant pour se joindre à la conversation. Précisez votre pensée.

Il ricanait, comme si c'était un jeu auquel il avait joué des dizaines de fois et dont il connaissait toutes les ficelles.

— C'est vous qui avez démoli mes précédents juke-boxes à coups de barre à mine, répondit calmement mon père.

— Allons, vous ne devriez pas accuser des gens comme cela sans preuve ! s'exclama-t-il avec une feinte indignation. Vous méritez une bonne leçon ! Pour vous montrer ce qu'il en coûte de répandre ainsi des calomnies, nous allons nous occuper un peu de toute cette vieille ferraille que vous transportez !

Je ne m'étais pas aperçu que Korda nous avait rejoints. Brusquement, il s'interposa entre mon père et les deux hommes. Il tenait quelque chose dans sa main — plus tard je sus que c'était du poivre — qu'il jeta au visage du plus grand des deux malfrats. Puis, pendant que celui-ci se frottait les yeux en jurant, il lui donna un coup de poing dans le ventre, juste en-dessous de la ceinture, avec une telle violence que l'autre tomba à genoux en hurlant de douleur.

Son acolyte sauta de la camionnette et se précipita

vers Korda, en criant qu'il allait lui apprendre à ne pas se mêler de ce qui ne le regardait pas.

Korda lui fit face, sans même ébaucher un recul. Mon père voulut lui venir en aide, mais ne fut pas assez rapide. Korda avait déjà évité le coup de poing que lui destinait le malfrat et saisissant son poignet à deux mains, il lui retourna le bras derrière le dos avec l'une des prises de judo les plus classiques. Lentement, il força l'homme à s'agenouiller et continua de lui tordre le bras jusqu'à ce qu'il eût le nez sur le goudron.

— Arrêtez ! Arrêtez ! Lâchez-moi ! Vous allez me casser le bras ! supplia le voyou d'une voix terrorisée.

Je pensais que c'était fini, que Korda estimerait que la leçon était suffisante et laisserait les deux hommes s'en aller, mais je me trompais. Il accentua sa pression jusqu'à ce que les épaules de l'autre touchent par terre, puis, d'un geste sec, il lui redressa brutalement le bras. Il y eut un craquement sec, comme lorsque l'on marche sur une branche de bois mort, et les cris de l'homme s'arrêtèrent brusquement. Il avait perdu conscience et de toute évidence il avait l'épaule démise, sinon fracturée.

Korda le lâcha et se dirigea vers son compagnon qui, toujours à genoux, continuait de se frotter les yeux. En le voyant venir, il se protégea instinctivement le visage avec le bras, mais Korda ne chercha pas à le frapper

— Maintenant, déclara-t-il d'une voix très calme, tu vas aller ramasser ton petit copain, le mettre dans votre voiture et partir au diable.

L'homme obéit, non sans quelque difficulté, et nous regardâmes leur voiture s'éloigner, avant de remonter dans notre camionnette. Au deuxième restaurant de routiers, il y avait étalement un juke-box flambant neuf et le patron n'avait plus aucune envie non plus d'utiliser les services de mon père.

Le lendemain, le shérif s'arrêta chez nous, alors que mon père et moi nous préparions à aller au temple. Avec son habituelle courtoisie, mon père l'invita à s'asseoir et lui offrit une tasse de café.

Après avoir bu une gorgée, Masters lui dit avoir appris qu'il avait été impliqué dans une bagarre sur la grande route et que Korda avait blessé un homme au point que l'autre avait dû être hospitalisé.

— La grande route est en dehors de votre juridiction, n'est-ce pas ? répondit mon père. Et si aucune plainte n'a été déposée...

— Non, admit le chérif, il n'y a pas eu de plainte. Et la grande route est effectivement en dehors de mon secteur.

— Alors, quel est le problème ? De votre côté, vous vous êtes contenté d'une enquête de routine lorsque mes juke-boxes ont été mis en pièces...

— Certes, mais la situation n'avait rien de comparable.

— Comment cela ?

— Tant que vos problèmes se situaient à l'extérieur de ma juridiction, je ne me sentais pas trop concerné, mais apparemment, ils sont en train de prendre une autre tournure et je n'ai aucune envie que Clyde Anderson vienne semer la panique ici. J'ai été élu et je suis payé pour maintenir le calme dans cette ville. C'est une vision des choses peut-être un peu trop étroite, mais c'est la mienne et la majorité de nos concitoyens la partagent. Livingston est et doit rester un havre de paix.

A ce moment, Korda sortit de sa chambre et nous rejoignit dans la cuisine. Mon père et moi avions revêtu nos costumes du dimanche, mais lui, il était en jean et en T. shirt.

— Je vois que vous n'avez pas l'intention d'aller

au temple, observa le shérif d'un ton désapprobateur.

Il finit son café et se leva, avant d'ajouter :

— Pourtant, d'après ce que j'ai entendu dire de vous, une petite prière ne vous ferait pas de mal. A moins que vous ne soyez de ces gens qui ne croient en rien...

Korda sourit.

— Oh, il m'arrive de prier, répondit-il avec un haussement d'épaules à peine perceptible, mais surtout quand je suis seul ou lors de circonstances particulières. Quand je monte dans un avion, par exemple. Je ne sais pourquoi, mais j'ai de la peine à croire que Dieu, s'il existe, puisse être très sensible aux incantations publiques...

A sept heures, le lendemain matin, un adjoint du shérif gara un vieux camping-car devant l'atelier de mon père et s'en fut après l'avoir soigneusement fermé à clef. Il ne revint pas le chercher avant la nuit et fit la même chose le lendemain, puis le surlendemain.

Le jeudi matin, il était de nouveau là à l'heure où je partis pour l'école, mais à mon retour il n'y était plus.

Mon père et Korda se trouvaient dans la cuisine. Mon père était en train de préparer des spaghetti. Je pouvais sentir le parfum de notre sauce italienne favorite, dont une boîte, en provenance directe du supermarché voisin, chauffait doucement sur la cuisinière. Chaque fois que c'était au tour de papa de faire la cuisine, il choisissait des plats qu'il était difficile de rater. Il avait toujours été bien meilleur ferblantier que cuisinier, mais il le savait et évitait donc de se livrer à des expériences périlleuses.

— Le camping-car est parti, déclarai-je en m'asseyant.

Mon père et moi, nous nous étions demandé

pourquoi il était là, mais Korda, lui, semblait ne même pas y avoir prêté attention.

— Sans doute s'agissait-il d'une protection discrète de la police, fit observer mon père.

— Alors pourquoi est-il parti ? questionnai-je.

— Le shérif a dû penser que nous ne courions plus de danger immédiat, répondit mon père après avoir échangé un regard avec Korda.

Je brûlais de curiosité, mais je m'abstins de poser d'autres questions. Je connaissais mon père et savais qu'il me raconterait ce qui s'était passé quand il jugerait le moment opportun.

Après dîner, lorsque Korda fut sorti pour aller faire sa promenade quotidienne, mon père se tourna vers moi.

— Il s'est passé quelque chose de bizarre aujourd'hui, murmura-t-il. Lenny et moi étions en train de travailler dans l'atelier lorsque deux hommes que je n'avais jamais vus auparavant se sont présentés à la porte du magasin. Le premier était déjà à l'intérieur, lorsque son compagnon a poussé un juron, comme sur le coup de la surprise, et a tiré l'autre dehors par le bras en lui murmurant quelque chose que ni moi, ni Lenny, n'avons compris. Intrigués, nous les avons suivis des yeux, tandis qu'ils rejoignaient avec précipitation leur voiture garée un peu plus loin dans la rue. Ils s'apprêtaient à monter dedans lorsque, brusquement, le shérif est descendu du camping-car et les a interpellés. Il leur a demandé leurs papiers et, sous un prétexte ou sous un autre, les a embarqués.

— Qu'est-ce que cela peut bien vouloir dire ? demandai-je.

— Je l'ignore, avoua mon père.

A cet instant, on frappa à la porte et j'allai ouvrir. C'était le shérif.

— Korda est-il là ? questionna-t-il avant même d'être entré.

— Il est sorti faire une promenade, mais il ne devrait pas tarder, répondit mon père. Puis-je vous être utile en quelque chose, shérif ?

— Peut-être, déclara le policier. Je voulais avoir une conversation avec lui, à propos de ces deux hommes que j'ai interpellés tantôt devant chez vous. Je n'ai rien pu retenir contre eux, mais je suis persuadé qu'ils avaient été envoyés par Clyde Anderson. Je savais qu'il n'aimerait pas la façon dont ses deux comparses ont été traités et qu'il enverrait des hommes de main vous rendre visite. La voiture de ces types était immatriculée dans le Michigan et ils avaient très peu de bagages, ce qui signifie qu'ils n'avaient pas l'intention de s'attarder ici. Ils comptaient sans doute faire le coup pour lequel ils avaient été payés et repartir immédiatement.

— Vous n'avez trouvé aucun motif pour les garder au frais ?

Le shérif secoua la tête.

— Non, ils n'avaient commis aucun délit et rien de ce qu'ils avaient fait ne laissait entendre qu'ils avaient l'intention d'en commettre un. J'ai pu seulement contrôler leur identité, à supposer qu'ils ne m'aient pas donné de faux papiers. Après que je les ai eu relâchés, ils n'ont pas perdu de temps pour quitter la ville. Les types de ce genre tiennent pardessus tout à agir discrètement et, quand ils se savent flambés quelque part, ils ne reviennent plus.

— J'ai eu le sentiment qu'ils avaient décidé de ne pas s'attarder, avant même que vous les ayez interpellés, fit observer mon père.

Le shérif hocha la tête.

— J'ai eu la même impression. Et c'est pour cela, justement, que je voudrais avoir une petite conversation avec Korda.

A cet instant, il y eut un bruit de cisailles électriques dans l'atelier.

— Ce doit être lui, déclara Papa. Il m'avait dit avoir un travail à terminer pour un client pressé.

— Je croyais qu'il était allé faire une promenade... s'étonna le shérif.

— Il était effectivement sorti, répondit mon père, mais il a dû rentrer entre-temps. Il a une clef de l'atelier.

— Vous lui avez donné une clef de votre atelier ? s'exclama le shérif avec incrédulité. Alors que vous ne savez presque rien de lui ?

Mon père haussa les épaules.

— C'est un bon ouvrier et jusqu'à présent je n'ai jamais eu à m'en plaindre, bien au contraire. Vous voulez que nous allions le voir ?

— Oui, acquiesça le shérif. Je vous suis.

Nous nous rendîmes à l'atelier et trouvâmes Korda en plein travail devant son établi. Il était en train de faire un coude spécial pour un conduit de fumée. En nous voyant, il posa sa cisaille électrique et essuya ses mains sur les pans de sa blouse.

— Avez-vous une idée de la raison pour laquelle ces deux types sont ressortis si vite d'ici, cet après-midi ? attaqua d'emblée le shérif.

— Peut-être se sont-ils brusquement souvenu qu'ils avaient quelque chose d'autre à faire ? suggéra Korda.

— N'avez-vous aucune autre explication à me proposer ?

Korda écarta les bras en signe d'ignorance.

— Dans ce cas, je suppose que vous ne verrez pas d'inconvénient à me suivre jusqu'à mon bureau.

— Pour quelle raison ?

— Je voudrais prendre vos empreintes digitales, monsieur Korda, répondit le shérif en le regardant droit dans les yeux. A tout hasard. Les renseignements que vous m'avez donnés sur vous-même ne m'ont pas entièrement satisfait. Cette petite formalité ne vous ennuie pas, n'est-ce pas ?

— Non, répondit Korda lentement. Pas du tout. Mais, si vous me le permettez, je vais d'abord aller me laver les mains.

Ce disant, il lui montra ses doigts pleins de graisse et le shérif hocha la tête.

— Bien sûr, allez-y.

En trois rapides enjambées, Korda se rendit à l'évier en ciment qui occupait l'un des coins de l'atelier. Je la vis prendre la bouteille de savon liquide sur l'étagère au-dessus de l'évier, mais ne me rendis compte que quelque chose n'allait pas avant que la bouteille ne lui échappe et se brise dans la vasque en ciment.

— Boby, viens vite m'aider ! cria-t-il. Ouvre l'eau froide !

Sa voix était tellement affolée, que je me précipitai sans me poser de questions. J'ouvris le robinet et il plongea ses mains dans l'eau avec un soupir de soulagement. Ses doigts étaient rouges, déjà tout boursouflés.

Au lieu de prendre la bouteille de savon, Korda avait pris l'acide sulfurique dont mon père se servait pour décaper le métal avant de souder ou de braser. Les deux bouteilles étaient identiques. Il en avait versé quelques gouttes dans la paume de sa main et avait ensuite frotté ses doigts jusqu'à ce qu'une brusque douleur lui révèle sa méprise. Du moins, c'est ce que je supposai.

Mon père enveloppa les mains de Korda avec un torchon propre et le shérif l'emmena aussi vite que possible dans sa voiture au cabinet du Dr Bryant, l'unique médecin de Livingston. Mon père les accompagna, mais moi je restai pour garder la magasin.

Près de deux heures plus tard, le shérif les ramena et les déposa devant l'atelier sans descendre de voiture. Korda avait les deux mains entièrement bandées, ce qui le faisait ressembler à un boxeur s'apprêtant à enfiler ses gants.

— Masters est furieux, expliqua mon père. Il est persuadé que Lenny s'est brûlé les mains intentionnellement, afin qu'il ne puisse pas relever ses empreintes digitales.

— C'est absurde ! m'exclamai-je. Il pourra les relever dès que la blessure se sera un peu cicatrisée.

Mon père secoua la tête.

— Non, affirma-t-il. Le médecin a dit que les brûlures étaient trop profondes. L'acide a rongé la peau jusqu'au derme et les empreintes digitales de Lenny ont disparu à jamais.

***

Korda étant dans l'incapacité de travailler, il me fallut rentrer plus tôt que d'habitude de l'école et passer également une bonne partie de mes week-ends dans l'atelier. Mais, bien qu'il ne puisse plus utiliser ses mains, il restait néanmoins avec nous et me donnait des conseils. Il connaissait beaucoup de choses et, en l'espace de quelques jours, il m'en apprit plus sur le métier de ferblantier que je ne l'aurais jamais pensé. Mon père était un artisan habile, mais il n'avait pas été un professeur bien extraordinaire. En un après-midi, Korda me fit voir comment juger de la qualité d'un métal et déterminer la meilleure façon de l'utiliser ; ensuite il entreprit de m'apprendre les finesses du dessin industriel et de la géométrie descriptive. Dans sa bouche, tout devenait passionnant et je sus alors que même si je n'arrivais pas à devenir médecin, il me serait possible de gagner convenablement ma vie n'importe où dans le monde.

Mon père, de son côté, contrairement à ce que l'on aurait pu imaginer, ne conçut pas la moindre jalousie qu'un étranger m'apprît ainsi des choses que lui-même avait été incapable de me transmettre. Il travaillait à côté de nous et écoutait Korda parler, hochant la tête de temps à autre pour marquer son approbation. Plusieurs fois, même, il m'encouragea à être attentif.

— Surtout, retiens bien ce qu'il dit, Bobby. Cela te servira plus tard et, peut-être, beaucoup plus que tu ne le penses.

Six semaines après l'accident, l'annonce que mon père avait fait passer dans un journal local porta enfin ses fruits. Le propriétaire d'un restaurant lui téléphona pour qu'il vienne installer un juke-box. Mon père alla le voir afin de mettre les clauses du contrat au point et le lendemain, nous chargeâmes un appareil sur la benne de la camionnette pour aller le lui livrer.

Trois jours plus tard, mon père reçut un autre appel et alla voir s'il pouvait placer l'appareil qui lui restait. Quelques heures après son départ, le shérif vint nous dire qu'il avait été transporté en urgence à l'hôpital du comté. Un passant l'avait découvert blessé et inconscient à l'entrée d'un terrain vague.

Lenny et moi nous précipitâmes à l'hôpital où, après quelques palabres, on nous autorisa à le voir. Il avait le nez et la jambe gauche cassés. Il n'avait pas la moindre idée de l'identité de ses agresseurs. Il s'agissait de deux inconnus qui s'étaient jetés sur lui et l'avaient frappé à coups de battes de base-ball. C'était tout ce qu'il pouvait dire.

Pendant tout le temps où nous fûmes à l'hôpital, Korda ne parla presque pas, mais une fois de retour à la camionnette, il se mit à jurer entre ses dents. Des jurons que je connaissais pour la plupart, mais que je n'avais jamais entendu proférer avec une telle violence ni une telle agressivité. Au point qu'il me fit presque peur.

***

— As-tu un appareil photo ? questionna Korda tout en roulant.

C'était lui qui conduisait, bien qu'il n'eût pas fait renouveler son permis de conduire.

— Oui.

— Quand nous arriverons à la maison, tu iras le chercher.

Il s'arrêta devant l'atelier et nous gagnâmes directement nos chambres. Mes affaires étant plutôt en désordre, il me fallut quelques minutes pour trouver mon appareil photo et le garnir d'une pellicule neuve. Quand je ressortis, Korda attendait devant sa porte, sa malle posée à ses pieds.

— Donne-moi un coup de main pour la porter jusqu'à la camionnette, me demanda-t-il.

Sans un mot, je l'aidai et, une fois dehors, nous la hissâmes sans trop de difficulté sur la benne. Ses mains étaient encore très sensibles et il n'aurait pas pu la soulever tout seul. Ensuite, nous remontâmes dans la cabine et il démarra immédiatement.

— Pourquoi avez-vous pris votre malle ? questionnai-je.

— Parce que j'ai quelque chose à faire et que, lorsque j'en aurai terminé, il ne me sera pas possible de rester ici, répondit-il d'un air sombre.

Il prit la grande route et, à la sortie de Livingtson, bifurqua vers l'ouest, en direction de Brady. Je n'avais pas besoin de lui demander où nous allions.

La rue principale de Brady ne comportait qu'une

demi-douzaine de pâtés de maisons et était comme écrasée par un immeuble à deux étages, bardé d'enseignes au néon multicolores et d'affiches aux couleurs criardes. Le Club Clyde Anderson, comportait un restaurant, un bar, une piscine, une salle de jeux et une salle de cinéma spécialisée dans la projection de films classés X.

Korda se gara en face et alla donner un coup de fil dans une cabine téléphonique. Cela ne lui prit que quelques minutes ; quand il revint, il ne remonta pas dans la camionnette et me fit signe de descendre.

— Allez viens ! déclara-t-il. On va rendre visite à Clyde Anderson. Et n'oublie pas d'emporter ton appareil-photo. Nous allons en avoir besoin.

Je le suivis dans la salle de jeux, une longue pièce étroite où ne trônaient pas moins de huit billards, avec, tout au fond, un comptoir où un gros homme aux cheveux gris montait la garde près du téléphone et d'une caisse enregistreuse.

Une demi-douzaine de clients jouaient aux billards les plus éloignés de l'entrée et huit ou dix autres désœuvrés les regardaient, assis sur les tabourets le long du bar.

Korda fouilla dans sa poche et en sortit un canif. Il s'agissait d'un petit couteau suisse avec une lame de cinq centimètres à peine, tout juste bonne à tailler des crayons et ouvrir des enveloppes. Il s'approcha du premier billard, planta la pointe de son canif dans le feutre vert et fit une profonde entaille dans l'étoffe sur toute la longueur de la table. En arrivant au suivant, il recommença la même opération et fit de même sur le troisième. La lame pénétrait dans le feutre avec un grincement horrible qui rappelait un peu celui d'une craie sur un tableau noir. Le quatrième et le cinquième subirent le même sort et, quand il arriva au sixième, les joueurs littéralement médusés, s'écartèrent et le regardèrent faire sans réagir. Il allait attaquer le septième billard lorsque le gros poussah derrière la caisse cria un ordre à deux hommes qui, aussitôt, se levèrent et se précipitèrent vers Korda pour lui barrer la route.

Korda arrêta le premier d'une manchette à la carotide. Une manchette si sèche que l'homme, qui pourtant avait une carrure de déménageur, tomba à genoux et s'effondra comme un sac de ciment.

Le deuxième tenait une queue de billard à la main. Il la prit par le petit bout pour s'en servir comme d'une massue et frappa de toutes ses forces en direction de Korda, lesquel ne réussit à éviter le coup que d'extrême justesse. En se redressant, Korda saisit une boule de billard et la lança à la tête de son agresseur. L'homme la reçut en plein milieu du front et l'impact produisit un craquement sec. Ses yeux exprimèrent une totale incompréhension et il tomba en avant, se blessant au passage sur l'angle du billard.

Imperturbablement, Korda ramassa la queue de billard que l'autre avait lachée, l'introduisit dans l'un des trous de la table et la cassa en deux. Puis, armé du bout le plus acéré, il s'avança vers Anderson. Adossé au mur, le gros poussah roulait des yeux terrifiés. Visiblement, il était paralysé par la peur et, aurait-il eu la possibilité de fuir, il en aurait été totalement incapable.

— Assieds-toi ! ordonna Korda en enfonçant dans son ventre flasque le bout ébréché de la queue de billard dans son ventre flasque.

Anderson protesta par un bredouillement, mais, sans pitié, Korda le poussa en arrière d'un geste brutal et l'autre tomba assis sur sa chaise qui plia avec un craquement sinistre.

— Je suis un vieil homme ! gémit-il. Vous n'avez pas le droit...

— De la vieillesse à la mort, il n'y a qu'un pas, répliqua Korda, et tu pourrais bien le franchir plus vite que prévu. Bobby, ajouta-t-il en se tournant vers moi, approche et prends une photo de ce tas de graisse.

J'obéis et la lueur du flash fit cligner des yeux à Anderson.

— Prends-en une autre, un peu de profil, cette fois-ci.

Je fis avancer la pellicule et effectuai un deuxième cliché.

— Parfait, maintenant donne-moi le film.

Je rembobinai la pellicule jusqu'au bout, ouvris l'appareil et la tendis à Korda.

La salle était silencieuse au point que j'entendais clairement la respiration haletante du gros homme.

D'un geste nonchalant, Korda fit sauter le petit cylindre noir dans la paume de sa main.

— Je vais quitter la région, déclara-t-il d'une voix très calme, mais j'emporte ce film avec moi. Si mes amis ont encore le moindre ennui, de quelque nature que ce soit, j'enverrai quelqu'un s'occuper de toi.

Sur ces mots, il lui tourna le dos et nous retournâmes à la camionnette. Personne n'essaya de nous suivre ou de se mettre en travers de notre chemin.

A Livingston, Korda s'arrêta à la gare routière et je l'aidai à charger sa malle dans le premier car en partance pour la côte est.

***

Quelques semaines plus tard, le shérif vint nous rendre visite, à mon père et à moi. Il avait deux affiches représentant des personnes recherchées et une coupure de journal. L'une des affiches donnait le signalement d'un certain Coffey évadé de la prison de Folsom dont le signalement correspondait à celui de Korda. La photo, par contre, n'était pas très ressemblante, d'autant moins qu'elle montrait un homme aux cheveux courts et rasé de près.

La deuxième affiche offrait une récompense à quiconque permettrait de retrouver un aviateur amnésique qui avait quitté un hôpital militaire et dont on était sans nouvelles depuis plusieurs mois. Un aviateur qui s'était conduit en héros pendant la guerre. Lui aussi aurait pu être Korda, si Korda n'avait pas eu de barbe.

La coupure de journal provenait du *Times* de Los Angeles. Elle parlait d'un ingénieur en aéronautique, un certain Leonard Kaiser qui avant de disparaître avait tué l'amant de sa femme sous l'emprise de la colère. Il était roux et à peu près du même âge et de la même taille que Korda.

Tous ces hommes auraient pu être Korda, mais, pour ma part, je ne crois pas qu'il ait été l'un d'entre eux.

D'ailleurs, peu m'importe ce qu'il a été avant que nous le rencontrions. Pour moi, il s'appellera toujours Lenny et jamais je ne l'oublierai.

Korda.

Traduction de L. de Pierrefeu.

[illegible]

[illegible] même ordre du [illegible] que Kant [illegible]

Tous ces [illegible]

pour ma part [illegible]

[illegible]

AYEZ DE VRAIS AMIS

par PATRICK O'KEEFFE

Lorsque j'ai rencontré Brentford pour la première fois, il était en train de lire un roman policier, ce qui pourrait passer pour un signe prémonitoire. Sur la page de couverture, une somptueuse rousse était représentée assise, jambes croisées, sur la chaise du témoin en face des jurés. Brentford avait retenu une place dans un vieux paquebot mixte, l'*Ambassadrice*, qui assurait la liaison entre New York et l'Angleterre après la guerre. Ayant vu le pilote chargé de nous diriger pour sortir du port redescendre dans sa chaloupe, à la hauteur d'Ambrose Lightship, je me dirigeai vers le fumoir. Brentford était assis, seul, à une des tables, les jambes confortablement allongées devant lui, tenant d'une main le livre en question et de l'autre un grand verre de bière brune. A mon entrée, il leva les yeux de son roman et un sourire amical éclaira son visage sympathique :

— C'est plutôt calme, par ici, fit-il remarquer en regardant les tables vides qui nous entouraient.

— Il y aura plus d'ambiance quand les passagers

auront défait leurs valises et mis leurs affaires en ordre, répondis-je.

Brentford m'invita à boire un verre en sa compagnie, mais je refusai, n'en ayant pas envie pour l'instant. Toutefois, je m'installai dans un fauteuil et engageai la conversation avec lui. Remarquant le caducée qui ornait ma manche sous les trois chevrons dorés, il supposa que je devais être le médecin de bord. Ce que je confirmai, et sans doute n'aurais-je pas ajouté grand-chose d'autre si Brentford n'avait eu une façon charmante de vous écouter, comme si tout ce qui vous concernait l'intéressait au plus haut point. Aussi me laissai-je aller à lui confier qu'à cause d'une maladie cardiaque, j'avais dû renoncer à l'exercice de la médecine privée et me résigner à la vie de médecin de bord, moins éprouvante pour ma santé.

Brentford me dit qu'il effectuait un bref voyage d'affaires à Londres, au nom d'une société new-yorkaise, Art Metal Crafts. Pendant la guerre, il avait été attaché à une commission d'achats du gouvernement britannique à Washington, et il était retourné aux États-Unis à la fin du conflit pour travailler avec Art Metal Crafts. Il s'y était également marié et installé.

— A propos, puisque vous me parlez de ferronnerie, lui dis-je, ma fille et son mari viennent d'acheter une maison dans le Connecticut. Quand je leur ai rendu visite, il n'y a pas longtemps, elle a parlé d'aller bientôt acheter à New York des éléments en fer forgé pour la pelouse et le patio.

— Avant de descendre à terre, répondit Brentford, je vous remettrai un mot pour Alevardi. C'est lui qui est responsable de notre hall d'exposition. Il sera enchanté de le lui montrer et de la conseiller.

Comme je le remerciais, il déclara :

— Dr Jenks, j'ai grand plaisir à bavarder avec

vous. Rien ne me serait plus agréable que d'être placé à votre table, si je peux me permettre de solliciter une telle faveur.

Je lui répondis qu'il me serait également fort agréable de l'avoir comme compagnon de table, à condition toutefois que les places n'aient pas déjà été attribuées. Le maître d'hôtel m'apprit qu'elles l'étaient effectivement, mais il réussit à déplacer un passager qui n'avait pas d'idée particulière sur la question, et donna sa place à Brentford.

Avaient également été placés à ma table un ingénieur en chef du génie naval, un jeune juriste qui allait visiter sa famille maternelle à Cardiff et un vice-président de société pétrolière qui était attendu à Londres pour une conférence avec les directeurs de la filiale britannique. Ils formaient à eux quatre un groupe sympathique dont Brentford était le centre et l'animateur.

Celui-ci, même s'il passait le plus clair de son temps avec ses compagnons de table, n'en était pas moins membre honoraire des autres groupes ou clans, comme il s'en forme inévitablement sur un bateau, même lorsqu'il n'y a que soixante-dix passagers à bord, ce qui était le cas de l'*Ambassadrice*. Je le surprenais parfois en train de deviser gaiement avec des couples plus âgés, taquinant les dames mûres autant que les plus jeunes. Il pouvait se fondre dans n'importe quel groupe avec l'aisance d'un chapelain. Même les passagers les plus réservés ne pouvaient croiser sa longue silhouette décharnée sans lui rendre son sourire aimable et échanger une ou deux plaisanteries, et il était régulièrement convié aux cocktails privés du capitaine.

Il ne me parla pour la première fois de sa femme que le troisième soir de la traversée, mais sans suggérer le moins du monde qu'il pouvait être malheureux en ménage. Nous étions assis tous les deux dans le fumoir, les trois autres étant restés jouer aux petits chevaux dans le salon. Il me raconta qu'il avait loué un cottage isolé dans la campagne pour s'y retirer en fin de semaine, loin du bruit et de l'agitation de la ville, et il me tendit une photographie qu'il gardait dans son portefeuille.

C'était, d'après le cliché, une maison de planches un peu déglinguée, qui avait bien besoin d'une couche de peinture, avec un garage adossé.

— Cela ne fait pas beaucoup d'effet, admit Brentford, mais on y est terriblement bien. Un petit paradis de tranquillité au bout d'une route de campagne. Margot et moi nous y réfugions en fin de semaine, surtout pendant les grandes chaleurs de l'été. Le vieux fermier à qui nous la louons voudrait que je l'achète. Je le ferai peut-être, mais je voulais d'abord savoir comment je m'y sentais. Je la retaperai entièrement, ferai carreler le garage et y ajouterai des portes. Là, c'est Margot.

Margot, qui se tenait devant le garage, était une jolie femme mais peu souriante, pas très grande mais bien faite. Elle semblait beaucoup plus jeune que Brentford, à qui je donnais une quarantaine d'années. Selon lui, elle était rousse.

— Je l'ai rencontrée pendant la guerre. Sa mère, une veuve, s'occupait activement des envois de colis pour les prisonniers anglais, et Margot lui donnait un coup de main. D'ailleurs, elle participe encore à ce genre d'œuvres de charité, ajouta Brentford en hochant la tête d'un air amusé. Elle a l'air de croire que la guerre n'est pas terminée et que les familles victimes de bombardements manquent toujours désespérément de vieux vêtements. Elle en a rempli une malle et m'a demandé de l'emporter avec moi. Je lui ai dit que c'était ridicule, que plus personne n'avait besoin de tout ça. Elle m'a répondu que je n'avais qu'à remettre la malle à une association charitable. J'ai refusé tout net. Elle l'a fait livrer sur le quai sans que je le sache, et on l'a portée dans ma cabine au moment où nous allions prendre la mer. Dieu seul sait ce que je vais pouvoir en faire.

« D'ailleurs j'ai moi-même failli ne pas pouvoir partir, poursuivit-il. Mon passeport a été renouvelé de justesse. Je suis arrivé au consulat au moment de la fermeture et l'employé m'a dit de revenir le lendemain. Je lui ai expliqué que le lendemain, je devais prendre le bateau, à condition toutefois que mon passeport fut en règle. Il fallait donc qu'il le renouvelât sur-le-champ. J'ai ajouté que j'étais un ami du consul général et que s'il le fallait, j'appellerais personnellement Sir Henry pour obtenir satisfaction. Je ne connais pas plus Sir Henry que sir Bumbleton, conclut-il avec un gloussement, mais cela a donné des ailes à l'employé.

Le lendemain soir, Brentford m'invita à partager tranquillement un dernier verre dans sa cabine. Je trouvai flatteur qu'il voulût mc voir seul à seul. Lorsque j'entrai chez lui, aux alentours de dix heures trente, il m'attendait avec une bouteille de whisky, de la glace, de l'eau gazeuse et des verres. Il m'offrit le fauteuil et confectionna deux whiskys-soda. M'en ayant donné un, il prit place sur le canapé, allongea ses longues jambes et leva son verre.

— A la vôtre, et à fond de cale, pour rester dans l'esprit des lieux.

Il but une longue gorgée et tendit le bras vers une malle-cabine de belle dimension qui occupait un angle de la pièce.

— Finalement, j'ai trouvé comment résoudre le problème : par-dessus bord !

— Par-dessus bord ? répétai-je, ne le prenant pas au sérieux.

— La solution rêvée. Margot a oublié d'envoyer

les clefs, ou du moins, même si elle l'a fait, on ne me les a pas remises. Je ne vais donc pas pouvoir ouvrir la malle lors du contrôle en douane. Il faudra que je force les serrures. Je n'ai pas du tout l'intention de me donner ainsi en spectacle sur le quai, comme un vulgaire touriste.

— Il suffit que vous demandiez autour de vous, suggérai-je. Il y aura bien quelqu'un dont la clef conviendra. Les clefs de malles se ressemblent toutes, d'après mon expérience. Sinon, le menuisier de bord saura vous l'ouvrir.

— Écoutez, toubib, s'il y a une chose que je déteste, c'est d'embêter les gens avec mes histoires.

— Ce serait vraiment dommage de jeter tous ces vêtements à la mer. Pourquoi ne pas la laisser ici ? Dites au steward ce qu'elle contient, et il en disposera à sa guise.

— Pour qu'il me regarde d'un sale œil pendant toute la traversée, s'imaginant que sera là tout le pourboire qu'il obtiendra de moi ?

— Mais comment pourrez-vous vous justifier auprès de votre femme ?

— Pas de problème. On l'aura égarée — ce n'est pas un sort inhabituel pour les bagages, vous en conviendrez. Je n'aurai pas besoin de préciser qu'elle a été égarée par-dessus bord. Par conséquent, si vous voulez bien me donner un coup de main...

Brentford posa son verre et s'avança vers la malle. Je renonçai à le dissuader de son projet. De toute évidence, sa décision était prise. Il maintint la porte de la cabine ouverte au moyen d'un crochet et nous sortîmes sur la coursive, chacun de nous tenant une des solides poignées de cuir de la malle. Je la trouvai plutôt lourde, vu son contenu, et en fis la remarque à Brentford. Il se mit à glousser.

— Cela ne m'étonnerait pas qu'elle renferme aussi quelques boîtes de corned-beef. Margot doit imaginer qu'ils en sont encore aux rations de guerre.

Une jeune femme en robe du soir remontait la coursive dans notre direction. Avec la houle qui agitait la mer, notre démarche n'était pas très stable. Elle se colla au mur pour nous laisser passer, comme si elle craignait d'abîmer sa robe, et nous jeta un drôle de regard, apparemment estomaquée de voir le médecin du bord et Brentford transformés en porteurs. Néanmoins, elle adressa un large sourire à ce dernier et s'abstint de tout commentaire.

A quelques portes de la cabine de Brentford, un étroit passage permettait d'accéder au pont inférieur. Il était faiblement éclairé et à peu près vide, à l'exception d'une poignée de passagers rassemblés à l'avant. Nous portâmes la malle jusqu'au bastingage, la hissâmes jusqu'à la barre la plus haute et la fîmes basculer dans le vide. Un floc sonore retentit quand elle heurta l'eau sombre.

— Merci mille fois, dit Brentford, cela m'ôte un poids de l'esprit — et des mains d'ailleurs. Allons célébrer cela avec quelques derniers verres.

Le lendemain matin, pendant le petit déjeuner, je racontai comment j'avais fait faire le grand saut à la malle et Brentford se fit gentiment railler pour avoir dupé sa femme. Tout le monde éclata de rire lorsque Liebman, le juriste, déclara : « Docteur, vous êtes complice par assistance, pour avoir aidé et encouragé la disparition du *corpus delicti*.

Brentford ne l'emporta ni au jeu de galets ni dans aucune des autres compétitions, mais personne ne doutait qu'il serait choisi pour remettre leurs prix aux vainqueurs devant tous les passagers réunis dans le grand salon. Effectivement, il prononça un petit discours fort approprié pour chaque récompense, et chaque fois que le lauréat s'approcha pour recevoir son prix, je crois que les applaudissements éclatèrent autant pour l'un que pour l'autre.

Avant de descendre à terre, une fois arrivés en Angleterre, Brentford me serra chaleureusement la main et me dit :

Si vous avez l'occasion de venir en ville, pendant que le navire est à quai, vous me trouverez tous les jours au bar du Savoy, aux heures ouvrables. Ceci est pour votre fille, ajouta-t-il en me tendant une carte professionnelle.

Au verso, il avait écrit un message à l'intention de M. Alevardi, demandant que la dame ci-dessous mentionnée fut traitée avec tous les égards.

— Ce n'est qu'une bien modeste façon de vous exprimer mon infinie gratitude pour l'agréable traversée que je vous dois. Je suggère que vous alliez trouver Alevardi lors de votre prochain passage à New York. Il devrait bientôt partir en vacances.

Le lendemain vers midi, me trouvant à proximité du Savoy, je me rendis au bar, espérant passer un moment sympathique avec Brentford. Il n'était pas là. Je traînai jusqu'à une heure, puis quittai les lieux, un peu déçu.

De retour à New York, je téléphonai le soir même à ma fille, depuis le bateau. Comme j'étais veuf, j'avais choisi de vivre à bord entre deux traversées. Comme elle n'était pas encore descendue en ville pour choisir son mobilier en ferronnerie, je lui parlai de Brentford et d'Avelardi. Le jour de mon départ, je fis quelques courses et allai voir le hall d'exposition d'Art Metal Crafts. Tandis que je déambulais au milieu d'un vaste choix de chaises, tables et grilles en fer forgé, un vendeur s'approcha de moi. Je lui demandai si je pouvais rencontrer M. Avelardi. Il me conduisit dans l'un des petits bureaux qui donnaient sur le hall d'exposition, où un homme était assis devant une table, sur une chaise en ferronnerie au dossier tarabiscoté.

Avelardi avait le teint basané et des yeux vifs sous de gros sourcils. Vu la chaleur de l'après-midi, il avait posé sa veste de soie noire sur le dossier de sa chaise. Il se leva pour m'accueillir. Je me présentai en précisant : « M. Brentford m'a conseillé de venir vous voir. »

Je lui tendis la carte annotée par Brentford. Avelardi lut le message et retourna la carte. Il parut se perdre quelques instants dans ses pensées puis leva les yeux vers moi.

— Dr Jenks, dit-il, je m'occuperai de votre fille avec grand plaisir, mais je dois cependant vous avertir que M. Brentford ne travaille plus chez nous.

— Oh, je suis vraiment désolé. Je n'en avais pas la moindre idée. Si j'avais su...

— Pas du tout, docteur. Ce sera un privilège pour nous de montrer ce que nous avons à votre fille et de la conseiller.

Avelardi parlait avec un accent marqué. Ses yeux glissèrent sur ma personne et mes paquets, comme s'il voulait me jauger. Je portais des vêtements civils, bien entendu, et rien n'indiquait que je fusse dans la marine.

— Puis-je vous demander si vous êtes un ami de longue date de Brentford ?

— Pas vraiment de longue date, non. Mais j'espère le connaître suffisamment pour être de ses bons amis. Il m'a remis cette carte il y a quelques semaines en suggérant que je passe vous voir lors de mon prochain séjour à New York.

Avelardi parut hésiter, puis m'invita à m'asseoir. Il regagna sa chaise, derrière son bureau. Je mis mes paquets dans un coin et pris place en face de lui, plutôt intrigué.

— Puisque vous êtes un bon ami de Brentford,

reprit Avelardi d'un ton grave, peut-être devrais-je vous laisser savoir pourquoi il n'est plus parmi nous. De toutes manières, vous finirez par l'apprendre. Brentford m'a téléphoné il y a quatre semaines environ pour m'annoncer qu'il était souffrant — fiévreux, avec une température élevée — et ne pourrait pas venir pendant quelques jours. Deux semaines s'étant écoulées sans que nous ayons eu de ses nouvelles, je téléphonai à son appartement, mais personne ne répondit. La même chose le lendemain. J'en conclus simplement qu'il était parti avec sa femme quelque part, peut-être pour se reposer ou récupérer, mais il était curieux qu'il ne m'en ait pas avisé. Cela ne lui ressemblait pas. Il y a deux ou trois jours, sa belle-mère, qui habite la Californie, m'a téléphoné pour me demander où il était. Hier, deux inspecteurs de police sont venus ici pour me questionner à son sujet.

Avelardi marqua un temps d'arrêt, comme pour me laisser le temps de bien digérer l'information.

— Les policiers m'ont annoncé que sa femme et lui ont disparu. Ils sont rentrés dimanche soir d'un de leurs week-ends habituels à la campagne. Le lendemain matin, Brentford a demandé au gardien de l'immeuble de lui monter sa grosse malle, qui était rangée dans la cave. Personne ne les a vus, ni lui ni sa femme, depuis le début de la semaine. Le gardien a dit aux inspecteurs qu'aussi loin qu'il pût se souvenir, c'était la première fois qu'il voyait Brentford utiliser cette malle depuis son installation dans cet appartement. Ils m'ont demandé s'il s'en était jamais servi pour ses voyages d'affaires. Je leur ai répondu que cela n'était pas nécessaire, vu qu'il n'emportait rien d'autre que des dépliants et des catalogues. Ils m'ont donné l'impression de nourrir quelques soupçons quant au contenu de cette malle.

Avelardi secoua la tête d'un air incrédule.

— Je sais qu'il ne s'entendait pas bien avec sa femme, mais de là à la supprimer, je n'arrive pas à le croire.

Je n'y aurais pas cru moi-même si je n'avais su ce qu'il était advenu de la malle, et si je n'avais été brusquement assailli de souvenirs qui prenaient un sens nouveau sous cet éclairage. Brentford disant qu'il avait attrapé le bateau de justesse, qu'il avait réussi à faire renouveler son passeport à la dernière minute — en menaçant, s'il le fallait, de téléphoner personnellement à Sir Henry. Liebman déclarant que j'étais un complice par assistance — la vérité sous forme de plaisanterie.

Le choc dut se lire sur mon visage, car Avelardi s'empressa d'ajouter :

— Bien entendu, je prends probablement toute l'affaire au tragique et Brentford va réapparaître avec sa femme en pleine forme.

J'aurais pu lui dire qu'un corps enfermé dans une malle reposant au fond de l'océan Atlantique ne risquait pas de réapparaître en pleine forme, mais je m'abstins. Un réflexe de loyauté à l'égard d'un ami, fût-il relativement récent, me cousit les lèvres. Je me levai, mû par une seule envie : m'éloigner du bureau d'Avelardi, me retrouver seul et réfléchir tranquillement.

— Je suis réellement désolé de ce qui arrive, et très inquiet au sujet de M. Brentford. Mais il faut que je vous quitte, car j'ai un autre rendez-vous. J'étais simplement venu vous déposer cette carte. Je vous téléphonerai à mon prochain passage en ville, et j'espère que vous aurez de bonnes nouvelles à m'annoncer.

Je me dirigeai en hâte vers le bateau, ayant à examiner de nouveaux membres d'équipage que l'on devait enrôler l'après-midi même. J'étais tellement préoccupé par l'histoire de Brentford que plusieurs véhicules durent freiner brusquement sur mon passage, leurs conducteurs me hurlant toutes sortes d'obscénités parce que je n'avais pas respecté les feux. Quand je me retrouvai enfin à bord, miraculeusement indemne, ma décision était prise concernant Brentford. En bon citoyen respectueux de la loi, j'aurais dû aller trouver la police, mais à mes yeux, cela ressemblait davantage à une trahison qu'à l'accomplissement d'un devoir. Un véritable ami ne se précipite pas pour donner des renseignements, il n'intervient pas avant de connaître tous les éléments. Brentford n'avait rien du type qui assassine sa femme de sang froid. Il était capable d'avoir tué sous le coup de la colère, ou après avoir été provoqué — un homicide avec circonstances atténuantes. Je décidai donc de laisser la justice suivre son cours. La police ferait son enquête auprès des compagnies maritimes et apprendrait que Brentford était parti pour Londres à bord de l'*Ambassadrice*, puis que la malle avait été portée dans sa cabine, et enfin qu'elle n'était pas arrivée à destination. Ils enquêteraient alors à bord de l'*Ambassadrice*. C'est à ce moment-là que je déciderais si je devais parler ou non.

Je trouvais cependant bizarre que Brentford m'ait donné sa carte et m'ait incité à aller trouver Avelardi sans tarder. Il s'attendait forcément à ce que j'apprenne que sa femme avait disparu et que la police le recherchait. A moins qu'il n'y ait pas pris garde, dans sa hâte de me rendre service ? Il m'apparut alors qu'il s'était arrangé pour que je puisse dire où il était. J'étais en mesure de préciser qu'il se trouverait tous les jours au bar du Savoy, à Londres, pendant les heures ouvrables. Mais je ne comprenais pas à quoi cela pouvait lui servir. L'idée qu'il pût s'être servi de moi ne me fut pas agréable, mais je préférai ne pas le juger avant d'en savoir davantage.

En rentrant à New York, je m'attendais presque à voir les détectives monter à bord pour effectuer leur enquête à son sujet. Ce fut un avocat d'assises qui vint me trouver dans mon bureau. Il me dit qu'il avait été engagé pour défendre Brentford d'une accusation de meurtre. Il souhaitait m'en parler.

— Ainsi, on l'a fait revenir d'Angleterre, dis-je.

— Oui, la police a appris par Scotland Yard qu'il habitait avec sa sœur dans la banlieue de Londres. Il a renoncé à la procédure d'extradition et a été ramené par avion. Il a tout avoué, de son plein gré, mais il m'a confié en privé comment il vous avait persuadé de l'aider avec la malle.

Le jeune avocat secoua la tête d'un air dubitatif. Il était jeune, et soucieux de se faire une réputation.

— Le mieux que je puisse espérer, c'est un jugement d'homicide involontaire au second degré.

— Ce n'était donc pas un meurtre avec préméditation, dis-je en poussant un soupir de soulagement.

— D'après ses déclarations, non. Et je suis tenté de le croire, vu ce que je connais de sa personnalité. Lors de vos entretiens, vous a-t-il jamais confié que sa femme était alcoolique ?

Je secouai la tête :

— Il ne m'en a pas dit un mot.

— Il ne l'avait pas soupçonné avant de l'épouser, il y a environ un an. Sa belle-mère le lui avait caché, voulant à tout prix marier sa fille pour pouvoir s'installer dans un village de retraités en Californie. Brentford fut furieux de l'apprendre. Il fit tout son possible pour la faire rentrer dans le droit chemin, pour lui faire suivre une cure de désintoxication, mais elle résista. Un jour, dans un accès de colère, il déclara à sa belle-mère que l'alcool devrait être comme les somnifères. Il suffit d'une overdose pour vous tuer. Et il ajouta que cela était aussi valable pour elle. Vous imaginez l'effet que cette déclaration va produire sur le jury, le jour où la défense va faire venir la belle-mère à la barre des témoins.

L'avocat s'arrêta un instant et le souvenir de la voluptueuse rousse assise jambes croisées sur la chaise du témoin me revint en mémoire. Puis il reprit son récit :

— Brentford l'a emmenée au cottage pour leur dernier week-end ensemble. Le samedi, ils sont montés au lac et n'en sont rentrés que tard le soir. Brentford est entré dans la cuisine juste au moment où elle ouvrait une bouteille de whisky qu'elle avait glissée dans son sac de voyage, apparemment décidée à se soûler. Il s'est avancé pour lui ôter la bouteille des mains. Elle a essayé de l'assommer avec, et l'a touché d'un coup oblique. Sous l'effet de la douleur, il l'a violemment giflée. Elle a basculé en arrière, trébuché sur une chaise métallique et s'est retrouvée par terre. Mais elle ne s'est pas relevée. Il ne savait pas ce qui s'était exactement produit, mais une chose était sûre, elle était morte, et c'était lui qui l'avait tuée.

— Sans doute la nuque brisée, ou une hémorragie cérébrale, avançai-je par réflexe professionnel.

— Selon Brentford, poursuivit l'avocat, il s'est trouvé confronté à un *fait accompli*. Il lui fallait mettre le corps hors de vue, et vite. Il n'avait aucunement l'intention, m'a-t-il confié, de payer de sa vie, ou de sa liberté, l'irrépressible besoin d'alcool qu'avait cette femme. La lecture de nombreux romans policiers lui avait donné une sorte de vernis en criminologie. Il savait qu'en empêchant les policiers de trouver le *corpus delicti*, comme il l'appelle, sa culpabilité ne pourrait être établie que par présomption. De plus, il est citoyen britannique, et si la question de l'extradition se posait, un juge britannique pourrait la refuser parce qu'il n'y avait pas suffisamment de preuves pour justifier une accusation de meurtre.

— Le fait qu'il se soit enfui n'était donc pas une preuve suffisante ?

— Il s'apprêtait à dire qu'il avait abandonné sa femme parce qu'elle buvait, mais qu'elle était en vie quand il avait quitté l'appartement. Il avait tout mis en scène pour faire croire qu'elle était rentrée de la campagne avec lui. Leur appartement se trouvait au rez-de-chaussée. Le liftier, qui faisait également office de portier, s'apprêtait à monter dans la cabine pour répondre à l'appel d'un locataire quand Brentford est entré d'un pas pressé dans le hall. Il est passé devant lui enportant deux valises et lui a dit que sa femme était en train de garer la voiture. La panique a failli gagner Brentford lorsque sa belle-mère a téléphoné de Californie plus tard dans la soirée pour annoncer à sa fille qu'elle partirait dans un ou deux jours pour une croisière à Hawaii et qu'elle lui enverrait une carte postale. Brentford lui a dit que Margot était rentrée de la campagne souffrant d'une forte migraine et était allée directement se coucher avec un sédatif. Mais il lui raconterait tout le lendemain matin. Le lendemain matin...

L'avocat s'arrêta quand un steward frappa à la porte et, passant la tête dans l'embrasure, m'annonça que l'examen des candidats allait bientôt commencer. La porte refermée, l'avocat reprit son récit :

— Le lendemain matin, Brentford demanda au gardien de l'immeuble de lui monter la malle qui se trouvait dans la cave. Il appela sa femme pour qu'elle lui apporte un dollar à l'intention du gardien, puis, faisant remarquer qu'elle avait dû s'enfermer dans la salle de bains, il alla chercher le dollar lui-même. Il dit au gardien qu'il allait partir d'ici un jour ou deux en voyage d'affaires, et que sa femme irait probablement passer quelque temps à Atlantic City pendant son absence. Quand la mère de Margot, rentrée de sa croisière, leur téléphona à plusieurs reprises et n'obtint aucune réponse, elle appela Art Metal Crafts. Ensuite, elle contacta la police new-yorkaise. C'est ici que vous étiez censé intervenir.

— Je ne comprends pas bien.

— Le liftier a dit à la police que les Brentford étaient rentrés de leur week-end à la campagne à peu près à l'heure habituelle, et le gardien leur a raconté l'épisode de la malle. Aucun locataire n'avait vu Mme Brentford depuis son retour, mais il est vrai qu'elle restait généralement enfermée chez elle quand elle avait trop bu. La police n'a rien remarqué d'inhabituel dans l'appartement. Des cintres à vêtements, abandonnés un peu partout, laissaient supposer qu'elle était partie en hâte pour Atlantic City. La voiture était restée dans le parking et l'on pouvait penser qu'elle avait pris le train ou le car. Mais la police était portée à croire qu'elle était partie quelque part à bord d'une malle.

« L'un des détectives est retourné à l'appartement, se disant qu'après tout, Mme Brentford était peut-être simplement partie sans donner d'explication, et espérant trouver ou entendre quelque chose qui confirmerait cette hypothèse. Il y rencontra la belle-mère de Brentford, qui entre-temps était arrivée de Californie pour s'occuper des affaires du couple. Elle lui déclara qu'elle ne pensait pas que sa fille fut partie pour Atlantic City. Ces cintres vides éparpillés un peu partout étaient destinés à induire la police en erreur. Brentford avait empoisonné

Margot et fourré le cadavre dans la malle. Allons donc ! Cette brute de gendre aurait forcé sa fille à garer la voiture ce dimanche soir-là, quand elle était épuisée de fatigue, avec une migraine de surcroît ? Alors que c'était presque toujours lui qui s'en chargeait ?

« Cette remarque incita la police à questionner de nouveau le liftier. L'homme répondit qu'il n'avait pas vraiment vu Mme Brentford rentrer dans l'immeuble. Il avait seulement supposé qu'elle était arrivée pendant qu'il se trouvait dans les étages. Le lendemain, les deux détectives se rendirent au cottage de Brentford, à la campagne, et trouvèrent le corps enterré dans le garage.

Comme frappé par la foudre, je fixai l'avocat d'un regard ahuri :

— Mais alors, qu'y avait-il dans la malle ?

— A vrai dire, des vêtements, quelques conserves alimentaires et des catalogues pour augmenter le poids, me dit-il en souriant. C'est là que sont parties les robes de Margot. Cette malle était un appât destiné à détourner les soupçons du cottage. Pour faire croire qu'elle avait été tuée dans l'appartement, et que le corps avait été escamoté dans la malle. Le plan a échoué à cause d'une remarque anodine de la mère, mais il aurait pu échouer pour d'autres raisons. C'était une solution hasardeuse, mais Brentford pouvait difficilement trouver mieux, vu les circonstances. Il y avait une toute petite chance pour qu'elle réussit, Brentford en est persuadé, mais à condition que vous ne le trahissiez pas.

J'étais éberlué.

— Mais comment cela ?

— Il avait d'abord envisagé de demander au steward de l'aider à balancer la malle par-dessus bord. Seulement, dès le début de la traversée, il a compris que le bateau rentrerait à New York au moment où sa belle-mère, ayant terminé sa croisière à Hawaii, commencerait à s'inquiéter de la disparition de sa fille. Aussi, si quelqu'un pouvait surgir à temps et raconter ce qui était arrivé à la malle, la police serait persuadée qu'elle contenait le corps de sa femme. Ou du moins l'espérait-il. Vous avez été sélectionné parce que vous aviez une raison de prendre contact avec Avelardi sans tarder. Il n'arrive pas à comprendre pourquoi vous n'avez pas réagi comme le bon citoyen que vous aviez tellement l'air d'être.

L'ironie de la réponse avait un parfum d'humour noir : c'est en décidant de me comporter comme un véritable ami que je lui avais involontairement nui. J'éprouvai cependant un petit pincement de cœur en constatant qu'il ne m'avait pas réellement jugé comme un véritable ami.

— Il m'a demandé, ajouta l'avocat, de vous présenter ses excuses très sincères pour la vilaine manière dont il a utilisé votre amitié. En fait, il n'avait pas de temps à perdre, et il pense que vous comprendrez. Il m'a également demandé de vous dire autre chose, qui semblait beaucoup l'amuser : "Dites au bon docteur qu'il est meilleur médecin que complice par assistance."

True Friends.
Traduction de Marie-Caroline Aubert.

L'AUTRE

par PERCY SPURLARK PARKER

Le grand Bull Berson alluma son cigare avec un briquet en or et en tira une odorante bouffée tout en considérant le sergent Vern Wonder assis à l'autre bout du canapé. Le long visage sévère de Vern ne laissait rien paraître de l'amitié qui les avait liés pendant des années. A présent, il était flic avant tout et enquêtait à propos d'un meurtre.

— Bull, où est Sam ?

— Je ne l'ai pas revu depuis cette nuit.

Il ne mentait pas. Sam était son chef-barman et il ne l'avait pas revu depuis l'heure de la fermeture.

Mais ce qu'il taisait, c'est que tous deux s'étaient entretenus par téléphone vingt minutes avant l'arrivée de Vern.

Certes, Vern et lui se connaissaient depuis que, tout gosses, ils avaient commis ensemble des frasques qui auraient pu leur valoir la prison. Aussi Bull faisait-il confiance à Vern plus qu'à aucun autre policier ; mais, à bien des égards, il était plus proche de Sam. Sam avait tiré de la rue le petit voyou qu'était Bull et lui avait appris l'art de jouer aux cartes. Bull n'aurait jamais cru ses grosses pattes capables d'acquérir une telle dextérité, mais Sam lui avait montré comment les battre avec élégance et distribuer quelques atouts à bon escient, aussi facilement qu'on apprend à marcher en faisant un pas après l'autre. Toutefois, c'était dans un but défensif que Sam lui avait enseigné tout cela, pour n'y avoir recours que lorsqu'il se retrouverait jouer avec des inconnus.

— Bien jouer consiste à savoir évaluer ses chances et les utiliser au mieux, lui répétait Sam. Si l'on traite la veine avec le respect dû à une grande dame, elle vous paie de retour.

L'enseignement de Sam avait abouti, quelques années plus tôt, à une partie aux enjeux énormes et, l'ayant gagnée, Bull avait pu s'acheter un grand hôtel, qu'il avait aussitôt baptisé le *Bull Pen* en prenant Sam comme collaborateur.

— Arrête tes salades, Benson, et viens-en aux faits ! lança une voix.

C'était celle de Charlie Evans, le co-équipier de Vern, qui se tenait debout derrière le canapé. Bien que noir, il dédaignait de se coiffer à l'afro. Charlie tenait Bull pour un individu aussi inutile qu'encombrant et ne se gênait pas pour le lui faire savoir.

Continuant de fumer son cigare, Bull réfléchissait à la petite comédie qu'il s'apprêtait à leur jouer.

— Vous faites irruption chez moi sans même dire bonjour et vous me croyez capable de répondre sur-le-champ à toutes vos questions. Tout ce que je peux vous dire, c'est que Sam devrait être chez lui. Y êtes-vous allés voir ?

— Tu nous prends pour des manches ou quoi ?

— Ah ! soupira Bull, des flics un lundi à l'heure du petit déjeuner, ce que ça peut être indigeste !

Puis, se redressant, il affecta de laisser paraître une certaine inquiétude.

— Dis-moi, Vern... Il s'agit d'une affaire vraiment grave ?

Le visage de Vern se durcit. De toute évidence, il n'était pas dupe. Bull et lui se connaissaient depuis trop longtemps pour que l'un pût compter abuser l'autre.

— Bull, Sam a la trouille, il est en cavale, et tu voudrais me faire croire qu'il ne t'a pas demandé ton aide. Je suis convaincu que tu cherches, en ce moment même, comment le tirer du pétrin où il se trouve. Mais son cas est grave, Bull, et le meilleur conseil que tu puisses lui donner, c'est de se rendre.

Et comme Bull se taisait, attendant la suite, Vern reprit :

— Tu veux que je te mette les points sur les « i » ? Depuis sa sortie de taule, voici deux jours, Ollie Hymes a été constamment suivi par des gars du F.B.I. Mais ce matin, il a réussi à les semer et deux heures plus tard, on a découvert son cadavre dans l'appartement de Sam. A présent, les Feds et nous sommes sur l'affaire. Alors, laisse tomber ou, crois-moi, tu te retrouveras partageant une cellule avec Sam !

***

Après le départ des deux policiers, Bull entreprit de préparer son petit déjeuner, afin de se donner le temps de réfléchir à ce qu'il savait de l'affaire. Ollie Hymes avait participé à plusieurs attaques d'agences bancaires et de caisses d'épargne sises en banlieue, qui avaient dû rapporter quelque 90 000 dollars à son complice et lui. Le surnom de « Laurel et Hardy » aurait bien convenu aux deux malfrats, avec Ollie dans le rôle du gros comédien. Mais comme ils étaient tous deux affublés de fausses barbes, les médias en avaient fait « Les frères Smith ».

Leur tenue complète comportait, en sus de la barbe postiche, un feutre dont le large bord était rabattu sur leurs yeux, une veste croisée de couleur sombre et des gants de cuir noirs. A quoi s'ajoutait une paire de fusils à pompe au canon scié, qui leur évitait toute espèce de discussion. Leurs exploits avaient pris fin avec l'arrestation de Hymes, sérieusement blessé, son complice s'étant échappé de justesse. Hymes n'avait jamais parlé et ce silence lui avait valu quinze ans de travaux forcés. Les enquêteurs avaient cuisiné tous les amis de Hymes susceptibles d'être l'autre frère Smith, et Sam faisait partie du lot. Bull se servit des œufs et des saucisses avec une grande tasse de café avant de prendre quatre toasts dans le grille-pain. Bien que pesant trois kilos de plus que son poids normal — cent dix kilos ! — il avait décidé une fois pour toutes que s'il maigrissait, ça ne serait pas en se privant.

Tandis qu'il mangeait, une question continuait de le préoccuper... Non pas s'il risquait d'être impliqué dans l'affaire, mais comment il allait pouvoir sortir Sam du pétrin.

***

La sonnerie du téléphone l'avait tiré d'un profond sommeil, mais il avait recouvré tous ses esprits dès qu'il avait perçu l'anxiété qui faisait chevroter Sam :

— Je suis dans de sales draps, Bull !

— Raconte, Sam.

— Il s'agit d'Ollie Hymes. Il est chez moi avec une balle en pleine poitrine. Raide mort.

— C'est toi qui l'as tué ?

— Grand Dieu, non ! Mais c'est ce que les poulets vont croire. Il m'avait donné un coup de fil hier soir au bar pour me dire qu'il viendrait me voir dans la matinée, qu'il avait un service à me demander en souvenir du passé. Je l'attendais donc ce matin quand j'ai entendu un coup de feu sur le palier. J'ai ouvert la porte et il est entré en chancelant.

« Y a longtemps que j'ai appris à me garer quand ça flingue dans le secteur, mais là, vraiment, j'ai perdu la tête. Je suis sorti en courant pour essayer de repérer l'agresseur et je me suis trouvé face à des gens qui gueulaient en me montrant du doigt. Me rappelant alors tout ce que j'ai enduré lorsque les flics m'ont cuisiné au sujet des frères Smith, je n'ai plus pensé qu'à fuir. Moi qui disais toujours qu'on doit avant tout bien peser ses chances, j'ai bonne mine !

— Écoute, Sam, planque-toi dans un hôtel et téléphone-moi pour me dire où tu es. Je vais contacter Chet et nous trouverons bien un moyen de te tirer de là.

Chester K. Longsworth, ami intime et joueur impénitent, dirigeait le plus important cabinet d'avocats de race noire. Sam ne pourrait pas rester caché indéfiniment et son meilleur atout serait encore de se présenter aux enquêteurs comme Vern l'avait conseillé. Mais Bull ne voulait pas que Sam se rende dans un commissariat sans avoir Chet avec lui.

Quand le téléphone sonna, il décrocha aussitôt.

— Bull ?

C'était Sam.

— Où t'es ?

— Au *Lakeside*.

— Ben, dis donc !

— Tu comprends, s'ils me foutent en cabane, ça sera pas de sitôt que je pourrai de nouveau goûter aux plaisirs de l'existence !

— Déconne pas. A supposer qu'on arrive à t'inculper, je suis sûr que Chet se débrouillera pour te faire libérer sous caution. D'après moi, les poulets pensent que Hymes s'attendait à retrouver une partie du pognon, comme dédommagement d'avoir fermé sa gueule pendant des années. Or de deux choses l'une : le frère Smith n'avait plus de fric ou ne voulait pas le lâcher... Étant donné que Hymes a été descendu chez toi, les flics ne vont pas chercher plus loin.

— Oui, dit Sam d'un ton morne, c'est aussi mon avis.

— Mais je vais tâcher de les obliger à s'en aller fureter un peu ailleurs. Seulement, pour ça, j'ai besoin de quelques noms de types susceptibles d'avoir été autrefois en cheville avec Hymes.

— C'est aussi ce que j'ai pensé. Mais y reste plus beaucoup de mecs de cette époque. J'ai quand même trouvé deux noms : Lemar Summers et Dave Tucker. Tu les connais ?

— Je me souviens de Summers. Avant d'avoir ce magasin de prêt-à-porter, est-ce qu'il n'avait pas trempé dans des tas de combines : recel, loterie, paris clandestins ?

— Si, c'est bien ça. Les flics l'ont cuisiné aussi durement que moi quand Ollie a été agrafé, car nous sommes à peu près de la même taille.

— Et Dave Tucker, que peux-tu m'en dire ?

— Lui, il n'était pas dans le coup des hold-up. C'est un mec presque aussi grand que toi et qui en voulait à Ollie depuis des années parce que, soi-disant, il l'aurait refait d'une certaine somme. Seulement j'ignore ce qu'il a pu devenir, car y a plus d'un an que je l'ai pas revu. Il tenait un kiosque à journaux dans le quartier ouest, près de la Gare centrale.

— Bon, c'est tout de même un premier jalon, opina Bull. Et Hymes, sais-tu où il créchait ?

— Avec Bess Warren, je crois bien. C'était alors

une femme du tonnerre. Avec ses talons aiguille, elle me dépassait de cinq centimètres, mais ça m'empêchait pas de lui faire du plat. N'importe qui pouvait se l'offrir à condition d'être plein aux as. Quand elle s'est mise avec Ollie, ils formaient un couple comme on n'en voit qu'au ciné. Mais peu de temps après la condamnation d'Ollie, elle a été terriblement amochée dans un accident de bagnole. Je crois bien qu'elle est paralysée à vie. La dernière fois que j'ai entendu parler d'elle, Bess habitait le quartier ouest, mais j'ignore à quelle adresse.

— Je m'en vais la rechercher, dit Bull. Elle devrait pouvoir me donner quelques noms.

A peine eut-il raccroché après avoir bien recommandé à Sam de ne pas bouger du *Lakeside*, Bull compulsa l'annuaire du téléphone et eut la chance d'y trouver Bess Warren. En revanche, Dave Tucker n'y figurait pas. La chance lui sourit de nouveau car il put joindre Chet Lonsworth à son cabinet. L'avocat étant pris jusqu'à trois heures et demie par une audience, ils convinrent de se retrouver avec Sam au *Lakeside* à quatre heures.

Peu après midi, Bull prit sa Cadillac pour se rendre dans le centre, où se trouvait le magasin de Lemar Summers. La circulation était fluide et il arriva à destination sans aucun problème. Dans un parking situé en face du magasin, Bull trouva une place au deuxième sous-sol et, plutôt que d'attendre l'ascenseur, il prit l'escalier pour regagner la rue.

Summers ne recherchait visiblement pas la clientèle huppée. Toute rouge et or, sa boutique donnait dans le tape-à-l'œil, et une sono diffusait du rock à profusion. Les prix étaient à la hauteur de cette ambiance très avant-garde.

— Puis-je vous être utile ?

C'était une fille chocolat au lait, avec des yeux d'ambre clair et un air futé, vêtue d'un pantalon orange et d'un corsage assorti. Ses sourires devaient inciter certains pigeons à acheter n'importe quoi pour lui complaire.

— Je voudrais voir M. Summers, dit Bull en résistant à la tentation de faire dériver l'entretien sur un plan plus personnel.

— Vous avez rendez-vous ?

— Non, mais il me recevra sûrement. Dites-lui que je suis Bull Benson, un ami de Sam Devlin.

Elle se détourna mais à peine avait-elle fait quelques pas qu'elle revint s'enquérir :

— Benson ? Seriez-vous le patron de ce bel hôtel du quartier sud ?

— Vous avez mis dans le mille !

— Oh ! c'est un endroit drôlement chouette ! J'y suis déjà allée plusieurs fois avec des copains.

— S'il vous arrive d'y venir seule, demandez à me voir.

— Vous pouvez y compter ! lui assura-t-elle avec un clin d'œil.

A l'intérieur du bureau directorial, la musique ne parvenait qu'assourdie et l'ambiance créée par les murs bleutés était reposante après la traversée du magasin.

— Ravi de vous voir, Bull, dit Summers. Asseyez-vous donc.

Les années ne l'avaient guère changé, si ce n'était que maintenant ses cheveux étaient moins abondants et grisonnaient. Tout comme elle l'avait fait pour Sam, la police avait longuement interrogé Summers après l'arrestation d'un des frères Smith et en le revoyant Bull comprit pourquoi : s'il pesait quelques livres de plus, Summers avait la même taille que Sam.

— Je suppose que vous avez entendu parler d'Ollie Hymes, dit-il en s'asseyant sur une chaise que son poids fit légèrement craquer.

— Oui, acquiesça Summers en caressant son menton osseux. C'est vraiment moche... Ce brave Ollie sortait à peine de taule, et bang ! On raconte que c'est Sam qui l'a liquidé... Est-ce exact ?

— Qu'en pensez-vous personnellement ?

— Ça ne me paraît pas croyable... Non, ça n'est pas du tout le genre de Sam que de faire un coup pareil.

— Je partage entièrement votre avis. Mais la police, non.

Summers haussa les épaules sans que fût rompue pour autant l'harmonie de son veston à la coupe impeccable :

— Je m'attendais à voir les flics rappliquer ici aujourd'hui, dit-il. Mais puisqu'ils ont Sam dans leur collimateur, ils ne viendront sans doute pas.

— Non, en effet, opina Bull, et c'est bien pourquoi me voici chez vous.

— Que voulez-vous dire au juste, Bull ? fit Summers en pinçant les lèvres.

— Oh ! C'est simplement que j'étudie l'affaire sous tous ses angles. Quelqu'un a tué Hymes. Nous pensons tous les deux que ça n'est pas Sam... Mais alors qui est-ce ?

— Pas moi, en tout cas, Bull. Donc, cherchez ailleurs.

— A quelle heure êtes-vous arrivé ici ce matin ?

— Pourquoi insistez-vous ? questionna Summers, sourcils froncés. Bon, d'accord : je suis arrivé à 8 h 30, et le personnel, entre 9 h 30 et 10 h. Souhaitez-vous savoir aussi ce que j'ai pris à mon petit déjeuner ?

— Plutôt : *où* vous l'avez pris ?

— Au café d'en face. Je m'y arrête tous les matins, en venant travailler, répondit Summers de plus en plus renfrogné. Pourquoi vous obstiner ? Je n'ai buté personne... Ça fait une paye même que je n'ai pas misé un dollar sur un canasson. Avez-vous regardé autour de vous en entrant ? Ça fait quatorze ans que je m'échine pour faire de cette maison ce qu'elle est devenue. J'ai rompu avec le passé, Bull, changé ma façon de vivre. Vous ne trouverez pas dans toute la ville un type plus régulier que moi.

La patience n'était pas une qualité dominante de Bull, et toute situation nécessitant du doigté l'obligeait à de gros efforts sur lui-même. S'il avait soupçonné Summers de lui cacher quelque chose susceptible d'aider Sam, il l'eût malmené jusqu'à ce qu'il ait craché le morceau. Mais, pour l'instant, il ne jugeait pas utile de recourir à la manière forte. Il se borna à demander :

— Quand les flics vous ont interrogé lors de l'arrestation de Hymes, vous rappelez-vous les noms que vous leur avez donnés ?

— Pourquoi en aurais-je donné ?

— Pourquoi pas ? Je suis sûr que Sam leur a refilé le vôtre. Alors, comme ils cherchaient à vous coincer, vous leur avez indiqué une autre piste. Ce que je voudrais savoir c'est si, tout en connaissant un mec capable d'avoir été vraiment en cheville avec Hymes, vous n'avez pas jugé plus prudent de taire son nom.

Summers se renversa dans son fauteuil en exhalant un long soupir :

— N'allez pas le répéter, Bull, mais pour que les flics me foutent la paix, ne sachant pas qui était le complice d'Ollie, je leur ai donné tous les noms qui me venaient à l'esprit.

— Lesquels, à part Sam ?

Summers soupira de nouveau, en accentuant le froncement de ses sourcils et répondit avec un geste expressif :

— Après tout, maintenant, ça ne peut plus causer de dégats. Je leur avais cité Mac Tremain, Fingers

Howard, les deux cousins Brown, Ricky Richard et Lou Two-Step. A l'heure actuelle, la moitié d'entre eux sont morts, et les autres, ça fait des années que je ne les ai pas revus.

— Avez-vous nommé Dave Tucker ?

— Tucker ? Pourquoi l'aurais-je fait ? Les flics recherchaient un homme de mon gabarit, et Tucker est une véritable armoire à glace. De plus, il était en pétard après Ollie, qu'il accusait de lui avoir fait du tort en trichant aux cartes, au point qu'Ollie lui avait cassé la gueule et qu'il avait dû passer huit jours à l'hosto. Même quand Ollie était en cabane, Tucker disait à qui voulait l'entendre qu'Ollie ne perdait rien pour attendre. Alors Tucker pourrait bien être, en effet, l'homme que vous cherchez.

— Ouais... L'avez-vous vu dernièrement ?

— Pas depuis quelque temps, non... J'ai entendu dire qu'il tient un kiosque à journaux dans le quartier ouest.

Bull eut le sentiment qu'il ne tirerait plus grand chose de Summers, du moins pour l'instant. Des années auparavant, Sam lui avait dit : « Qu'un type bluffe pendant une partie de poker, c'est compréhensible. Mais ceux qu'on doit tenir à l'œil, ce sont les mecs qui mentent à longueur de journée. » Un précepte de Sam parmi beaucoup d'autres.

***

Bess Warren habitait dans un groupe d'immeubles à trois étages en brique rouge qui, lors de son achèvement cinq ou six ans auparavant, avait enthousiasmé la municipalité. Malheureusement, à cause de la mauvaise qualité tant des matériaux que de la main-d'œuvre, l'ensemble avait déjà piètre aspect, ce que les élus locaux affectaient de ne pas voir.

La fille qui vint ouvrir la porte aurait pu être ravissante si elle avait mieux soigné son maquillage. Elle ne devait pas avoir beaucoup plus de vingt ans, sous sa coiffure afro.

— Oh ! les flics ! s'exclama-t-elle. Quand aurez-vous fini de nous embêter ?

— Je ne suis pas de la police, mignonne. Considérez-moi plutôt comme un ami.

L'expression agressive s'effaça sur le visage de son interlocutrice et Bull eut confirmation que, sans son désastreux maquillage, elle aurait pu rivaliser avec la jolie fille qui l'avait accueilli dans le magasin de Summers.

— Excusez-moi, m'sieur... J'avais cru... Et on a passé une sale journée, je vous assure !

— Je le sais, oui. Je viens au sujet de Hymes. Je voudrais voir Bess Warren si c'était possible.

— Après tous les flics qui ont défilé ici, Maman n'est guère en état de recevoir encore des visites...

— Je vous promets d'être bref !

Après une hésitation marquée, la jeune fille s'effaça pour le laisser entrer. Le logement était aussi minable que l'immeuble. Une couverture délavée recouvrait en partie un vieux canapé ; près de la fenêtre, il y avait un fauteuil dont l'un des accoudoirs laissait passer la bourre ; dans un coin, un poste de télévision avec une antenne intérieure. Exception faite du poste de télé, ça ne différait guère de l'appartement où habitait Bull dans son enfance.

— Quel est votre nom ? s'enquit la fille.

— Votre mère a peut-être entendu parler de moi... Je suis Bull Benson.

Elle eut une nouvelle flambée de colère :

— Ça ne vous suffit donc pas qu'on arrête Sam Devlin ?

— Je vous assure que je ne cherche pas à vous

abuser, mon petit. Et si je veux voir votre mère, c'est parce que je suis sûr que Sam n'est pas l'assassin de Hymes.

La voyant se calmer un peu, il se hâta de poursuivre :

— C'est pourquoi j'aimerais avoir un bref entretien avec votre mère. Je connais Sam depuis des années et il est absolument incapable de tuer qui que ce soit.

— Carol, avec qui es-tu ?

En entendant la voix de sa mère, la jeune fille tourna instinctivement la tête vers l'autre extrémité de la pièce, où une porte était entrebâillée, puis regarda de nouveau Bull.

— Carol ?

Elle eut un léger soupir et se dirigea vers la porte en disant :

— Venez.

Bess Warren paraissait comme enfoncée dans le matelas sur lequel elle reposait. Un fauteuil roulant se trouvait près du lit, mais vu l'état de la pauvre femme, ça devait faire quelque temps qu'elle ne l'utilisait plus. D'une maigreur squelettique, Bess Warren avait la peau cendreuse et comme desséchée, de grands cernes sous ses yeux sombres, et de courts cheveux gris tout emmêlés. Bull savait qu'elle avait eu autrefois un succès fou. Sa fille était tout ce qui lui restait de cette époque.

— Bull Benson, oui, je me souviens de vous... Le protégé de ce brave Sam...

La voix était à peine perceptible, comme si l'effort fait pour appeler sa fille avait épuisé son peu de force.

— Sam répétait que vous étiez un as... Et Ollie espérait toujours faire une partie de cartes avec vous.

Les larmes lui vinrent aux yeux et elle les essuya

avec le mouchoir de papier qu'elle gardait au creux de la main.

Carol les avait laissés seuls, mais Bull mesurait à présent combien sa visite était déplacée. Bess Warren avait besoin qu'on la soigne et non qu'on la questionne.

— Je suis désolé... Je n'aurais pas dû venir vous déranger...

— Non, non, rassurez-vous, je tiendrai le coup. Mais ça faisait si longtemps que j'attendais le retour de mon homme... et le voilà maintenant parti pour toujours... Sans doute fallait-il payer le prix de nos fautes...

Il ne chercha pas à lui répondre, conscient lui aussi que chacun a dans son passé quelque chose dont il lui faudra un jour acquitter le prix.

— J'ai vécu une vie de folies, Bull, continua-t-elle, une vie plus effrénée que celle de n'importe quelle autre femme. Quand Ollie et moi nous sommes mis en ménage, je ne me suis pas assagie pour autant. Il était très chic avec moi et nous formions vraiment un tandem du tonnerre de Dieu. Il traitait Carol comme sa propre fille et, bien qu'ils n'aient pas vécu longtemps sous le même toit, elle avait trouvé en lui presque un père...

Elle humecta ses lèvres crevassées avant de demander :

— Sam l'a-t-il tué ?

— Je ne le crois pas, non.

— Les flics, eux, pensent le contraire. Qui connaît la réponse ?

— Peut-être un certain Dave Tucker. Ce nom vous dit-il quelque chose ?

— Davey ? Je pense bien, fit-elle avec un petit sourire. Un temps, nous avons même été très intimes... Bon sang, je l'avais presque oublié ! Un soir, il m'avait emmenée à une partie de poker, et c'est là que j'ai rencontré Ollie, qui se comportait en seigneur, la parole facile, des billets plein les mains. C'est avec lui que je suis repartie ce soir-là. Il avait beaucoup de fric et c'est une chose à laquelle j'ai toujours été sensible. Une semaine après, mes deux amants se sont bagarrés et Davey s'est retrouvé à l'hôpital. En me voyant comme je suis maintenant, vous devez avoir peine à le croire, mais ça n'était pas la première fois que des hommes se battaient pour moi.

— Je n'en doute pas, affirma Bull.

Les yeux las de l'infirme fixèrent sur lui leur regard fatigué et elle ajouta :

— Bull, depuis ce jour-là, Davey en voulait à mort à Ollie. Alors, s'il vit toujours dans les parages, c'est peut-être bien votre homme.

***

En sortant de la chambre, il trouva Carol qui l'attendait et qui l'accompagna jusqu'à la minuscule entrée.

— J'ai entendu votre conversation avec Maman, et cette fois, c'est très sincèrement que je m'excuse de...

— Ce n'est pas nécessaire.

— Si ! Je suis vraiment désolée de vous avoir reçu comme je l'ai fait, monsieur Benson.

Elle resta un moment silencieuse avant de dire, en détournant les yeux :

— Voyez-vous, la mort d'Ollie m'a bouleversée moi aussi. J'avais six ans quand on l'a mis en prison et Maman a eu son accident peu après. Alors Mamie est venue vivre ici pour s'occuper de moi et soigner Maman pendant que j'allais à l'école. J'étais en terminale lorsque Mamie est morte. Dès lors, je n'ai plus eu la possibilité de poursuivre mes études ni d'espérer mener une vie indépendante... Oh ! ne vous méprenez pas, se hâta-t-elle de dire. J'aime beaucoup Maman et ça n'est pas sa faute si elle est paralysée. Je vivais dans l'attente qu'Ollie sorte de prison pour prendre la relève auprès d'elle, afin que je puisse enfin vivre à ma guise... Il est arrivé vendredi soir. C'était merveilleux ! Maman en était toute requinquée ! Jamais ce taudis n'avait retenti d'autant de rires ! Ce matin, je me sentais si heureuse que, au lieu d'aller travailler, j'ai fait du lèche-vitrines, des projets plein la tête. Et puis, par hasard, j'ai entendu un flash d'informations à une radio...

Les yeux de Carol s'embuèrent et sa lèvre inférieure se mit à trembler tandis qu'elle s'efforçait de retenir ses larmes.

— Trouvez ce Tucker, je vous en supplie, monsieur Benson ; quelqu'un doit payer pour ce crime !

***

De retour dans sa Cadillac, Bull alluma un cigare, ému par le spectacle qu'offraient Bess et Carol Warren. Bien que différents, les rêves de ces deux femmes reposaient sur un ex-bagnard, lequel s'était fait tuer trois jours après sa libération, alors qu'elles étaient tout à la joie des retrouvailles. Elles n'avaient vraiment pas de chance !

Après s'être adressé en vain à trois kiosques, Benson dénicha enfin quelqu'un connaissant Tucker et qui lui indiqua où aller. Le kiosque de Tucker se trouvait au coin de la Gare centrale et de Pine Street. Son occupant portait un T-shirt douteux laissant voir des muscles empâtés par la graisse. Il feuilletait un exemplaire de *Penthouse* cependant qu'un transistor posé derrière lui diffusait un air de rock.

— Dave Tucker ?

Le marchand de journaux interrompit sa lecture et leva la tête en fronçant légèrement les sourcils :

— Vous avez gagné, cher monsieur. Que puis-je pour vous ?

— J'aimerais connaître votre opinion touchant ce qui est arrivé aujourd'hui à Ollie Hymes.

— Qui êtes-vous donc ? questionna Tucker sans broncher.

Bull se nomma.

— Ah oui... Le copain de Sam Devlin... Eh bien, entre joueurs de poker que nous sommes, laissez-moi vous dire qu'Ollie était un salopard dont il valait mieux se méfier. Ce que je pense de sa mort ? Qu'on aurait dû le liquider bien plus tôt !

— Des gens m'ont dit qu'Ollie et vous étiez loin d'être en bons termes.

— Ces gens vous ont dit vrai.

— L'avez-vous tué ?

Jetant de côté le magazine qu'il tenait, Tucker frotta un de ses poings contre la paume de l'autre main et lança :

— Vous savez, je ne suis pas trop vieux pour vous envoyer mon poing dans la gueule.

— Ni trop vieux non plus pour que je me retienne de riposter, rétorqua Bull sur ses gardes.

Ils restèrent un moment à se défier du regard. Puis Tucker se détendit et dit en souriant :

— Y a pas de raison qu'on en vienne aux mains. Je me trouvais ici quand Ollie s'est fait buter. De six heures du matin à six heures du soir, je décarre pas d'ici. Faut que je sois là pour vérifier les livraisons des porteurs et ils pourront vous confirmer que j'étais à mon poste.

Il débitait son alibi comme s'il avait eu déjà plusieurs fois l'occasion d'en faire état...

Bull s'était souvent trouvé face à des joueurs retors, qu'il avait réussi à battre grâce à son expérience ou parce qu'il avait de meilleures cartes. Mais en l'occurrence, il n'avait aucun atout en main.

***

Sam l'attendait dans sa chambre du *Lakeside* en compagnie de Chet. Une bouteille de bourbon de grande marque se trouvait sur la table. Bull s'en servit une copieuse rasade sur de la glace et en but la moitié avant de les mettre au fait de ses différents entretiens.

— Jusqu'à présent, commenta ensuite Chet en lissant sa moustache grisonnante, vous n'avez rien appris qui puisse éviter à Sam d'être incarcéré.

— Non, en effet, convint Bull. Et pour ce qui est de sa liberté sous caution ?

— Si l'accusation ne tient pas compte de ses relations suivies avec Bull Benson, dont la réputation est notoire, et si on ne remonte pas trop loin dans le passé, peut-être l'obtiendrons-nous. Mais si nous avons affaire à un juge à cheval sur les principes...

Sam passa une main sur son crâne chauve en grommelant :

— Avec la poisse que j'ai, ça sera sûrement le cas !

Bull acheva de boire son bourbon avant de déclarer :

— Je n'aimerais pas voir Sam aux mains des poulets.

— Et moi non plus ! s'exclama l'intéressé.

Chet se pencha en avant :

— Quelles autres options avons-nous ?

— Il n'y en a guère, convint Bull. Reprenons l'affaire à son début. Sam, à quelle heure Hymes a-t-il été descendu ?

— Peu après huit heures. Il m'avait annoncé qu'il viendrait avant neuf heures.

— Bien... Nous avons Tucker qui ne fait pas mystère de sa haine pour Hymes. Mais son alibi doit tenir, sans quoi il ne me l'aurait pas débité avec autant d'assurance.

— Rien ne l'empêchait d'avoir recours à un tueur.

— Très juste, acquiesça Bull. Mais si Hymes a été tué à cause de l'affaire des frères Smith, ça nous ramène à Lemar Summers, lequel a ouvert son magasin environ un an après la condamnation de Hymes. Le magot disparu pourrait très bien avoir servi à financer cette opération. Je ne suis pas arrivé à me faire une opinion sur Summers. Il m'a paru trop nerveux pour être vraiment l'homme irréprochable qu'il affirme être devenu. Par ailleurs, en ce qui concerne l'heure du crime, son alibi n'est pas en béton.

— Ouais... pesa Sam. Lemar ne tenait pas à revoir son ancien complice et quand Ollie est venu chez moi, il le guettait...

— C'est une hypothèse plausible... Mais comment l'étayer ? objecta Chet.

— Comment, oui... fit Bull en se renversant dans son fauteuil pour mieux se concentrer.

Parmi les éléments du problème, quelque chose avait dû lui échapper. C'était Sam qui lui conseillait toujours d'évaluer soigneusement toutes les possibilités, afin d'éviter les erreurs... Mais ce même Sam s'était affolé ce matin-là en voyant Hymes lui tomber mort dans les bras, et son désarroi les avait amenés à foncer dans des voies sans issue. Mais en y réfléchissant bien maintenant et en passant au crible toutes les hypothèses, Bull n'entrevit plus qu'une solution possible.

Il se mit debout et dit en marchant vers le téléphone :

— Si je vois juste, Sam devra nous payer ce soir un drôle de gueuleton.

***

— T'as intérêt à pas te gourer, Bull, dit Vern comme ils arrivaient devant la porte.

— Ouais, opina Charlie derrière lui, sinon tu vas te retrouver illico en cabane !

Bull garda le silence. Charlie et lui se chamaillaient depuis des années, et il en serait probablement toujours ainsi.

Lorsqu'elle ouvrit la porte, Carol laissa paraître quelque surprise, et le sourire qu'elle esquissa fut bref. Bull présenta ses compagnons et la pria de les conduire au chevet de sa mère.

Lorsqu'ils furent dans la chambre, Bull dit :

— Cette fois, Carol, vous pouvez rester.

Tandis que Charlie demeurait adossé à la porte, la jeune fille se dirigea vers un bureau dans un angle de la pièce, pour éviter d'avoir à regarder les visiteurs.

— Qu'est-ce qui se passe, Bull ? demanda Bess Warren. Vous avez trouvé l'assassin d'Ollie. Est-ce Dave ?

Bull s'approcha du lit :

— Ce n'est pas Tucker, mais je crois connaître l'assassin.

Le regard de l'infirme embrassa toute la pièce, fit le tour des visages avant de s'arrêter sur celui de Benson.

— Hymes et vous avez dû bien rire, dit celui-ci, en pensant que la police passait la ville au peigne fin pour retrouver deux hommes noirs, alors qu'un des frères Smith était une femme.

D'abord sans réaction, Bess inclina un peu la tête de côté et un sourire effleura ses lèvres minces :

— Quelqu'un a donc découvert la vérité ?

— Vous me l'avez livrée, pour ainsi dire, lorsque vous m'avez déclaré avoir mené une vie de folies qui ne s'était pas assagie quand vous vous étiez mise en ménage avec Ollie et que, à vous deux, vous formiez un tandem du tonnerre de Dieu. Le feutre au large bord rabattu, la fausse barbe, le veston croisé et les gants... Qui se serait douté que tout cela dissimulait une grande belle femme, la plus excitante du quartier sud ?

— Oui, c'était bien moi, avoua-t-elle en accentuant son sourire. L'idée venait d'Ollie, et ça marchait comme sur des roulettes !

S'asseyant au bord du lit, Bull prit la main de la vieille femme, une main qui lui sembla toute fragile.

— C'est à cause de l'argent volé à la banque que Hymes a été tué et vous, Bess, vous le saviez dès le début.

Il retint fermement la main qu'elle avait tenté de dégager, et continua :

— Vous aviez planqué le butin en attendant qu'il sorte de taule. Sam m'a dit que Hymes lui avait téléphoné qu'il viendrait le voir de bonne heure ce matin pour lui demander un service. Comme Hymes se savait surveillé par les Feds, il est plus que probable qu'il comptait demander à Sam d'aller récupérer le fric à sa place.

Ne cherchant plus à retirer sa main, Bess fixait sur Bull un regard sombre.

— Hymes avait réussi à semer les Feds avant d'aller chez Sam. Son assassin ne l'avait pas suivi, mais l'attendait dans l'escalier de Sam pour l'abattre dès qu'il arriverait. Comment Hymes a-t-il été tué, Vern ?

— Avec un calibre 32, à bout portant.

— Bess, possédez-vous un calibre 32 ?

— Oh ! non, Bull, ce n'est pas possible ! gémit-elle, les yeux pleins de larmes.

— Voyez-vous une autre explication possible ? A part vous et Hymes, qui pouvait savoir qu'il irait ce matin chez Sam ?

Les lèvres de l'infirme se mirent à trembler, et sa faible voix répéta « non » plusieurs fois avant de demander :

— Pourquoi, Carol ? *Pourquoi* ?

La jeune fille s'appuyait de tout son poids au bureau, le visage moite, la respiration saccadée.

— Pourquoi ? lança-t-elle avec une soudaine violence. Parce que j'ai sacrifié mon avenir pour te soigner, alors que tu avais planqué tout cet argent pour quand il sortirait de prison. Je vous ai entendus hier faire toutes sortes de projets. Et moi ? Et ma vie ?

***

Sam puisa dans son compte en banque pour offrir à Bull et Chet un repas gastronomique au restaurant Angelo. Bull y fit honneur comme il convenait, mais tout en affectant la gaieté, il ne cessait de penser à Bess et Carol Warren.

L'argent du hold-up avait été déposé dans le coffre d'un garde-meubles du quartier nord. Ravis de le récupérer, les agents du F.B.I., eu égard à l'âge et l'état de santé de Bess, renoncèrent à la faire inculper afin de lui épargner la prison. Carol, elle, passa la nuit dans une cellule du commissariat central tandis qu'on dirigeait sa mère vers un hôpital.

L'une ou l'autre méritait-elle un meilleur sort ? se demandait Bull. Probablement pas. Mais il aurait de beaucoup préféré que Hymes ait été tué par Summers ou Tucker.

Lady Luck.
Traduction de M.B. Endrèbe.

LES GRIFFES DE LA VENGEANCE

par Jeffry Scott

Un halètement, le crissement étouffé de chaussures de cuir dérapant sur le bois moquetté, un bruit sourd et sinistre. Je compris que le commissaire de la Brigade criminelle Freddie Parton venait de descendre l'escalier raide de ma résidence secondaire beaucoup plus vite qu'il ne l'avait gravi.

Lorsque j'atteignis le vestibule, il s'était déjà relevé et se frottait le coude.

— Bon sang, laisser traîner un chat dans un endroit pareil ! observa-t-il d'un ton étonnamment bonasse.

Taj, le vieux chat persan qui me ticnt sous ses lois, était étendu de tout son long en travers de la deuxième marche en partant du haut, là où le commissaire Parton avait eu l'idée inconvenante de buter contre lui avant de s'affaler.

— Ça, c'est bien les chats, ajouta Parton. (Et je ne m'étais pas trompé : il y avait dans sa voix une note d'affection, empreinte d'une ironie désabusée.) Ils sont toujours là où il ne faut pas... Et c'est d'ailleurs cela qui fait leur charme.

Là, pour le coup, c'était singulier, et ça ne lui ressemblait vraiment pas. Freddy Parton est seulement à quelques mois de la retraite, a le crâne qui se déplume, un tour de taille bien enveloppé, mais c'est toujours un dur à cuire. Son nez part légèrement à l'oblique, sans méfiance, vers une oreille en chou-fleur, et sa peau balafrée donne un aspect galeux à ses sourcils. On le prendrait pour un boxeur vétéran de champs de foires, mais en réalité toutes ces blessures lui ont été infligées la même nuit, lorqu'il était agent de police stagiaire. Une femme sans domicile s'était retrouvée prisonnière dans la cage d'ascenseur d'un immeuble de bureaux à l'abandon, après s'être réfugiée dans le bâtiment.

Le jeune Parton, agile comme un singe à cette époque-là, ne put attendre l'arrivée des pompiers, armés de palans spéciaux et d'échelles : selon toute vraisemblance la femme était sur le point de se tuer, si bien qu'il voulut la secourir. Mais la dame était folle et lui donna un coup de pied dans la bouche, alors qu'il tentait de sortir à sa suite. Il tomba d'une hauteur de presque six mètres avant que sa tunique ne s'accroche à une brique en saillie, et il se cogna la tête contre le mur.

Ne croyez pas qu'il s'agisse là d'une digression. Ce que je veux montrer, c'est que, même si Parton est loin d'être aussi épouvantable que son physique vaguement patibulaire pourrait le laisser croire, ce n'est pas non plus le genre de type à bêtifier sur les animaux domestiques.

Captant mon regard amusé, il grommela :

— Tu me prends pour un crétin sentimental. Pas le moins du monde. C'est un chat qui m'a, euh, permis d'arrêter Slimy Baker. Depuis ce jour-là, j'ai toujours été bien disposé à leur égard.

L'important, c'était de me borner à manifester un intérêt poli, et encore. Je préparai à Parton le genre de thé dont il raffolait quand il était un agent de police plus ou moins novice et moi, interne au *St. Cross Hospital* : brûlant, fort, dans un gobelet — non dans une tasse délicate —, arrosé de plusieurs centimètres cubes de scotch pour remplacer le sucre. Et voici l'histoire qu'il me raconta au second gobelet, à propos de la Douzaine à Baker, de Slimy du même nom, et d'un chat anonyme sans trait distinctif, qui mériterait de s'appeler Némésis.

***

Pietro ne vivait pas en Angleterre depuis longtemps, mais ce n'était pas la raison pour laquelle le sergent-enquêteur Parton fronçait les sourcils et portait à son oreille une main de la forme d'une pelle. Personne ne parle très distinctement quand on a la mâchoire munie d'une attelle.

Parton parvint quand même à comprendre l'atroce chuchotement. Les yeux sombres, visibles à travers une fente parmi les bandages, au regard plus amer qu'irrité, et surtout honteux, venaient appuyer les paroles.

— Vous faites de vot' mieux... j'apprécie. Mais ça sert à rien. J'ai la figure démolie. Le dos, les bras, pas cassés. En rester là, raisonnable. Trébuché contre le trottoir.

— Votre enterrement, grommela Parton, presque aussi amer et courroucé que l'homme étendu sur le lit d'hôpital. (Il mâchonna quelque chose d'invisible et d'acide.) Ma foi, vous voilà maintenant citoyen à part entière, mon vieux. Vous cracherez au bassinet jusqu'au jour du Jugement dernier — c'est combien ? dix livres par semaine ?

Le petit Italien gémit, car il avait essayé de hausser les épaules. Six semaines plus tôt, il s'était installé comme coiffeur, après avoir transformé une vieille boutique à proximité de la gare, et s'était déjà attiré une nombreuse clientèle de passage. Il était épouvantablement près de ses sous, envisageant d'ouvrir un salon de luxe sans tarder, et cela ne faisait pas l'affaire de Slimy Baker.

***

La « Douzaine à Baker », c'est une gentille expression toute simple signifiant treize, mais chaque fois que Parton l'entendait, il en avait des spasmes aux boyaux. Naturellement, l'association de Simon Arthur Baker ne comprenait pas treize malfaiteurs. Ce n'était qu'un trait d'humour allusif entre criminels laissant entendre que Slimy Baker dirigeait la plus vilaine entreprise de racket qui empoisonnait le nord de Londres de mémoire d'homme.

— Ça ne me plaît pas non plus, reconnut l'inspecteur Arch quand Parton revint du *St. Cross Hospital.* Baker soutire dans ce secteur de l'argent échappant au fisc comme un môme presse un citron. Mais les victimes ne font jamais de dépositions, et il tient sa bande comme un Écossais les cordons de sa bourse. Ne le répète pas, mon gars, mais là nous sommes obligés de nous conformer à la procédure réglementaire.

Le sergent Parton arbora un air inexpressif. Arch eut un geste d'impuissance. « Compte sur un miracle », traduisit-il. Les miracles, ce n'était pas du goût de Freddie Parton, mais au bout de presque une année de travail frustrant, quasi obsessionnel, il en arriva à comprendre le point de vue de l'inspecteur Arch.

Le problème, c'était le territoire du sergent Parton, ce quadrilatère défavorisé dont les grands côtés sont formés de la *Great Northern Prospect* et du *Queen Victoria's Canal,* un secteur truffé de petits commerçants qui préféraient garder leurs bras et jambes en état de marche. Ces commerçants avaient découvert que vendre des marchandises volées ou d'origine douteuse rapportait des bénéfices, et cela en faisait pour la Douzaine à Baker des moutons à tondre !

Là encore, songez à cette Douzaine, qui se réduisait à Slimy Baker, son cousin et âme sœur Ben Sigsby, plus un groupe de renfort changeant en permanence, constitué de voyous occasionnels aux Q.I. des plus frustes.

Comme le disait Parton dans un aphorisme élégant : « L'honneur du milieu, mon œil... La plupart d'entre eux seraient prêts à dénoncer leur mère afin d'échapper à trois mois de prison. Sans parler de leurs épouvantables vacheries entre collègues, tout ça pour de l'argent. Prends, par exemple, les fameux Grands Bandits du Chemin de Fer. Ils ont détalé comme des lapins après le gros coup. Et ce n'est pas nous qu'ils fuyaient..., mais des gars de leur bande, c'est comme ça une fois sur deux. »

De manière fortuite ou bien à dessein, Slimy évitait tout risque de trahison de l'intérieur. Les employés temporaires ne restaient jamais assez longtemps pour apprendre quelque chose. Ben Sigsby, qui, lui, savait tout, avait été élevé par la mère de Baker comme son propre fils. Lui et Slimy ne partageaient pas seulement la complicité d'associés dans le crime, ils étaient plus intimes que des frères.

Baker était grand et avait les joues creuses, avec cet air sombre et pensif sous lequel se cache souvent un mauvais plaisantin. En l'occurrence l'individu qui se cachait derrière était loin d'être aussi inoffensif.

Ben Sigsby, plus jeune de quelques années et plus petit d'une tête, était grassouillet et jovial — en surface, voire peut-être un poil sous la surface — et avait tendance à être pendu aux basques de Slimy comme le Lapin Blanc dans *Alice*.

Ils avaient coutume de porter la main à leur chapeau pour saluer le sergent Parton quand ils passaient en voiture devant lui. Cela le faisait grincer des dents.

Au bout d'un an et demi, le sergent Parton se trouvait dans un état d'esprit qu'il s'était promis de conjurer. Il commença à considérer la Douzaine à Baker comme une maladie en phase terminale : pernicieuse, et pourtant d'une certaine façon, inévitable et hors de son rayon d'action. Il les gardait à l'œil, sachant qu'ils pouvaient être coincés — tout comme on peut découvrir un remède au cancer ou à la fibrose cystique.

***

— Vous connaissez la dernière ? demanda de façon théâtrale Lenny, le vendeur de journaux invalide. Ben Sigsby se passe la corde au cou. (L'ancien combattant ratatiné, dont l'imperméable était orné de ses décorations de la Première Guerre mondiale, jeta un coup d'œil de part et d'autre de la rue, avant de risquer sa blague.) On a toujours pensé qu'il finirait par épouser Slimy.

Le sergent Parton se figea, le journal du soir à demi ouvert. Lenny faisait naître une lueur d'espoir. Slimy et Ben ne s'étaient jamais séparés de toute leur vie. Le mariage pourrait-il permettre d'avoir barre sur eux ?

— Qui est la malheureuse ? s'enquit-il.

— Ann, du magasin de vins et spiritueux, répondit Lenny. (Quand il vit que Parton ne situait pas la fille, le vendeur de journaux ajouta doucement :) Enfin quoi, Ann Quilcy.

Lenny poussa un grognement amusé lorsque le visage du sergent Parton s'allongea. Le clan des Quilcy était légendaire à Londres. Les Quilcy enfreignaient déjà la loi bien avant que Sir Robert Peel ne mît sur pied les services de police. Il semblait peu probable que Miss Quilcy constituât le maillon faible qu'avait un instant espéré le policier.

Parton s'arrangea pour passer au moment où les invités à la noce sortaient de l'église paroissiale. Ann Quilcy se révéla être une solide gaillarde au visage ouvert, dotée d'une masse de cheveux blonds et pratiquement dépourvue de menton. Freddie Parton se demanda combien de douleur et de détresse humaines avaient coûté l'achat de sa robe de mariage, la location de la Rolls Royce, et autres bagatelles. Slimy Baker était splendide avec sa jaquette et son haut-de-forme gris, tandis que le pauvre Ben, tout rondelet, ressemblait à un garçon de café qui se pousse du col.

Bien vite, Parton découvrit qu'il avait été trop pessimiste quant aux rapports entre Ann Quilcy et la Douzaine à Baker.

La première preuve en fut administrée lorsque quatre des affreux de la bande, de bonne volonté mais à l'intellect limité, reçurent l'ordre de « s'occuper » d'un payeur récalcitrant, chez « l'épicier au coin de Tulliman Street ».

Ayant deux extrémités, une rue a toutes les chances de posséder quatre coins. Tulliman Street n'échappait pas à cette règle, et il y avait deux épiceries différentes à deux des coins de la rue. Slimy Baker avait donné ses ordres en pensant à autre chose, et les hommes de main engagés suivirent ses instructions à la lettre.

Ils pénétrèrent dans la première épicerie qu'ils rencontrèrent, laquelle, en vertu de la loi de fer gouvernant ces affaires-là, se révéla ne pas être la bonne.

— Tu sais c'qu'on va t'faire ? lança leur chef et porte-parole.

Le jeune homme vêtu d'une veste blanche malpropre se passa la main en travers du menton, et ses lèvres se contractèrent sous l'effet de ce qu'ils prirent pour de la panique, mais qui était en réalité de l'amusement.

— Dites-moi, les encouragea-t-il.

Son autre main surgit alors de sous le comptoir. Se dressa et s'abattit. Le porte-parole de la bande avait posé une paluche sur le comptoir. Il se mit à hurler, puis tourna de l'œil, laissant quatre doigts sur la planche en acajou, pour cette excellente raison que le jeune propriétaire les lui avait sectionnés d'un coup d'ouvre-caisses.

— Vous avez appris la dernière, sergent ? Slimy Baker a envoyé ses affreux faire une descente dans la boutique de Big Jack Covington. Voilà c'qui arrive quand on engage des types de l'extérieur... Des gars du coin auraient jamais fait offense à Big Jack comme ça.

— Oui, j'ai su ça, répondit Parton d'un ton las.

Il n'entendait que cela depuis des heures. Quand Big Jack Covington n'était pas en train de commettre l'un de ses vols annuels avec coups et blessures — lesquels, selon les rumeurs, ne lui rapportaient jamais moins de cinquante mille livres à chaque fois —, il prenait souvent plaisir à jouer au marchand, dans la boutique de sa grand-mère veuve.

L'inspecteur Arch et le sergent Parton revenaient justement de là-bas, bredouilles. Ils avaient trouvé Big Jack flanqué d'un homme à la tenue très soignée, portant une serviette : son avocat. Il y avait une nouvelle entaille sur le dessus en bois ciré du comptoir, et plusieurs des éclats étaient roses.

L'avocat attaqua le premier.

— L'un des chalands de mon client a commis l'imprudence de toucher le coupe-jambon. Nous ne pouvons être taxés de négligence. Comme vous le constatez, il a dû se pencher carrément par-dessus le comptoir pour l'atteindre.

Mesurant les distances d'un œil songeur, le vieil Arch aux cheveux gris murmura :

— J'ai toujours souhaité rencontrer un type qui ait des bras longs de deux mètres quarante.

Big Jack Covington partit d'un gros rire.

L'avocat piqua un fard.

— Si vous interrogez le blessé et ses, euh, compagnons, je suis certain qu'ils confirmeront cette version de l'incident.

L'inspecteur Arch, sans plus se soucier de lui, s'adressa directement à Covington :

— Je ne vois pas d'inconvénient à ce que vous vous tapiez dessus, bande de crapules. Mais une guerre des gangs, ça, je ne le tolérerai pas. Des innocents vont se retrouver blessés, des gens qui valent dix canailles de ton espèce, Jack. Si vous voulez régler vos comptes avec vos concurrents, louez le stade de Wembley ou bien un radeau au milieu de la Manche. Mais si vous faites ça ici, où que ce soit dans mon secteur, je prendrai des mesures qui vous étonneront.

Personne ne sourit de cette menace étrangement mesurée. Ils savaient qu'Arch pensait exactement ce qu'il disait.

Big Jack ouvrit la bouche, l'avocat le supplia de garder le silence, mais Big Jack le gratifia d'un juron avant d'expliquer à Arch :

— C'est pas du tout ça, m'sieur Arch. Je crois qu'il y a dû avoir erreur sur la personne. Ou alors quelqu'un s'est gourré dans le calendrier et a cru que c'était le 1er avril.

Lenny, le marchand de journaux, fournit la véritable explication :

— Depuis que Ben Sigsby s'est marié, Slimy sait plus quel jour on est. Il est contrarié, quoi. Voilà pourquoi il y a eu ce méli-mélo avec Big Jack... Les gars étaient censés tabasser le noiraud dans l'autre boutique. Il paraît que Slimy en menait pas large avant de convaincre Big Jack qu'il s'agissait vraiment d'une erreur.

Coup d'œil de chaque côté de la rue. Lenny se pencha plus près.

— Elle a fait acheter à Ben une maison à Queendale. Et en plus, Slimy n'a pas le droit de se pointer quand il veut. Elle estime qu'il doit attendre d'être invité. Toutes les Quilcy sont des viragos.

Queendale était à l'extrême limite du centre des opérations de Slimy Baker à moins de quitter carrément le quartier. Une oasis banlieusarde, très comme il faut, dotée d'un terrain de golf, de pavillons, et habitée par cette race de voisins qui téléphonent pour se plaindre si la voiture d'un résident est garée en bordure de la pelouse et non le long du trottoir.

La tête de tortue de Lenny fit son mouvement rotatif, prélude aux confidences.

— D'autre part, elle tanne Ben pour qu'il laisse tout tomber et prenne sa retraite. Elle veut qu'ils aillent vivre du côté de Bournemouth, Torquay, quelque part sur la côte dans une station chic. (Lenny quittait rarement son emplacement habituel devant le *Joyeux Brasseur*, et, d'après la rumeur, couchait dans la cahute en toile goudronnée où il vendait ses journaux, mais il était incroyablement bien informé.)

— Slimy n'acceptera jamais ça, prédit Parton. Elle a intérêt à faire gaffe, Mme Baker, sinon les gars vont s'occuper d'elle.

— Arrêtez ! railla Lenny. Ben vénère cette fille, il la croit sortie de la cuisse de Jupiter. Si Slimy élevait seulement la voix pour lui adresser la parole, Ben le tuerait. Vous ne comprenez pas, sergent ? Slimy est dans un tel état parce que Ben a été, comment dire, loyal toute leur vie. Maintenant Ben a un nouveau patron, et le vieux Slimy, ça le met à la torture.

— Parfait, dit Parton.

Sans son acolyte, Slimy Baker serait d'autant plus vulnérable. Si la nouvelle Mme Baker imposait sa loi, cela ne causerait pas la perte du gang, mais marquerait peut-être l'amorce de cet événement tant souhaité.

Lenny secouait la tête d'un air supérieur.

— Slimy ne laissera pas la chose se produire.

— Mais tu viens de dire qu'il n'osera pas faire pression sur la bonne femme.

— C'est entendu, seulement Slimy est un coureur de jupons, glissa Lenny d'un air mystérieux. On l'imaginerait jamais, vu son comportement, mais ce gars les tombe toutes quand il s'y met. (Le vieux changea d'expression.) Lorsqu'on parle du loup...

Il s'affaira pour mettre en ordre sa pile de journaux, tournant vivement le dos au policier.

La Jaguar rouge de Slimy Baker venait de s'arrêter devant le *Joyeux Brasseur*, deux pneus grande largeur montés sur le trottoir. Le gangster se dirigea vers le bar, sans remarquer Parton. Au même instant, un chat noir miteux croisa son chemin.

Slimy s'immobilisa aussitôt, se transforma en pile électrique et lui décocha un méchant coup de pied. Le chat réagit comme un trois-quarts aile international de rugby, évitant le bout du pied par une ondulation nerveuse digne d'un serpent, avant de filer s'abriter sous la Jaguar. Slimy entra en trombe dans le pub. Son dos donnait l'impression de proférer des jurons.

— Qu'est-ce que signifie tout ce cinéma ? voulut savoir le sergent Parton.

— Les chats... Il est allergique, répondit Lenny d'un air ennuyé, l'information ne tenant pas du scoop. Ça lui donne des boutons. (Son visage s'éclaira soudain.) Le plus drôle, c'est que la première chose qu'a faite la bourgeoise de Ben, après la lune de miel, ç'a été d'acheter un chat !

***

Au cours des six mois suivants, aucun événement marquant n'eut lieu sur le front de la Bande des Douze, sinon les opérations coutumières consistant à extorquer de l'argent aux commerçants. Puis les choses se précipitèrent.

Par une matinée de crachin, Parton fut convoqué chez l'inspecteur Arch.

— Ann Sigsby, la bourgeoise de Ben, a été trouvée morte, annonça Arch. Dans leur nouvelle maison de Queendale. C'est juste pour ta gouverne... Le Yard est sur l'affaire... Mais je sais que tu es obsédé par la bande à Baker.

Le sergent Parton se gratta la tête, réfléchissant.

— Ainsi donc, Slimy Baker a fini par passer à l'action.

L'inspecteur Arch avait le visage d'un ange de pierre, érodé par les intempéries. Quoiqu'il ne fût point vaniteux, il se targuait de ne jamais être surpris. Mais ses yeux, semblables à des œufs pochés, s'agrandirent quelque peu.

— Bon sang, qu'est-ce qui te fait croire que Slimy est dans le coup ? Ç'a tout l'air d'un cambriolage. Mme Sigsby allait toujours chez le coiffeur le mercredi matin. Aujourd'hui elle n'y est pas allée. Un voyou s'est dit que ce serait le moment idéal pour faire un fric-frac, est tombé sur la bonne femme, et a paniqué. Enfin, à première vue, voilà ce qui s'est passé.

Rapidement Parton fit un topo sur les points de friction quant à l'avenir de Ben Sigsby. Cinq minutes plus tard, Arch raccrochait le téléphone.

— George Bentick est chargé de l'enquête, et je me suis arrangé pour que tu y participes. Mais fais gaffe, Freddie — ces gars de la Brigade Criminelle n'apprécient pas les petits malins qui croient tout savoir.

La maison des Sigsby à Queendale était un cube austère datant des années trente, doté d'un garage encastré sous la quatrième chambre. Une femme d'un certain âge, coiffée d'un foulard bosselé et crénelé par les bigoudis qui se cachaient dessous, en sortait au moment où Parton arrêta sa voiture.

Il reconnut la sœur de Lenny, le marchand de journaux, et comprit soudain qu'elle était la source de certains renseignements. Elle s'arrêta quand il tapa à la vitre de la voiture, heureuse de pouvoir tailler une bavette.

Oui, elle était la femme de ménage de Mme Sigsby depuis que le couple s'était marié — elle connaissait bien Ann Quilcy.

— C'est moi qui l'ai trouvée, expliqua Mme Toms. Elle allait toujours chez le coiffeur le mercredi, voyez-vous. Je venais ici à midi, je faisais un peu de ménage comme d'habitude, puis je lui préparais quelque chose à manger pour quand elle rentrait vers deux heures, la pauvre.

Le sergent Parton coupa court au récit en posant à Mme Toms ce qui lui parut être une question hors de propos, voire irritante. « *Helene's High Fashion* », répondit-elle.

— Parfait, dit Parton qui, au lieu d'entrer, remonta

l'avenue en marche arrière et passa dix minutes dans une cabine téléphonique avant de revenir. Mme Toms n'était plus là — elle était sans doute allée informer son frère —, et il eut la possibilité d'inspecter la maison.

Les portes du garage coulissèrent facilement et révélèrent un box en brique nu de la profondeur de la maison, contenant un tuyau d'arrosage et des outils bien alignés, accrochés à l'un des murs. Tout au fond, une porte unique, plus petite, laissait entrevoir des pelouses et des arbustes à travers les vitres crasseuses de la partie supérieure. Les affaires de cambriolage avaient donné à Parton une bonne connaissance de la disposition de maisons semblables. Par exemple, on pouvait entrer en voiture dans le garage, puis franchir à pied la porte du fond et se retrouver dans un patio menant à l'entrée sur l'arrière.

Il n'y avait pas de maison en face de celle des Sigsby, de l'autre côté de l'avenue. Les résidences de Queendale étaient espacées afin d'éviter l'inconvénient que les voisins ne plongent leurs regards chez vous depuis leur salon.

Parton passa quelque temps dans le garage avant de pénétrer dans la maison. Il y avait par terre une bonne dose d'huile de carter, mais aucune trace de pneus, pas de mégot de cigarette de marque précise obligeamment jeté, pas de mouchoir à initiale.

Le commissaire Bentick le secoua par le bras.

— Elle est à l'intérieur. Pour le moment nous pensons qu'elle a dû être tuée vers l'heure du petit déjeuner... Il y a une tasse dans l'évier et elle était encore en négligé.

Lisant dans les yeux du nouveau venu, Bentick sourit d'un air plutôt condescendant.

— Le médecin légiste nous donnera l'heure avec plus de précision quand il l'aura examinée. Ce n'est qu'une supposition, étant donné sa tenue et le fait qu'elle avait ce rendez-vous habituel chez son coiffeur à 10 h 30 le mercredi.

Le sergent Parton s'éclaircit la voix.

— Je peux vous dire un mot en particulier, monsieur ?

Bentick, fronçant les sourcils à présent, quitta le salon et gagna le vestibule d'un pas lourd, laissant son équipe hors de portée de voix.

— J'ai vérifié ce rendez-vous, monsieur. Il n'était pas à 10 h 30, il n'était plus à 10 h 30 depuis des mois. Mme Sigsby avait pris l'habitude d'y aller à midi pour se faire donner un coup de peigne, et c'est le vendredi qu'elle se faisait vraiment coiffer. Ce jour-là, c'était le grand jeu, elle y passait toute la matinée.

Bentick jura, pas tout à fait à voix basse.

— Nous aurions découvert ça lors des vérifications, fit-il sèchement. (Mais l'homme avait un fond généreux.) Il n'empêche, le temps est précieux, et vous nous en avez fait gagner. Alors comme ça, elle a changé de jour ? Un alibi, et puis elle portait ce négligé sexy...

— Je suis convaincu qu'il y a un amant dans l'histoire, monsieur, acquiesça Parton. Ou quelqu'un qui a réussi à la persuader de le voir en secret, dans des conditions qui auraient pu laisser croire qu'ils avaient une liaison.

Pour la seconde fois de la matinée, il exposa le contexte.

Ils avaient été rejoints par le collègue du commissaire Bentick, un inspecteur cockney qui avait fait des études.

— En clair, déclara-t-il, l'épouse était en train de dénouer les liens unissant Baker et Sigsby, associés de longue date, c'est ça ? Du coup, Baker tente de regagner son copain en se tapant la femme de celui-ci ?

Présenté ainsi, ça paraissait insensé.

— Sigsby ne jurait que par cette fille, monsieur, dit Parton. Je crois que Baker l'a séduite, ou a essayé, et puis a décidé de choisir le moment propice pour l'annoncer à Ben.

— Y a-t-il un moment propice pour ça ? railla Bentick.

Mais le cockney diplômé réfléchissait sérieusement. Il avait travaillé au commissariat de la *Great Northern Prospect* en son temps, et connaissait les premiers rôles.

— C'est un malin, ce salaud de Slimy. Ça aurait pu marcher. La grande scène des aveux, dictée par les scrupules de conscience. A l'écouter, Mme S. l'avait aguiché, et tout et tout. Il ne pouvait pas le cacher à son vieux copain, etc. Connaissant Ben et Slimy, on pouvait s'attendre à du grabuge, mais à la fin Ben aurait viré sa bourgeoise, divorcé, et se serait réconcilié avec Slimy.

— Ma foi, Ben Sigsby revient en voiture du Southend, où Baker l'a expédié dès la première heure ce matin, concéda le commissaire Bentick. Baker aurait pu écarter le mari pour essayer de fricoter un brin avec l'épouse. Mais tout ça, c'est léger, digne d'un magazine pour bonnes femmes : A aime B qui est marié à C. Or nous avons affaire à des voyous, à un fric-frac qui a mal tourné.

« D'ailleurs, nous ne savons même pas encore si elle a été assassinée. Elle est allongée par terre dans la cuisine avec une expression d'étonnement, et la porte de derrière n'est pas fermée au loquet, mais la mort est peut-être due à une cause naturelle.

Parton et l'inspecteur diplômé évitèrent de se regarder. Voilà que le boss se mettait à débloquer.

Parton fut poussé hors de la pièce par le solide bras du bonhomme passé autour de ses épaules.

— Vous nous avez beaucoup aidés, mon vieux. Rien de tel que d'être affranchi par un collègue du quartier. Au fait, transmettez mon bon souvenir à Steve Arch.

Écumant et néanmoins résigné, le sergent Parton entendit la porte d'entrée claquer sur ses talons. Il suivit des yeux un minuscule chat noir, doté de trois chaussettes blanches et d'un poitrail taché de blanc, émerger en boitillant des arbustes à côté du garage. Il arborait un collier fantaisie de cuir bleu, et Parton se souvint de l'animal de compagnie qu'avait acquis Mme Sigsby, insulte voilée à l'adresse de son rival, Slimy Baker.

Malgré sa patte folle, le chat bondit lestement et atterrit sur le capot de la voiture de Parton, puis se pelotonna sur la carrosserie, appréciant manifestement la douce chaleur du métal chauffé par le moteur.

« Tu ne manques pas de toupet, canaille », marmonna Parton. A présent la peinture, déjà recouverte d'une pellicule par suite du crachin matinal, était mouchetée d'empreintes de pattes. Il les regarda d'un air absent, tout en faisant tourner ses clefs de contact. Presque aussi valables que des empreintes digitales dans leur genre... Trois groupes d'empreintes laissées par les pelotes digitales et le contour difforme de la quatrième patte, la patte folle.

Bien sûr, si Slimy Baker avait vraiment amené la femme de son cousin à lui donner des rendez-vous clandestins, elle devait mettre le chat dehors avant son arrivée. « Si seulement tu pouvais parler, dit Parton à l'adresse du chat. Je parie que toi tu l'as vu rappliquer dans sa Jaguar. » Le commissaire Bentick avait mentionné que les interrogatoires des voisins n'avaient pas permis de dénicher le moindre témoin ayant vu un intrus ou un visiteur ce jour-là.

Mais Slimy devait prendre grand soin de ne pas être vu. D'après ce que Parton devinait instinctivement du plan de Slimy, ce dernier tenait à révéler l'infidélité de Mme Sigsby seulement au moment choisi par lui.

Il avait donc dû encourager la femme à rouvrir les portes du garage après le départ de Ben. Ainsi Slimy entrait en voiture, refermait les portes, et se glissait dans la maison en passant par le patio puis la porte de la cuisine. Tout cela en moins d'une minute.

Parton souleva le petit chat pour le reposer par terre et entendit un miaulement plaintif. Bon sang... C'était peut-être du vol, mais Parton doutait que Ben Sisgby se préoccupât d'un chat lorsqu'il rentrerait. Et Parton connaissait une femme maternelle dont le jardin sur l'arrière était encore plus grand que le cœur. Le chat se pelotonna avec confiance sur le siège du passager, et lorsque Parton l'eut confié à sa logeuse, il retourna au commissariat de St. Cross. Là, il passa le reste de la journée à faire de grands efforts pour ne pas mettre son grain de sel ni poser de questions quant à certaine affaire criminelle. Juste avant six heures ce soir-là, il se retrouva dans le bureau d'Arch.

— Eh bien, ce n'était qu'un beau rêve. (La bouche fine de l'inspecteur Arch s'affaissa à la commissure des lèvres.) Je viens d'avoir George Bentick au bigophone. Le médecin légiste est certain que la mort est due à une cause naturelle. Mme Sigsby est morte d'un arrêt du cœur. Nous pouvons donc dire adieu à l'hypothèse de la culpabilité de Slimy Baker. C'est ce qui s'appelle prendre ses désirs pour des réalités, je suppose.

— Peut-être que non.

— Tu as les oreilles bouchées? s'enquit Arch avec une feinte sollicitude.

Le sergent Parton s'était discrètement renseigné dans le voisinage à Queendale. Aussi put-il répondre :

— Cela fait deux mois que l'on voit une Jaguar rouge dans les parages. Toujours le mercredi matin.

Slimy Baker vivait et travaillait dans une grande maison victorienne à deux pas de la *Junction*, entourée d'un cimetière de voitures. L'inspecteur Arch se gara à l'abri d'un bus rouge à impériale tombant en poussière.

— C'est insensé, gémit-il d'une voix soucieuse. Même s'il est allé là-bas, il ne l'a pas tuée. Alors à quoi ça rime ?

— Formulez ça autrement, inspecteur. Qu'avons-nous à y perdre ?

— Notre retraite, probablement. Si je n'étais pas veuf et si j'avais quelqu'un d'autre à charge en dehors de moi, je déclarerais forfait.

Le sergent Parton fit un geste vers un appentis en tôle sur le côté de la maison. Une longue berline Austin Cambridge, semblable à une boîte — la voiture de Ben Sigsby —, était rangée sous le toit. Au-delà luisait la Jaguar rouge de Slimy.

— Donnez-moi deux minutes, inspecteur, marmonna Parton. Nous n'avons même pas besoin d'entrer. Je vais sans doute revenir, et nous repartirons tout bonnement.

Mais au bout de trente secondes à peine, il émergea de l'appentis et se mit à tambouriner à la porte d'entrée de Baker. L'inspecteur Arch grogna, fourra dans sa bouche un comprimé contre l'indigestion, et rejoignit le sergent.

— Non, vous ne pouvez pas entrer. C'est pas étonnant qu'on vous appelle des cognes, tempêtait Slimy Baker. Vous ne savez pas que Ben a perdu sa femme aujourd'hui ?

— Laisse-les entrer, Simon. C'est peut-être au sujet d'Ann.

Sans que Ben Sigsby eût changé de façon spectaculaire, Parton constata une transformation étrange, presque physique, chez l'homme qui apparut dans l'embrasure de la porte derrière Baker. La meilleure façon de l'exprimer qui vint à l'esprit de Parton, c'était que la peau de Ben avait pris l'apparence fripée d'un ballon qui, resté gonflé trop longtemps, commence à se ratatiner et se plisser, tout en retenant encore de l'air.

Baker fronça les sourcils et s'écarta. Ils s'assirent dans la pièce du bas donnant sur le cimetière de voitures. La voix de l'inspecteur Arch exprimait une compassion authentique, ou alors c'était un acteur hors pair.

— Tout d'abord, Ben, on a dû déjà te dire ceci, mais ça ne fait pas de mal d'insister là-dessus : ta femme n'a pas souffert. Ça s'est passé en une seconde. Dommage que nous ne puissions pas tous finir ainsi quand l'heure sonne.

Ben hocha la tête machinalement, le double menton frémissant, les yeux luisant de larmes retenues.

— Mais elle avait pas l'âge, m'sieur Arch. Quand je suis parti, elle était sur le point de s'habiller pour aller à son rendez-vous chez le coiffeur, comme d'habitude.

— Hum, fit Arch, et Slimy Baker leva les yeux brusquement.

L'inspecteur joignit le bout des doigts et s'adressa au plafond.

— Cette question nous préoccupe beaucoup, Ben. Il se passait quelque chose de bizarre, et tu as le droit de savoir. Ta femme n'avait pas de rendez-vous à 10 h 30. Ça, c'était fini depuis longtemps. Je ne te raconte pas d'histoires, Ben. Appelle toi-même le salon de coiffure. Elle s'était ménagé une heure ou plus chaque mercredi matin, et quand tu croyais qu'elle était à un endroit donné... elle et quelqu'un d'autre savaient fichtrement bien qu'elle était ailleurs, et la femme de ménage avait consigne de ne pas se pointer avant midi. Je ne sais pas comment l'interpréter, mais cela est apparu au cours de l'enquête, et il m'a semblé correct de t'en faire part.

Slimy Baker se rua en travers de la table recouverte d'un dessus en peluche, avec un bord à pompons. Mais Arch était un vieux de la vieille et, de surcroît, malin. Sans qu'on le voie, il avait écarté les pieds et les avait calés contre ceux de la table. Il poussa de toutes ses forces et la table s'éloigna brusquement de lui. Baker grogna et retomba en arrière sur sa chaise. Il pivota aussitôt vers Ben.

— Ils essaient de te monter contre moi ! Ils veulent nous coincer !

Et avec une espèce de nonchalance implacable, somnambulique, menaçante, il reprit en s'adressant à l'inspecteur Arch :

— Fils de pute, je te réglerai ton compte avant que tu prennes ta retraite, compte sur moi.

Ben Sigsby cligna des yeux à plusieurs reprises, et une larme coula le long du sillon entre sa joue et son nez flasque.

— A quoi ça rime ? Qu'est-ce que ça vient faire là-dedans, Simon ?

Baker jura furieusement et se frappa le front de la paume.

— Tout, espèce d'abruti ! Ils veulent nous monter l'un contre l'autre. Tu peux plus aligner deux idées, t'es effondré, alors ils en profitent. Les vampires ! Aucun respect, ces saligauds ! Et ils te balancent leurs salades, comme quoi Ann aurait fréquenté un gars en douce !

Pendant un instant, ils se dévisagèrent tous. Le sang battait et chantait dans les tympans.

— Non, déclara Parton. Non, Slimy, nous n'avons rien dit de tel.

Le sergent Parton se leva et baissa les yeux vers son patron, donnant l'impression d'éprouver du mépris pour l'inspecteur Arch.

— Ne torturez pas ce pauvre gars, inspecteur. Si vous n'en avez pas le courage, je vais m'en charger. Ben, ça faisait des semaines que Slimy tournait autour d'Ann dès que tu décampais. On a aperçu sa voiture à maintes et maintes reprises. Je vais même te dire, il connaît ton garage mieux que toi, mon vieux. Sa Jaguar, elle y est allée si souvent qu'elle pourrait trouver le chemin toute seule.

Ben Sigsby partit d'un éclat de rire.

— Arrêtez ! Simon n'est venu chez nous qu'une seule fois. Ann n'aime pas..., n'aimait pas... Pas toi, Sim, elle avait rien contre toi, mais elle ne voulait pas que je ramène du travail à la maison, quoi.

Arch toussa et fit un geste vague.

— Oui, eh bien, il vaut mieux en rester là. Elle est partie, paix à son âme, y a rien à ajouter.

Mais Ben remâchait les remarques du sergent Parton et manifestement n'était pas de cet avis.

Slimy Baker rentra les joues si fortement que les os en firent blanchir la peau.

— Ben, sur la Bible, sur la tête de ma mère, je n'ai jamais... (Il s'interrompit.) Comme tu l'as dit..., reprit-il, Anna voulait pas me voir chez toi. Bon, très bien : je n'y suis jamais allé. *Jamais.*

Parton ricana, espérant qu'il n'en faisait pas trop.

— Tu y étais ce matin... Y a des chances que tu l'aies vue mourir.

Slimy se frappa les épaules.

— Mensonges ! Je n'ai pas bougé d'ici de toute la journée ! Ma voiture n'a pas quitté le garage. Ils étaient bien partis pour réussir, Ben, et tu étais prêt à les croire, mais là ils se sont plantés !

Il paraissait si sincère, si soulagé de se raccrocher à une contre-vérité établie qu'Arch eut, l'espace d'une fraction de seconde, la conviction d'avoir échoué. Il regarda le sergent Parton, lequel dit :

— Tu connais ce petit chat qu'a acheté Ann, Ben ? Tu as déjà remarqué la façon dont il saute sur les voitures ?

Ben renifla bruyamment, s'essuya le nez sur sa manche d'un air absent.

— Ouais... ah bon ? Possible. Il se fourre partout... Ça met Ann dans tous ses états, la façon dont il grimpe aux rideaux. Oh, bon Dieu, elle est *morte*.

Slimy l'étreignit en le berçant.

— OK, Ben, OK. Ça va aller, tu vas voir. Foutez le camp, les flics, vous vous êtes assez amusés comme ça. Des salauds, Benny, voilà ce qu'ils sont. Des salauds, avec leurs mensonges dégueulasses.

Le sergent Parton éleva la voix.

— Ça va, Ben, arrête..., voilà qui est mieux. Le chat saute sur les voitures quand elles sont garées dans l'allée devant chez toi ou dans le garage. Bon, j'aimerais que tu prennes cette torche électrique et que tu ailles éclairer le capot de la Jag de Slimy. Tu verras qu'il est recouvert d'empreintes de pattes de chat. La voiture avec laquelle il n'est pas allé chez toi ce matin, après t'avoir fait débarrasser le plancher.

L'air de rien, l'inspecteur Arch s'interposa entre les cousins. Ben tripotait toujours la torche quand il vit le visage de Slimy. Il reposa la torche, s'escrimant pour la placer au niveau du bord de la table. Ce fut tout.

— Écoute, Ben, dit Slimy. Écoute-moi. J'avais mes raisons, et je ne veux pas que ces flics les entendent. Je suis allé là-bas, mais je ne l'ai absolument pas touchée. Je n'ai pas posé le doigt sur elle.

Ben Sigsby digéra l'aveu ; Arch lui laissa le temps de le peser et le soupeser, puis s'écarta d'eux.

— Ça se peut qu'il dise la vérité, Ben. Je doute qu'il l'ait frappée ou autre chose. Tu ne le sauras jamais, il ment tellement que c'est impossible à dire. A mon avis, je crois qu'il lui a seulement retourné les sangs, à ta femme. Ce genre de type, ça ne sait pas se conduire avec les femmes comme il faut. Il lui a flanqué un choc, elle a eu un arrêt du cœur, et il est reparti comme si de rien n'était.

Ils jouaient à présent sur les nerfs de Ben comme s'il se fût agi d'un instrument de musique. Arch et Parton n'en étaient pas fiers... Mais c'était le seul et unique moyen de faire quelque chose qu'ils tentaient de réaliser depuis de nombreuses années.

Slimy ouvrit la bouche pour parler. Parton lança son coude en arrière tel un piston et décocha un coup de talon. Le coude heurta le sternum de Baker et le talon s'abattit sur le cou-de-pied sensible.

Les paupières de Ben Sigsby papillotèrent et il fronça les sourcils, tel un mélomane essayant de faire abstraction du vacarme d'une chaise qui tombe durant un concert.

— De toute façon, Ben, reprit Parton, ce ne sont pas nos affaires. Nous n'aurions pas dû venir... Je veux dire, pour tirer ça au clair. La mort d'Ann est pour le moment due à une cause naturelle. Tu peux t'arranger pour que l'enquête s'intéresse à Slimy, mais à quoi ça servira ? Il engagera les meilleurs avocats du pays. Et qu'est-ce qu'il risquera au pis ? Une inculpation pour homicide involontaire.

— Pas de danger ! contredit Arch. Une inculpation pour homicide involontaire ? Jamais de la vie. Il est intouchable.

Ben Sigsby sourit. Le sourire fit crier à Slimy Baker :

— Non, Benny, non... Je te tuerai, espèce de connard !

Ce qu'il tenta de faire sur-le-champ, avant que Parton ne le retienne.

— Intouchable ? (Sigsby s'étranglait, reniflait, et lança sa question en glapissant de rage hystérique.) *Intouchable ?* Bon Dieu, sortez-moi vos carnets, les flicards, et nous allons voir qui est intouchable !

Ce fut un coup de filet, un fameux coup de filet. La déposition de Ben Sigsby fut prise au commissariat de St. Cross et sa rédaction dura jusqu'à l'aube. Les procès qui s'ensuivirent virent défiler à l'*Old Bailey* vingt et un accusés — les hommes de main occasionnels dont les noms sortirent de la mémoire remarquable de Ben, ainsi que Slimy lui-même — et le total des peines dépassa aisément les cent ans. La part du lion fut réservée à Simon Arthur Baker, ce qui n'était que justice, puisque c'était la part lui étant d'ordinaire impartie.

Mais ce soir-là c'est de l'avenir qu'il s'agissait. Freddie Parton était vanné, car il savait que le lendemain verrait surgir d'autres Slimy Baker et d'autres bandes à Baker sous de nouvelles formes.

Vidé nerveusement, les yeux injectés de sang, il rentra chez lui et donna à manger au chat.

Nemesis.
Traduction de Jean-Bernard Piat.

VOYAGE DE RÊVE

par F.J. SMITH

En revenant de chez le marchand de journaux avec le *Sunday Times Picayune* sous le bras, Jenny trouva Rocky debout devant la fenêtre. Son regard plongeait dans la ruelle sinistre où un chien errant s'acharnait à enlever le couvercle d'une boîte à ordures. Rocky attendit que le bâtard, perdant tout espoir, s'avoue finalement vaincu et s'esquive honteusement, l'oreille basse, le nez au ras du sol, puis il secoua la tête et se retourna.

Jenny enleva ses lunettes de soleil et se laissa tomber sur une chaise. Ses opulents cheveux châtains étaient rejetés en arrière et elle n'était pas maquillée. Le manque de sommeil marquait ses traits. Elle se sentait irritable, et le trajet à pied pour aller chercher le journal, dans la chaleur d'étuve de la Nouvelle Orléans, n'avait rien fait pour améliorer son humeur.

— Pourquoi as-tu mis si longtemps ? demanda Rocky.

— Il fait chaud dehors, au cas où tu ne t'en serais

pas aperçu, répliqua-t-elle. J'ai pris mon temps. Tu y vois un inconvénient ?

— Plutôt de mauvais poil ce matin, on dirait ?

— Je suis flappie. Tu le serais aussi si tu avais dormi aussi peu que moi.

Elle le regarda d'un air suppliant :

— Rocky, quand est-ce que nous allons quitter cette taule ?

Rocky se passa les doigts sur le menton et les joues. Il n'était pas sorti un seul instant de l'appartement au cours des cinq derniers jours, et, depuis ce temps, il ne s'était pas rasé. La barbe rude, noire et inculte qui lui couvrait le visage, lui donnait un aspect sale et repoussant.

— Peut-être d'ici quelques jours, dit-il, peut-être dans une semaine. On verra quand ça pourra marcher.

Jenny soupira :

— Si nous ne sortons pas d'ici bientôt, je vais me mettre à grimper aux murs.

— Tu crois peut-être que pour moi c'est des vacances ?

Il lui donna une petite tape sur la joue et ajouta avec un sourire :

— Remets-toi, chérie.

Tranchant sur sa barbe, ses dents paraissaient très blanches. Pendant un instant, il parut sur le point de l'embrasser. Jenny souhaita qu'il n'en fasse rien. L'idée de ces poils raides et noirs sur sa peau la faisait frissonner. Rocky avait toujours eu l'habitude de se raser de près, mais à présent, il avait l'air d'un vagabond qu'elle avait peine à reconnaître.

— Ce qu'on va sortir quand on sera à Miami ! l'entendit-elle dire. On fera une sacrée foire !

— Par moments, je me demande si nous y arriverons. En ce moment, Miami me paraît aussi loin que la lune.

— Nous y arriverons, crois-moi. Ne laisse pas ta jolie petite tête broyer du noir à ce sujet.

Il se tâta de nouveau le menton :

— Quand penses-tu que ça ressemblera à une vraie barbe ?

— Je n'en ai pas la moindre idée. En ce moment tu as l'air d'un...

— Je sais. D'un clochard. Attends que je puisse la tailler. Je me ferai un bouc, et une moustache relevée aux extrémités. Avec une paire de lunettes et mon costume bleu foncé, ils me prendront pour un professeur vieux jeu, qui ne vaut pas la peine d'être regardé de plus près.

Elle se demanda comment quelqu'un pourrait bien arriver à le prendre pour un professeur. Mais elle ne dit rien.

— Je sortirai d'ici avec le fric et le revolver dans cette serviette, sous le nez de tous les flics de la ville, et aucun d'entre eux ne se doutera que c'est moi. Tu ne trouves pas ça marrant ?

— Une vraie rigolade.

— Allons, un peu d'optimisme ! fit-il en la gratifiant à nouveau d'une petite tape. Puis, ramassant le journal, il se dirigea vers le divan et s'étendit. Il commença à jeter un coup d'œil sur la première page, puis passa aux bandes dessinées, pendant que Jenny restait assise, les yeux fixes, dans un silence de mort.

Elle n'avait jamais eu d'illusions sur l'intelligence de Rocky, mais ce n'est que cinq jours plus tôt qu'elle s'était vraiment rendue compte à quel point il était stupide. Il n'était pourtant pas nécessaire de jouer du revolver. Elle avait rangé la voiture volée le long du trottoir. Assise au volant, moteur en marche, elle avait pu voir presque toute la scène. Juste au moment où il quittait la société de crédit, une des employées avait perdu la tête et poussé un cri aigu. Au lieu de foncer vers la voiture, Rocky avait fait volte-face et tiré. Le plus moche, c'est que non seulement le coup avait été mortel, mais que la victime était la nièce d'un politicien haut placé. Aussi tous les policiers de la ville, en uniforme ou en civil, faisaient-ils le maximum pour retrouver le tueur.

Jenny avait la faible consolation de pouvoir aller et venir à son gré. En effet, le jour du hold-up, elle était habillée en homme, arborait une des chemises sport de Rocky et un de ses feutres à bord rabattu qu'elle s'était enfoncée jusqu'aux yeux en relevant ses cheveux sous la coiffe. Les flics cherchaient deux hommes, et non un homme et une femme.

Elle méditait encore sur tout cela quand la voix de Rocky vint rompre le cours de ses pensées. Il parcourait les pages mondaines lorsque quelque chose lui avait sauté aux yeux.

— Écoute ça, dit-il. M. et Mme Georges Devereux ont donné une réception samedi à leur résidence du lac. Parmi les personnalités présentes on notait... Et ça continue en disant qu'elle va partir en voyage sur la côte pour aller rendre visite à son père, qui est là-bas un gros agent de change.

— Comme c'est charmant, fit Jenny d'une voix acide. Je ne savais pas que tu t'intéressais tant aux potins mondains.

— Moi non. Mais je pensais que ça pourrait t'intéresser. (Il plia le journal et le lui lança.) Jette un coup d'œil sur la photo.

Jenny déplia le journal, y jetant un regard indifférent. Elle trouva la photo au bas de la page, et la surprise se peignit sur son visage. C'était la photo d'un jeune homme et d'une jeune femme, affichant tous deux cette assurance et ce contentement de soi-même que donne la fortune. Ce n'est pas l'homme qui retint son attention, mais la femme. Elle lui ressemblait tellement que Jenny avait l'impression de regarder sa propre photo.

Rocky l'observait en-dessous, un sourire figé sur les lèvres.

— Je ne savais pas que tu avais une sœur jumelle à la Nouvelle Orléans, dit-il.

Jenny dédaigna la remarque. Avec un haussement d'épaules, elle jeta le journal.

Fermant les yeux, elle laissa ses pensées voguer vers une maison au bord du lac et un couple nommé Devereux. Le nom avait une consonance bizarre, et elle s'émerveillait de cette femme, si semblable à elle-même par certains côtés, et cependant si différente, adorée et choyée dans un univers de luxe lointain. Elle se concentra pour évoquer l'image de ce monde tel qu'elle se le représentait, puis, avec un soupir d'envie, elle ouvrit les yeux, passant de sa vision paradisiaque au cadre sordide qui l'entourait. N'y avait-il rien de mieux dans la vie, se demanda-t-elle, que d'aller de ville en ville, en commettant un hold-up par-ci par-là, vivant la grande vie un jour, et dans un hôtel borgne le lendemain ?

Quand ils arriveraient à Miami, ce serait les courses de chevaux. Rocky était un assidu des champs de courses. Il avait toujours des tas de tuyaux fumants et perdait avec une régularité phénoménale. L'argent s'envolerait rapidement, et le cycle habituel reprendrait : la vie sans fin qui les broyait inexorablement et ne menait à rien.

Brusquement, il lui parut incroyable qu'elle eût jamais aimé Rocky, ou même cru l'aimer.

— Si on s'offrait une bière ? suggéra-t-il.

Jenny se leva et gagna la cuisine. Elle prit une boîte de bière dans le réfrigérateur et l'apporta dans la chambre.

— Pourquoi n'en prends-tu pas une ? demanda Rocky.

— Tu sais bien que je ne tiens pas à la bière.
Elle le regarda arracher la languette et avaler une gorgée. Puis elle se décida :
— Rocky, douze mille dollars, ça fait pas mal d'argent, n'est-ce pas ?
— Ce n'est pas exactement ce qu'on peut appeler de la petite monnaie.
— Divisé en deux, ça fait six mille dollars pour chaque part.
Il l'examina d'un œil soupçonneux :
— Qui a parlé de diviser en deux ?
— Écoute Rocky, j'en ai assez. Je veux partir, je veux ma part.
Il la mit au défi :
— Essaie de la prendre pour voir !
— Je la veux, Rocky, répéta-t-elle d'une voix calme. Je l'ai gagnée. J'y ai droit. Sans moi, en ce moment, tu serais en prison avec une inculpation de meurtre.
— Comment ça ?
— Sans moi, tu n'aurais ni nourriture, ni bière, ni cigarettes. Tu n'aurais rien. Tu serais obligé de sortir de cet appartement pour t'approvisionner, ou bien de crever de faim. Et si tu sortais, tu te ferais ramasser et boucler en moins de cinq minutes. Au cas où tu ne t'en souviendrais pas, poursuivit-elle, c'est moi qui ai loué cet appartement. Cette souillon de logeuse ne sait même pas que tu existes.
— Tu te montes la tête pour rien. Je te l'ai déjà dit : nous sortirons d'ici dans quelques jours. Dès que...
— Je n'ai pas l'intention d'attendre aussi longtemps. C'est maintenant que je m'en vais. Aujourd'hui.
— Comme ça ? dit-il en faisant claquer ses doigts.
— Exactement. Je te répète que j'en ai assez.
Elle marqua une pause.

— Écoute, Rocky. Le loyer est payé d'avance pour une semaine. Avant de partir je ferai le nécessaire pour que tu aies des provisions, des cigarettes et de la bière, tout ce dont tu pourras avoir besoin pendant une semaine. Ta barbe aura le temps de pousser, et tu pourras sortir d'ici sans t'en faire.

— Pas question ! Essaie de toucher à cette serviette et tu te feras casser les doigts.

Brusquement, son visage s'adoucit et un sourire lui vint aux lèvres. Il la prit par la main, l'attirant près de lui.

Elle s'assit d'un air amorphe, sans offrir de résistance, et Rocky passa un bras autour de ses épaules.

— Tu es à bout de nerfs, dit-il. Tu n'as pas dormi et cette pièce est sordide, absolument inhabitable. Crois-tu que je ne m'en rendes pas compte ? Je suis obligé de rester assis là toute la journée, à regarder les quatre murs. Toi au moins, tu sors prendre l'air. Je ne peux même pas mettre le nez à la fenêtre, de peur que quelqu'un me voie et donne l'alerte.

Il resserra son étreinte et se pencha vers elle en la regardant dans les yeux.

— Tâche de voir les choses de cette façon : dans une semaine nous serons à Miami, en train de flâner sur la plage. Nous vivrons dans un hôtel chic, avec douze mille dollars dans les poches. On pourrait même se marier et régulariser. Ça te plairait ?

Elle ne répondit pas, mesurant combien il aurait été futile d'essayer de discuter plus longtemps avec lui. Rocky avait une sacrée caboche. Bon, du moins elle avait essayé. Puisqu'elle avait échoué, il ne lui restait plus qu'à trouver autre chose pour lui échapper.

— Et maintenant, si tu me donnais une autre bière, dit-il. J'ai soif. Prends-en une pour toi aussi, ça te fera du bien.

Elle en prit seulement une pour Rocky. Il n'en

restait que deux, et, à midi il les eut liquidées. Il pouvait boire de la bière toute la journée pratiquement sans malaise. En revanche, il ne supportait pas le whisky et évitait d'en boire.

Au début de l'après-midi, Jenny sortit pour aller chercher une nouvelle provision de bière. Elle revint avec six boîtes fraîches et une bouteille d'*Old Crow* dans un sac en papier. Quand Rocky vit le whisky, il fronça le sourcil :

— Pour qui est-ce ?

— Pour moi.

— Tu as l'intention de siffler une pleine bouteille de whisky ?

— Je le pourrais, Rocky. Je crois vraiment que je le pourrais.

Pendant l'après-midi, ils tuèrent le temps comme à leur habitude en jouant au gin-rummy. Rocky buvait sa bière, et Jenny son whisky. Chaque fois qu'elle allait à la cuisine pour remplir son verre, elle s'en versait une bonne dose, puis en jetait la plus grande partie dans l'évier, complétant ce qui restait avec de l'eau. Le liquide qu'elle buvait ainsi était suffisamment coloré pour avoir l'air authentique, bien qu'il ne contînt pas plus d'une cuillerée de whisky.

Quand Rocky fut à court de bière et lui demanda d'aller en chercher, elle le regarda d'un air hébété, puis répondit d'une voix pâteuse :

— Rocky chéri, je suis incapable de descendre l'escalier et de sortir seule dans la rue.

— Tu as drôlement tapé dans cette bouteille, dis donc ?

— Je veux me soûler. Je veux dormir pendant deux jours d'affilée et tout oublier !

— Tu es déjà ivre.

Elle agita la main et eut un sourire stupide :

— Pas encore. La bouteille n'est qu'à moitié vide.

Et si tu es gentil, ajouta-t-elle, peut-être que je t'en donnerai une petite goutte !

Après dix bières, la soif de Rocky n'était pas émoussée. Elle était même plutôt aiguisée. Alors, puisqu'il ne pouvait sortir lui-même et que Jenny était hors d'état de le faire, il n'avait pas le choix. Il décida de ne prendre qu'un verre, deux au plus...

Il faisait nuit quand il s'arrêta. La bouteille était vide et il gisait ivre-mort sur le divan. Jenny s'approcha de lui et le secoua. Son visage se crispa, il émit un grognement mais n'ouvrit pas les yeux.

Jenny s'installa devant la coiffeuse, se mit un fond de teint, se maquilla et se coiffa. Puis elle enfila une fraîche robe d'été et se tint un instant debout devant la glace, y admirant sa silhouette. Avec douze mille dollars, elle pourrait se mettre en valeur et prendre au piège l'homme qu'il lui fallait. Peut-être un jour sa photo paraîtrait-elle aussi dans la page mondaine. Une vie entièrement nouvelle s'annonçait, et qui serait une belle vie ; elle y veillerait.

Elle vida les tiroirs de la coiffeuse et en plaça le contenu dans une petite mallette de week-end avec ses produits de beauté. Puis, après avoir mis le reste de ses vêtements dans une grande valise, elle se précipita vers le placard, sortit la serviette qui contenait l'argent et le revolver équipé d'un silencieux. Sans perdre de temps, elle mit quatre mille dollars dans son portefeuille et le reste de l'argent dans la mallette. Laissant la serviette vide et le revolver sur le lit, elle prit ses clefs dans son sac et ferma les deux valises.

Elle venait juste de remettre les clefs dans son sac et de le refermer d'un coup sec, lorsque quelque chose lui fit lever les yeux. Rocky était en train de se redresser sur les coudes. Une menace terrifiante émanait de ses yeux injectés de sang et son visage était convulsé de rage.

— Sale petite putain ! lâcha-t-il.

Elle resta paralysée tandis qu'il se dressait sur ses pieds et faisait un pas en avant en chancelant.

— Espèce de petite salope ! gronda-t-il en fermant les poings. Tu allais foutre le camp en emportant tout, hein, tu voulais me laisser tomber ?

Rompant l'état hypnotique qui la paralysait, elle bondit vers le lit et saisit le revolver. Elle le braqua en appuyant sur la détente. La balle atteignit Rocky en pleine poitrine. Une grosse tache d'un rouge foncé apparut comme par magie sur sa chemise. Mais il continua d'avancer, titubant, chancelant, les bras étendus. Jenny tira de nouveau. Il s'écroula à la renverse et, en quelques secondes, il expira.

Quoique très assourdi, le bruit des deux détonations lui avait paru remplir la pièce et exploser audehors. Elle se précipita à la fenêtre et regarda à l'extérieur, s'attendant à voir un attroupement de gens le nez en l'air. Mais la ruelle était vide. Un piano résonnait dans un bar tout proche et, à l'étage au-dessous, un poste de télé beuglait à pleine puissance.

Avec un soupir de soulagement, Jenny ramassa ses valises et son sac, éteignit la lumière puis quitta l'appartement. Après avoir fermé la porte à clef, elle fila vers l'escalier, descendit précipitamment les deux étages et sortit dans la rue.

Bourbon Street n'était pas très loin, avec le flot tournoyant de touristes qui l'emplissait et ondulait comme un serpent sans fin. Se frayant un passage à travers cette marée humaine, elle traversa encore deux rues, jusqu'au plus proche drugstore. Elle se dirigea vers la cabine téléphonique et appela l'aéroport, demandant une réservation sur le premier vol à destination de Los Angeles, quelle que soit la compagnie ou la classe.

On lui répondit que tout était complet jusqu'au lendemain :

— Je peux vous réserver une place pour le vol de 9 h 10 demain matin, lui dit l'employé.

Et, comme elle n'avait pas le choix, Jenny accepta.

Quand il lui demanda son nom, elle donna sans réfléchir le premier qui lui vint à l'esprit. Apparemment, ne valait-il pas mieux qu'elle donne n'importe quel nom sauf le sien ? Et, une fois le nom donné, il n'était évidemment plus question de se rétracter.

Elle passa la nuit dans un hôtel de l'avenue St. Charles et, le lendemain matin, elle prit un taxi pour l'aéroport. Elle y arriva avec presque une heure d'avance. Elle portait une robe élégante, des chaussures blanches à hauts talons et, avec son petit chapeau de paille rejeté en arrière, elle avait beaucoup d'allure.

Elle paya son billet et fit enregistrer sa grande valise, en expliquant à l'employé qu'elle avait l'intention de se charger de la petite :

— Puis-je la laisser ici jusqu'à l'heure du départ ?

— Certainement.

Il prit la mallette et lui tendit un bulletin de consigne. Elle glissa le billet d'avion dans son sac, rangea soigneusement le bulletin dans son portefeuille, en se demandant ce que penserait l'employé s'il savait ce que contenait la mallette qu'il venait de mettre sous le comptoir. En s'éloignant, elle remarqua deux hommes qui paraissaient l'observer avec intérêt. Elle passa devant eux, ses hauts talons claquant sur la mosaïque, et se dirigea vers l'entrée principale. Brusquement, elle eut l'impression qu'ils s'étaient mis à la suivre.

Elle fit une pause sur la terrasse en ciment devant l'entrée, regardant autour d'elle avec l'indifférence ennuyée de la voyageuse blasée qui va s'embarquer pour un nouveau déplacement de simple routine.

Mais une légère pâleur et ses traits un peu tendus démentaient son apparente désinvolture.

C'est alors que tout se déclencha. Les deux hommes vinrent à elle, et le plus gros annonça : « Inspecteur de police », en sortant son portefeuille. Il l'ouvrit d'un coup sec pour montrer quelque chose qu'elle ne vit pas bien, puis le referma et le remit dans sa poche.

— Veuillez nous suivre.

Elle regarda le visage gras et sanguin d'un air incrédule, l'esprit en déroute. Comment avaient-ils pu découvrir le corps de Rocky si vite ? Et comment avaient-ils pu la retrouver si facilement ?

— Mais pourquoi ? balbutia-t-elle.

— Vous le saurez en temps voulu, dit-il d'un ton sévère. Venez, je vous prie.

— Mais, mon avion... protesta-t-elle.

— Ne vous inquiétez pas de cela. Nous nous occuperons de tout.

Ils montèrent dans une voiture. Jenny s'assit à l'arrière avec le gros homme au visage sanguin, et l'autre se mit au volant. Ils prirent à droite sur la route de l'aéroport, s'éloignant de la ville au lieu d'en prendre la direction.

Jenny se tourna vers son voisin avec inquiétude :

— Où allons-nous ?

L'homme ne répondit pas. Il avait allumé une cigarette et s'était carré contre le dossier. Il tirait avec application sur la cigarette qu'il tenait d'une manière curieuse, entre le pouce et l'index, comme si c'était quelque chose de dangereux.

— Mais ce n'est pas la direction de la Nouvelle Orléans ! s'exclama Jenny.

— Calmez-vous. Ne vous énervez donc pas.

Le conducteur se retourna, lui jeta un bref regard, mais ne dit rien.

Soudainement, il lui vint à l'esprit que ces hommes n'étaient pas ce qu'ils prétendaient être.

— Qui êtes-vous, demanda-t-elle. Que voulez-vous ?

— Madame Devereux, fit le gros homme d'une voix patiente, vous êtes bien gentille et bien jolie, mais vous parlez trop. Pourquoi ne vous asseyez-vous pas confortablement pour jouir du paysage. Nous savons ce que nous faisons.

Alors elle comprit. Ces deux hommes à l'allure bizarre, quels qu'ils fussent, l'avaient prise pour la vraie Mme Devereux. Tout lui revint : Rocky lisant à haute voix : *Ça continue en disant qu'elle va partir en voyage sur la côte pour rendre visite à son père, qui est là-bas un gros agent de change.*

Elle faillit éclater de rire. Toute l'affaire était incroyable, fantastique, le résultat d'une extraordinaire coïncidence. La véritable Mme Devereux partait elle aussi en voyage, le même jour et sans doute par avion. D'une manière ou d'une autre, ces hommes l'avaient appris et c'est elle qu'ils attendaient.

Mais deux questions, toujours les mêmes, la hantaient : Pourquoi ? Qui étaient ces deux hommes ? Il y avait en eux quelque chose de sinistre. Et soudain elle comprit. La réponse lui vint brusquement à l'esprit. C'étaient des kidnappers. Ils allaient l'échanger contre une rançon. En un sens, c'était très drôle. Mais d'un autre point de vue, c'était terrifiant.

Elle tourna la tête vers le gros et dit :

— Vous vous trompez. Je ne suis pas Mme Devereux. Je m'appelle Jenny Wilson. Je ne connais même pas Mme Devereux. J'ai vu sa photo dans le journal. (Elle poursuivit avec désespoir :) J'admets que je lui ressemble. Mais je ne suis pas Mme Devereux. Je vous jure que ce n'est pas moi. Je m'appelle Jenny Wilson. Comprenez-vous ?

L'homme bâilla et jeta sa cigarette par la vitre

baissée. Ça ne lui avait pas fait le moindre effet ! Ils avaient roulé à grande vitesse. Brusquement, la voiture ralentit et tourna dans une route étroite qui suivait le bord d'un marécage couvert d'un nuage de moustiques. Ils le longèrent sur une courte distance et stoppèrent. Le conducteur ouvrit la bouche pour la première fois :

— Terminus, annonça-t-il. Tout le monde descend.

Jenny tenta encore de convaincre son voisin qu'elle disait vrai. Il la prit par le bras et la poussa dehors. Puis, il sortit à son tour. Le conducteur resta au volant.

Une angoisse la saisit : quelque chose d'effrayant allait se produire. Elle se mit à se débattre comme un chat sauvage. L'homme lui envoya un revers de la main qui la fit reculer en chancelant. Les yeux brouillés par les larmes, elle vit cette main se glisser sous la veste et ressortir armée d'un revolver.

C'étaient des professionnels, connaissant leur métier à fond. Une seule balle suffit. Elle mourut instantanément.

Ils jetèrent son corps dans le marais et attendirent pour partir que la vase l'eût englouti. Le gros s'assit près du conducteur. Ouvrant le sac à main de Jenny, il en sortit le portefeuille. Sur les quatre mille dollars, il en restait encore plus de deux mille, qui voisinaient avec le bulletin de consigne. Il empocha l'argent et dit au conducteur :

— C'était une vraie mégère cette fille, Albert. Elle m'a mordu la main, la garce.

— Tu ne devrais pas parler d'elle comme ça, répliqua Albert. Une dame aussi riche !

— Elles sont toutes les mêmes, riches ou pauvres. Toutes des garces, dans le fond.

— C'est peut-être pour ça qu'il voulait s'en débarrasser, dit Albert d'une voix pensive. Peut-être qu'il commençait à en avoir ras-le-bol.

— Ça se pourrait, ça se pourrait bien, oui...

Il prit le bulletin de consigne dans le portefeuille et le déchira avec une lenteur méthodique en tout petits morceaux, puis, les serrant dans son poing, il sortit le bras par la portière.

Il ouvrit la main, et le vent happa les menus papiers, les dispersa comme une traînée de confettis dans le tourbillon soulevé par la voiture lancée à toute vitesse.

A long trip for Jenny.
Traduction de Jean Goimard.

Table

Le Livre de Poche

Au catalogue du Livre de Poche policier, des œuvres de :

Bachellerie, Borniche, Agatha Christie, Jean-François Coatmeur, Peter Dickinson, Conan Doyle, Exbrayat, David Goodis, William Irish, P.D. James, Maurice Leblanc, Alexis Lecaye, Elmore Leonard, Gaston Leroux, Peter Lovesey, Gregory Mcdonald, McGivern, Ruth Rendell, René Réouven, Francis Ryck, Pierre Siniac, Stanislas-André Steeman, Jim Thompson, June Thomson, Andrew Vachss, Roy Vickers...
et la série **« Alfred Hitchcock présente »**.

Composition réalisée par C.M.L., Montrouge

IMPRIMÉ EN FRANCE PAR BRODARD ET TAUPIN
Usine de La Flèche (Sarthe).
LIBRAIRIE GÉNÉRALE FRANÇAISE - 6, rue Pierre-Sarrazin - 75006 Paris.

ISBN : 2 - 253 - 05426 - 7 30/6849/1